VOYAGE
EN SICILE.

Strasbourg, de l'imprimerie de F. G. Levrault.

VOYAGE EN SICILE;

PAR

LE B.^{on} TH. RENOÜARD DE BUSSIERRE.

PARIS,

CHEZ F. G. LEVRAULT, LIBRAIRE, RUE DE LA HARPE, N.° 81.

STRASBOURG,

MÊME MAISON, RUE DES JUIFS, N.° 33.

—

1837.

VOYAGE EN SICILE.

―――

A M. le Bon Edmond de Cochorn.

―

LETTRE PREMIÈRE.

Naples.

Je consens volontiers à vous épargner les détails monotones d'une traversée en bateau à vapeur; mais il faut qu'avant d'aborder sur le territoire de la Sicile moderne, vous vous décidiez à faire avec moi une petite excursion dans le domaine de l'histoire. Je n'ai jamais cru pouvoir me dispenser de ces sortes de voyages préparatoires; ils mettent au fait de l'existence d'un pays, de ce qu'il a souffert et produit de remarquable.

C'est donc à recueillir sommairement les souvenirs du passé que va être consacrée cette première lettre. La connaissance des destinées déjà accomplies de l'ancienne Trinacrie, servira à mieux dessiner à nos yeux l'état présent de la Sicile, et à y faire découvrir les germes de son avenir.

Remarquons d'abord que la Sicile n'a, pour ainsi dire, jamais eu d'existence nationale complète; des peuples étrangers l'ont toujours convoitée et envahie. Pendant une longue suite de siècles, et jusqu'à l'époque où les Romains s'en emparèrent, ce sont les nations du Midi qui de toutes parts débarquent sur ses côtes, et viennent y fonder des colonies; depuis la conquête romaine, au contraire, l'Occident y fait prévaloir sa domination; elle n'a été interrompue que par les incursions et l'établissement des Sarrasins.

Je crois pouvoir diviser l'histoire de la Sicile en huit périodes distinctes; je chercherai à tracer, en peu de mots, le caractère particulier de chacune d'elles. La première est l'époque fabuleuse; ici, comme ailleurs, les Grecs ont jeté sur tous les sites, sur tous les phénomènes naturels, les riches couleurs de leur ingénieuse mythologie. La Sicile partage avec Lemnos l'honneur d'être le siége du culte de Vulcain; l'Etna devient l'atelier le plus imposant et le plus formidable du dieu de la forge; les Cyclopes peuplent ce gouffre immense, et leurs infatigables travaux ébranlent ses flancs. Les autres dieux y ont également leurs temples, leurs prêtres et leurs sacrifices. Cérès, reine et protectrice de l'île, enseigne l'art de l'agriculture à ses habitants; elle est honorée par eux d'un culte plus pompeux qu'en aucun autre lieu de la terre. Elle allume ses torches aux feux de l'Etna lorsqu'elle est à la recherche de sa fille; c'est auprès du lac Pergem, dans les riantes campagnes d'Enna, que Pluton enlève Proserpine, et d'un coup de trident, il entr'ouvre la terre auprès de Syracuse, pour redescendre dans le Tartare. L'âge d'or régnait en Sicile comme en Grèce, à l'époque à laquelle se rattachent ces traditions. L'humanité, vouée uniquement aux travaux agricoles, vivait heureuse et en paix. La société alors était patriarcale, et ne connaissait d'autres liens que ceux de la famille, d'autres lois que celles qui sont gravées dans le cœur de l'homme. Je retrouverai avec plaisir dans le cours de mon voyage les lieux consacrés par la fable; ils ont imprimé à la Sicile une partie de sa physionomie; et l'influence que les fictions mythologiques ont exercée sur le développement des peuples de l'antiquité, leur donne une valeur presque égale aux faits avérés de l'histoire.

Mais déjà une colonie d'Étoliens s'est fixée en Sicile, et bientôt une peuplade nouvelle, celle des Sicules, originaires de la Ligurie, expulsée de l'Italie par les Aborigènes, vient s'établir sur les côtes abandonnées de l'Etna; elle triomphe des Sicaniens, et impose son nom à la Trinacrie.

Nous voici à la seconde période; nous touchons

au domaine de l'histoire, et les destinées de la Sicile nous apparaissent dépouillées du brillant vernis des temps primitifs. Les faits sont plus connus, les historiens anciens nous les livrent dégagés des fictions religieuses. La colonisation du territoire donne à cette époque son caractère particulier. En effet, soit qu'un peuple succombe en Orient, soit que d'autres s'y élèvent, les vaincus et les vainqueurs viennent successivement en Sicile, et y fondent des établissements ; les uns, dépossédés de leur sol natal, fugitifs, errants sur les mers, abordent au hasard ce territoire, où ils recommencent une existence de peuplade ; les autres, poussés par l'esprit de conquête ou d'aventures, s'y fixent, et étendent la domination de leur patrie sur ces rivages éloignés ; d'autres, enfin, excités par le génie commercial et navigateur de leur nation, viennent explorer cette contrée, et y bâtissent des villes, qui ajoutent bientôt à la prospérité de la métropole.

Ainsi, tous les grands événements de l'Orient réagissent sur la Sicile, et y jettent de nouveaux colons. La chute d'Ilion y amène les Troyens, sous la conduite d'Énée et d'Aceste, fondateurs de Segeste et d'Elima. Minos, poursuivant Dédale, les suit de près à la tête des Crétois, et s'établit à Minoa et Engio. Les Carthaginois et les Phéniciens se fixent à Panorme, Mozia et Solante. Les Grecs ne tardent pas à y prendre leur place. Trop à l'étroit dans leurs territoires resserrés, les républiques florissantes de la Grèce envoient de hardis aventuriers fonder des villes en Sicile; tantôt c'est l'ambition de quelques chefs, tantôt les dissensions civiles, ou les guerres des États hellènes entre eux, qui déterminent ces expéditions.

Les habitants de Chalcis en Eubée, sous la conduite de Théoclès d'Athènes, bâtissent au pied de l'Etna la ville de Naxos, où ils érigent le culte d'Apollon Archagète. Une année plus tard, Archias, de Corinthe, construit Syracuse; Naxos fonde Eubée, Leontium et Catane; des colons mégariens élèvent Trotilos et Thapsos; ces villes deviennent mères-patries de Megara-Hiblea et de Sélinonte; une colonie rhodienne et crétoise, dont Antiphème est le chef, construit Gela, qui, après cent ans d'existence, fait bâtir elle-même Agrigente, par Aristone et Pistile. L'élément grec, on le voit, a dû prévaloir en Sicile; aussi, lorsque ces républiques hellènes arrivent à l'apogée de leur force et de leur puissance, les colonies venues de l'Orient et du Midi ne sont-elles plus capables de lutter contre elles.

Nous parvenons ainsi à la troisième période; elle commence à l'époque où la colonisation des Hellènes, en absorbant les éléments étrangers, finit par gréciser en quelque sorte toute la population de la Sicile. Un admirable développement de tout ce que la Grèce a produit d'étonnant dans les sciences et les arts, marque cette nouvelle division historique. La Sicile brille d'un éclat immense à côté des républiques de la mère-patrie; son commerce et son agriculture en font le pays le plus riche de la terre. Quoique habitée par une nation homogène, elle est divisée en une foule de petits États, rivaux d'influence et de pouvoir, en proie aux jalousies et aux intrigues, et constamment en guerre les uns avec les autres. L'énergie et la valeur des Siciliens, leurs sanglants démêlés, leur magnificence, le mouvement intellectuel et les perpétuelles vicissitudes de ces cités-républiques, passant alternativement de la liberté à la tyrannie, donnent aux annales de ce pays le genre d'intérêt qu'on trouve dans celles d'Athènes, de Thèbes et de Sparte; et c'est ainsi que le fractionnement du sol tourne au profit de l'histoire.

A cette époque on voit des écoles de philosophie, semblables à celles de la Grèce, s'élever en Sicile; ses poëtes rivalisent avec les plus renommés de l'antiquité: Daphnis, Tyndare et Théocrite, sont les inventeurs de la poésie pastorale. Les tragédies de Polixène, de Simonides et d'Épicharme, sont représentées sur de somptueux théâtres; des historiens célèbres écrivent les annales de leur patrie. Athènes élève une statue d'or à Georgias, l'orateur de Leontium; le nom seul d'Archimède suffirait à la gloire de Syracuse. Les nobles ruines qui couvrent les rivages de Sélinonte, Girgenti, Syracuse et Taormine; les médailles et les débris de statues qu'on y recueille encore de nos jours, attestent le degré de perfection que les arts avaient atteint dans ces contrées. Démophile d'Hymère donne les premières leçons de peinture à l'immortel Zeuxis; les statues de Pythagore de Leontium rivalisaient peut-être avec celles des Praxitèle et des Phidias.

Les Hellènes les plus illustres visitent l'île durant cette période. Xénophane et Dion y font plusieurs voyages; Platon s'y rend trois fois, dans le fol espoir de voir réaliser, par le tyran Denys, la chimère de sa république. Les Grecs efféminés et avides de jouissances se portent en foule chez les Épicuriens d'Agrigente, le plus avancé de tous les peuples de l'antiquité dans la science des plaisirs sensuels.

C'est vers la fin de cette partie de l'histoire de la Sicile que nous voyons les autres nations, jalouses de cette prospérité, chercher dans les querelles de ses belliqueux habitants des occasions d'y étendre leur puissance.

Carthage couvre la Méditerranée de ses flottes nombreuses. La Sicile lui oppose une vigoureuse résistance, et quoique ravagée à diverses reprises, et forcée à conclure des traités désavantageux, elle n'est jamais complétement vaincue. Timoléon remporte sur les Carthaginois des victoires signalées; et Agathocle, tyran de Syracuse, les menace dans l'enceinte même de leurs murs. Lorsque la superbe Athènes voulut prendre parti dans les guerres des différents peuples de l'île, on vit les Syracusains, alliés des Spartiates, détruire les flottes et l'armée athéniennes, et réduire à une dure captivité ses troupes et leurs chefs.

Cependant les jours glorieux de l'antique Trinacrie durent avoir un terme. La rivalité des républiques de Rome et de Carthage annonce un nouvel ordre de choses, alors que les États grecs penchent visiblement vers leur ruine. La Sicile, déchirée par des dissensions intestines, non moins que la Grèce, devient le principal théâtre de cette rivalité. L'occupation de Messine par les Mammertins cause la première guerre punique; les deux autres entraînent la chute de Carthage et l'asservissement de l'île. Incorporée à l'Empire romain, elle est réduite à n'être qu'une province de ce colosse. Les déprédations de Verrès, stigmatisées par l'immortel plaidoyer de Cicéron, nous apprennent comment elle est administrée. Le territoire, le peuple, le gouvernement, forment un tout, il est vrai; mais l'indépendance n'existe plus. La nation cesse d'être fractionnée en petits États; mais elle ne se gouverne pas.

Ainsi les peuples d'origines diverses, établis dans les premiers temps en Sicile, absorbés plus tard par les Grecs, sont enfin politiquement réunis et confondus par les Romains. Sous la domination de ces derniers, le pays perd tous ses moyens de développement propre; les Romains lui impriment leur cachet et leur physionomie : ils y introduisent leur législation ; ils le repeuplent de leurs colonies ; les deux guerres serviles troublent successivement la tranquillité dont il jouit au commencement de ce régime nouveau ; son histoire, comme province, est dénuée d'intérêt ; partie du vaste empire, il suit sa destinée, et lorsqu'il s'écroule, le pays tombe avec lui.

La translation du siége impérial à Constantinople assujettit la Sicile au Bas-Empire ; et, dans cet éloignement, elle jouit d'une certaine liberté, favorisée d'ailleurs par la faiblesse des successeurs de Constantin. Cette époque de l'histoire de l'île est enveloppée d'une profonde obscurité : les Goths s'en emparent ; les victoires de Bélisaire la rendent à Justinien I.ᵉʳ

La cinquième série d'événements est celle que caractérisent l'invasion et l'établissement des Sarrasins. La Sicile partage à cet égard le sort du midi de l'Europe. Suivant la tradition, Euphème, seigneur condamné à mort pour avoir enlevé, à main armée, une religieuse dont il était épris, excite les troupes à la rébellion, et appelle à son secours les Sarrasins, en 828, sous le règne de Michel Balbus. Les vainqueurs musulmans, qui déjà avaient fait trois descentes dans l'île en 820, 821 et 825, débarquent à Mezzara, au nombre de 40,000 ; détruisent Sélinonte, Syracuse, Taormine, etc., et se rendent maîtres du pays en fort peu de temps. La dynastie des Aglabites règne d'abord en Sicile ; elle est remplacée plus tard par celle des

Fatimites. La domination arabe se prolonge pendant 233 ans : beaucoup de villes et de châteaux forts sont fondés durant cette époque; le pays, quoique fréquemment troublé et dévasté, se relève sous ce régime, et ses nouveaux maîtres y acclimatent la civilisation orientale. Malheureusement cette civilisation si intéressante des Maures a péri complétement ici comme en Espagne. Nous en retrouvons cependant les traces dans certains traits du caractère national, dans quelques particularités du langage, et dans divers monuments, dont la construction est due soit aux Sarrasins eux-mêmes, soit à leurs successeurs normands, dont les œuvres ont, si je puis m'exprimer ainsi, un coloris tout à fait asiatique.

Cependant la nation sicilienne se conserve séparée de ses vainqueurs pendant le gouvernement des Arabes : deux peuples existent dans l'île, l'un, dominateur; l'autre, vaincu. La sixième période historique nous montre ces deux peuples se soumettant aux Normands, hardis aventuriers qui, trop à l'étroit dans la riche province dont ils s'étaient emparés en France, vont chercher de la gloire et de la puissance dans le midi de l'Italie. Probablement la conformité de religion unit ces derniers aux Siciliens, contre les Mahométans; mais la résistance des Sarrasins amena des compromis, des espèces de trèves, pendant lesquelles les deux partis respiraient et reprenaient des forces. Les monnaies de ce temps donnent à ce sujet de curieuses indications : il en existe dont les légendes sont à moitié grecques ou latines, et à moitié arabes ; d'autres, où les symboles du christianisme et de l'islamisme sont mêlés ensemble ; mais l'histoire nous manque pour jeter du jour sur les singuliers points de contact qui devaient exister entre deux peuples de religions différentes et fanatisés à égal degré. C'est beaucoup plus tard, et 400 ans après leur établissement dans l'île, que les Sarrasins en sont définitivement expulsés, à la suite de leurs nombreuses révoltes.

Les premières incursions des Normands, entreprises par Guillaume Bras-de-Fer, Drogon et Humfroi, fils de Tancrède de Hauteville, quoique accompagnées de succès, n'occasionnèrent pas d'établissements durables en Sicile ; Guillaume et ses alliés se fixèrent en Calabre et en Pouille. Mais, en 1061, Robert Guiscard et Roger font la conquête du pays, après de longues guerres.

Alors commence dans l'île la domination du moyen âge, avec son cortége habituel de lois féodales, de coutumes barbares et de dissensions intestines. Roger divise le territoire de la Sicile en trois parties, dont l'une est donnée au clergé ; la seconde à ses officiers, et la troisième, tenue en réserve pour le souverain. Cette division devient la base de la composition du parlement sicilien, que Roger II réunit pour la première fois en 1129. Cet état de choses, destiné à traverser plusieurs siècles, nous explique en grande partie la situation actuelle de la Sicile : dès lors elle se couvre de forts et de couvents; la noblesse et le clergé s'élèvent et forment, pour ainsi dire, une nation dans la nation; tandis que le peuple, opprimé par d'orgueilleux barons, et abruti par des moines qui font du savoir un monopole, est réduit au plus complet ilotisme. Après les règnes glorieux des deux premiers Roger, l'époque normande ne présente plus qu'un tableau repoussant; des discordes affreuses, des guerres civiles et étrangères, font couler des torrents de sang. Ces luttes se prolongent même bien au delà de la période dont nous parlons, et, sauf quelques règnes plus heureux, les annales du royaume nous montrent, pendant de longues années, des princes sans pouvoir; des nobles devenus féroces par l'habitude de la guerre, et un peuple plongé dans l'ignorance et la servitude. La faiblesse de l'autorité, impuissante pour protéger l'innocent contre le fort et le coupable, explique les horreurs auxquelles ce pays fut si longtemps en proie; le brigandage, le vol, l'assassinat, y furent portés à un degré qui compromettait l'existence même de la société. Remarquons ici que sous le règne des rois normands, la Sicile est un État souverain à part; c'est la première fois qu'on la voit réunie sous un seul chef; mais la domination romaine et les invasions successives des Goths, des Sarrasins et des

Normands, y avaient complétement effacé son grand caractère antique.

Bientôt la Sicile nous apparaît comme la pomme de discorde des rois de l'Occident : une septième période commence avec la domination allemande, domination qui, moins d'un siècle plus tard, finit par le supplice de l'infortuné Conradin de Hohenstauffen : pendant ce laps de temps, l'île, gouvernée par les empereurs d'Allemagne, continue cependant à former un royaume séparé et indépendant. Le règne du grand Fréderic Ier (II en Allemagne), empereur et roi, protecteur des lettres et législateur de la Sicile, jette un merveilleux éclat sur cette époque, et nous montre le royaume avançant dans la voie de la civilisation moderne.

Sous la dynastie angevine, qui usurpa sur celle de Hohenstauffen la possession de Naples et de la Sicile, cette île fut réduite précisément à l'état subalterne que nous la voyons condamnée à subir aujourd'hui. Un événement immense, unique, pour ainsi dire, dans les fastes de l'histoire, la plaça dans une situation nouvelle : un crime avait marqué le commencement de la domination de Charles d'Anjou; un crime plus épouvantable encore y mit un terme. Les Vèpres siciliennes, arrivées le 31 mars 1282, firent passer le royaume aux princes d'Arragon; et ici commence la huitième période de son histoire.

Cette catastrophe, réaction épouvantable d'une nationalité contre une nationalité étrangère qui voulait s'imposer au pays; lutte d'extermination des mœurs d'un peuple contre les mœurs d'un autre peuple, où l'orgueil sicilien, encore empreint de la barbarie du moyen âge, massacre sans exception d'orgueilleux étrangers pour ne pas en subir le joug; ce forfait anéantit à jamais la domination française en Sicile; et quelque atroce qu'ait été son exécution, il en est résulté un avantage incontestable pour la nation; elle devint *une;* tandis que, jusque-là, elle avait été fractionnée en groupes étrangers les uns aux autres, sans liens ni intérêts communs. Le désir de se venger opéra une fusion entre les grands et le peuple, en les associant à un même acte.

L'énergie de la haine contre le gouvernement des Français se montre encore lorsque Jacques, successeur de Pierre I.er, est appelé au trône d'Arragon, et cède, par un traité, la Sicile à Charles II d'Anjou, roi de Naples. Les Siciliens reconnaissent pour leur roi Fréderic II d'Arragon, et opposent la résistance la plus vigoureuse, la plus héroïque aux Français, aux Napolitains et aux Espagnols, réunis pour obliger l'île à obéir aux clauses du traité. Fréderic II reste sur le trône; ses descendants l'occupent après lui. La domination des Arragonnais laisse des traces nombreuses dans l'île, et donne sa dernière empreinte au caractère des habitants, en mariant les mœurs espagnoles à celles qui s'étaient formées dans les vicissitudes précédentes. Ce mélange d'Espagnols, d'Italiens, de Sarrasins et de Normands, y produit un caractère nouveau, capricieux, à part, dans lequel il est curieux de démêler l'origine des divers traits dont il se compose. Les années de Fréderic II sont les derniers moments brillants de l'histoire de la Sicile : des troubles, des désordres, et une anarchie plus épouvantable qu'en aucune époque du moyen âge, marquent les règnes de ses successeurs ; les lois ne sont plus respectées ; les rois, dominés par les nobles, ne conservent qu'une ombre de pouvoir, et un interrègne de trois années suit l'expulsion de la régente Blanche, veuve du roi Martin. Les Siciliens vont offrir eux-mêmes leur couronne à Ferdinand d'Arragon, dont le fils Alphonse fait la conquête de Naples, et prend pour la première fois le titre de roi des Deux-Siciles : la Sicile nous apparaît donc comme royaume principal ; Naples en est, en quelque sorte, l'annexe. Alphonse meurt sans laisser d'enfants légitimes, il lègue Naples à son fils naturel Ferdinand ; son frère *Jean* lui succède en Arragon et en Sicile, et déclare cette île perpétuellement unie à sa couronne ; cependant il continue à la faire gouverner par des *vice-rois*, au lieu de simples lieutenants. La Sicile reste dépendante de l'Espagne, et est traitée en pays conquis jusqu'au moment où commence la guerre de succession.

L'empereur Charles VI la prend, en 1706, à Philippe V de Bourbon, roi d'Espagne. En 1713, le traité d'Utrecht la fait passer à Victor-Amédée, duc de Savoie, qui la possède pendant peu d'années. Conquise et perdue encore une fois par les Espagnols, et par l'empereur Charles VI, elle tombe en 1734 au pouvoir de la branche de Bourbon, qui y règne aujourd'hui; alors encore nous la voyons former un royaume séparé, ayant son parlement, ses rois couronnés à Palerme. Les Siciliens se considèrent, à cette époque, comme étant dans la même position politique que sous le règne d'Alphonse d'Arragon; ils prétendent former un État, dont Naples est, sous certains rapports, une simple dépendance; cependant les faits ultérieurs préparent insensiblement la situation actuelle des choses. Naples, résidence habituelle des souverains, est plus favorisée; la Sicile commence à être traitée en province, et si des améliorations ont lieu sous l'administration du marquis de Carraccioli, si les sacrifices que l'île multiplie pour ses maîtres durant la révolution française, sacrifices qui méritaient toute leur reconnaissance, si toutes ces causes lui donnent l'espoir d'arriver à un état de choses meilleur, plus en harmonie avec la civilisation moderne, la restauration, et surtout les conséquences de la révolution de 1820, renversent bien vite ses espérances, abaissent de plus en plus la Sicile, et établissent, enfin, le déplorable état des choses dont j'aurai occasion de parler plus bas, lorsque je chercherai à peindre la manière dont ce royaume est gouverné.

Les perpétuelles vicissitudes qui ont eu lieu dans ce pays, les révolutions qui l'ont déchiré, et l'espèce d'anarchie gouvernementale qui en est résultée en dernière analyse, y ont donné au peuple son esprit inquiet, et excité son penchant pour les nouveautés, sa ténacité à espérer en un avenir meilleur, à compter sur un changement dont la perspective peut seule lui faire supporter sa misère et son abjection présentes. Il jette autour de lui ses regards inquiets, il déteste ceux auxquels il se trouve politiquement accolé, il se croit appelé à d'autres destinées; comme nation distincte, séparée, il attend, avec confiance, des circonstances libératrices, il se sent dans une situation transitoire qui ne peut, qui ne doit pas durer.

En effet, aujourd'hui le gouvernement de ce pays malheureux ne comprend plus le passé, n'améliore pas le présent, et ne cherche point à préparer l'avenir. Les événements des quinze dernières années lui ont inspiré une sorte de crainte, qui se manifeste par une lutte constante contre le progrès, et même par des efforts soutenus pour faire rétrograder la nation sicilienne. On veut l'enfermer dans le passé, sans cependant lui rendre les institutions qu'elle avait alors; on veut la faire vivre dans un tombeau. Il semble qu'on la considère comme une possession éphémère, dont il faut se hâter de tirer le meilleur parti, quitte à l'épuiser et à lui préparer de longs siècles de misère. Il en est résulté qu'en Sicile on ne vit que pour l'individualisme, et qu'à défaut d'un centre d'unité, d'une pensée sociale, tout y est confondu, heurté, entassé sans ordre ni entente. Les dons que la nature a prodigués à ce beau pays, lui sont devenus inutiles; les débris de sa grandeur font le plus triste contraste avec son état actuel. Le voyageur y trouvera des ruines et des souvenirs, mais jamais la réalité vivante ne saurait le satisfaire; il y verra des vestiges de toutes les époques; il y reconnaîtra l'empreinte des diverses nations qui l'ont successivement dominé; il lira son histoire dans ses monuments, livre immense, où chaque époque est représentée par un temple, une basilique ou un fort; il passera des informes constructions cyclopéennes et phéniciennes aux temples doriques, élevés par les colonies grecques, aux arènes des Romains, aux castels mauresques, aux chapelles des Normands et aux sombres donjons de la féodalité, et à côté des pompeux débris d'une gloire anéantie, le spectacle de la plus affreuse misère et d'une dégradation complète, affligera sans cesse ses regards.

LETTRE II.

Palerme, 6 Avril.

Les nations du Midi ont envahi et peuplé la Sicile dans l'antiquité ; elle l'a été dans les siècles suivants par celles du Nord. Ce fait a eu l'influence la plus prononcée sur le sort des villes siciliennes. Dès les temps historiques les plus reculés, nous voyons les côtes orientales et méridionales de l'île se peupler, se couvrir de cités florissantes d'une immense étendue. Syracuse, Agrigente, Sélinonte, Catane, égalaient en magnificeuce les villes de la Grèce elle-même; les établissements formés sur la côte septentrionale, au contraire, étaient moins considérables et ne commencèrent à s'élever que lorsque leur position en fit nécessairement les ports les plus importants pour les nouveaux maîtres venus du Nord. Aussi, Palerme, ville secondaire, prend insensiblement plus d'extension sous la domination romaine; Messine, dotée des mêmes avantages de situation, reste riche et puissante, tandis que les immenses capitales des temps grecs s'écroulent ou sont réduites peu à peu au rôle de villes de province. Palerme et Messine, rivales en pouvoir et en richesses, deviennent les points de mire des peuples conquérants qui se ruent sur la Sicile : à partir du moyen âge, la souveraineté du royaume entier paraît attachée à leur possession ; l'on néglige de relever Syracuse et Agrigente, mais chaque nouveau vainqueur embellit les deux capitales de la Sicile moderne ; et si de terribles phénomènes les bouleversent à diverses reprises de fond en comble, elles n'en sont rebâties que plus magnifiquement.

Je me livrais à ces réflexions, mes regards embrassaient la côte, que peu à peu je voyais surgir du sein des flots, et dont notre navire se rapprochait de minute en minute ; ses rivages élevés se dessinaient déjà avec précision ; bientôt mon œil en put suivre les sinuosités, enfin je distinguai les villages et les plantations. Vers midi nous entrâmes rapidement dans le port de Palerme, et le bruit des chaînes et des cordages apprit aux passagers que l'ancre était jetée.

En effet, c'était une belle et noble capitale que celle élevée à cet honneur par la préférence des maîtres de la Sicile : l'Italie offre peu de situations comparables à celle-ci, et quoique le paysage soit moins vaste, moins magnifiquement développé peut-être que dans la baie enchanteresse de Naples, on est tenté pourtant de préférer le panorama de Palerme ; toutes ses parties sont plus liées, et de quelque côté qu'on se tourne, leur ensemble est ravissant. Placés sur le pont du bâtiment, nous dominions une baie profonde, fermée au levant et au couchant par deux bras de montagnes, qui laissent entre eux, au nord, l'entrée de la rade. Palerme, appuyée contre le rivage de la mer et s'élevant sur un terrain légèrement ondulé, se montrait au fond du golfe; une suite de dômes, de coupoles, de tours, d'un aspect presque oriental, plane au-dessus des maisons. A petite distance de la ville paraissait la montagne de Sainte-Rosalie ou *Pellegrino*, qui protége la rade du côté du couchant, et dont les formes capricieuces et alpestres, assemblage bizarre de roches aiguës et calcinées, ont de l'analogie avec celle de l'île de Caprée : c'est le mont *Erta* des anciens, sur lequel la mythologie fait élever un fort à Saturne, aux lieux mêmes où Amilcar établit le sien durant la première guerre punique.

Du côté opposé au Pellegrino, nous voyons s'avancer la longue suite de collines de la Bagherie, limite de la baie vers l'orient; leurs lignes gracieuses et originales présentent une succession de sommités irrégulières, séparées entre elles par des plateaux ou des ravins étroits; elles se terminent au cap Zaffarano, qui, à son extrémité, plonge brusquement dans la mer, pour se relever encore une fois et former une grande pyramide naturelle. Des bocages touffus, des villages, des cassines élégantes, tapissent la base de la presqu'île de la Bagherie, au-dessus de laquelle s'élève majestueusement la masse confuse des montagnes, qui suivent le rivage dans la direction de Messine.

Derrière Palerme j'apercevais une plaine fertile, appelée *Beau rivage* dans l'antiquité; elle a quelques lieues de circonférence et fait suite au golfe; des plantations d'orangers, d'amandiers, de figuiers et de nopals la couvrent d'un immense réseau de verdure; l'œil se plaît à suivre les routes qui y serpentent, et à chercher les habitations et les villages, les palais et les couvents à moitié cachés sous les arbres. La plaine se termine au pied d'un vaste cintre de montagnes; leurs flancs nus et rocailleux contrastent avec la verdure touffue qui encombre leurs bases; elles se dressent en crêtes anguleuses, ou dessinent des lignes ondoyantes; leur large rideau, enveloppé d'une teinte azurée et diaphane, complète l'ensemble du séduisant tableau que présente l'arrivée à Palerme.

Ce qui ajoute encore au charme de ce spectacle, c'est l'aspect méridional de la nature, c'est cette chaleur de tons, cette vivacité de couleurs, cette pureté de l'air, cette teinte bleu foncé de la mer, c'est enfin cette végétation si nourrie, si touffue, qui étonnent, lors même que l'on arrive de Naples. On se sent dans la région fortunée du midi, où tout est bienfait, où le soleil vivifie sans dévorer encore comme sous les tropiques.

La masse de lumière répandue sur le paysage en laisse saisir les moindres contours ; elle frappe les édifices et leur communique des nuances d'une admirable variété ; les ornements architecturaux s'articulent nettement sur les objets qui les entourent; la vigueur des ombres, produite par cette atmosphère transparente, donne une apparence de solidité à chaque construction ; elle dessine la silhouette foncée des montagnes sur l'azur du ciel; elle permet à la mer de refléter les sites magnifiques qui l'entourent avec la fidélité d'une glace immense.

Après de longs pourparlers on nous laissa enfin débarquer : le port est petit et ensablé, et les navires ne pouvant arriver jusqu'au bord du quai, une chaloupe vint nous prendre et nous conduisit à une cale qui entre dans la ville, et où l'on dépose habituellement les marchandises.

L'intérieur de Palerme porte aussi l'empreinte du midi dans tous ses détails, mais du midi sale et insouciant; du midi avec sa misère, avec ses habitants vivant au jour le jour; avec sa négligence de la part du gouvernement et des gouvernés ; avec ses rues mal pavées et pleines d'ordures, avec ses monuments délabrés, avec son laisser aller et son incurie. Aussitôt que nous eûmes mis pied à terre, nous fûmes entourés d'une innombrable quantité de pauvres, à côté desquels les plus misérables mendiants de l'Italie auraient eu un air d'aisance et de santé. Nus, entassés le long des rues, étalés pêle-mêle, hommes et femmes, sur les marches des églises et des palais, ils me rappelaient ma première arrivée à Alexandrie en Égypte; à voir leur peau brune, leurs figures cadavéreuses, sur lesquelles la faim et la plus dégoûtante malpropreté avaient imprimé un sceau hideux, à entendre les hurlements lamentables et sauvages, par lesquels ils cherchaient à émouvoir notre pitié, je me retrouvais parmi ces malheureux fellahs arabes que jusqu'a présent j'avais crus les plus à plaindre des hommes; mais en Égypte, au moins, les femmes étaient vêtues; ici, j'en ai vu beaucoup dont le costume consistait simplement en un petit tablier. Leur foule grossissait à mesure que nous avancions; nous entrâmes dans un café, la cohue s'arrêta à la porte. Pendant notre déjeûner l'un des garçons leur jeta des restes, ils se précipitèrent dessus; ce n'était plus des êtres humains, c'étaient des chiens furieux s'arrachant leur proie. J'étais profondément ému de ce spectacle; mais personne, du reste, n'y prêtait la moindre attention. L'habitude de voir journellement ce révoltant tableau fait qu'on traite ces hommes comme des animaux immondes; on les laisse végéter à moitié sauvages dans les rues, et quand la saison est pluvieuse ou rude, ils sont couchés, malades, rongés par la fièvre, contre les bornes et sur les trottoirs, et ils y périssent faute de secours!

A côté de cette multitude de mendiants se pressaient dans les rues des marchands allant à leurs affaires, des oisifs, des moines et des prêtres s'arrêtant aux portes des églises; des confréries de diverses couleurs, tenant en main des cierges allumés et traversant la foule; de longues files de chevaux et de mulets, et des équipages en général mal tenus; ces objets formaient dans leur ensemble un tableau mouvant du caractère le plus étrange. Dans les rues, les édifices, encore plus ouverts qu'à Naples même, permettent aux regards de plonger jusqu'au fond des rez-de-chaussée; ils sont occupés en général par des boutiques et des bureaux; en plein air sont établis des marchands de toute espèce, des aquajoli, des vendeurs de glaces et de fritures, des écrivains publics, des notaires et des pharmaciens.

Ce qui surprend à Palerme plus peut-être que sa population mélangée, c'est la confusion bizarre d'architectures diverses, où dominent tour à tour l'Orient et l'Occident.

Dans les rues principales on longe des palais bâtis à l'espagnole, des églises qui, dans quelques-uns de leurs détails, rappellent l'architecture moresque, et des fontaines de marbre, semblables à celles des villes levantines. En pénétrant dans les rues secondaires, ce sont de petites maisons à toits plats, non terrassés, ayant de larges balcons à tous les étages, et de nombreux couvents [1], ornés de fresque et de statues; on reconnaît ces derniers aux promenoirs, placés aux étages supérieurs et emprisonnés au moyen de grilles de fer, souvent dorées, dont les formes tourmentées ont de l'analogie avec celles des meubles du siècle de Louis XV. Dans ces rues étroites et tortueuses, évidemment construites de la sorte pour avoir de l'ombre à toute heure du jour, de longues cordes étaient tendues d'une maison à l'autre, et le linge mouillé qui y était suspendu, gênait la circulation à chaque pas.

Les monuments publics ou particuliers sont souvent de mauvais goût et près de tomber en ruines; c'est partout même abandon, même décadence : ici les eaux pluviales ont détérioré une élégante corniche; là, un superbe palais présente des fenêtres sans vitres; plus loin, des plantes parasites recouvrent un escalier de marbre brisé ou un somptueux balcon. En un mot, vous vous sentez dans une capitale dépossédée de son ancienne grandeur, et qui n'en conserve que les apparences trompeuses. Cependant, malgré cet air de pauvreté et de négligence, l'aspect de cette ville a quelque chose d'étrange qui attache et enchante: c'est ce cachet méridional, moitié européen, moitié arabe, espagnol plutôt qu'italien, imprimé aux

---

[1] On assure que sur cent quatre-vingt mille ames, population de Palerme, il y a quarante mille prêtres, moines et religieuses.

hommes et aux choses, si éloigné de ce qu'on voit dans nos contrées, et qui reporte la pensée sur l'un des plus poétiques épisodes de l'histoire moderne.

Nous employâmes la journée à nous installer chez un de nos amis, le vicomte de Ségur, consul de France. Sans sa complaisance, nous eussions été réduits au plus misérable refuge, décoré du titre d'hôtel, et qui ne vaut pas le pire cabaret de rouliers du dernier village de France.

Avec la soirée commence une fraîcheur agréable, qui remplace l'accablante chaleur du milieu du jour. Nous sortons et suivons la foule, sans autre but que de faire comme elle. Nous arrivons ainsi au quai de la marine, situé entre la mer et les anciens remparts de Palerme [1], dont les murs, aujourd'hui décorés de pilastres et de balustrades, soutiennent des terrasses et des jardins. La baie s'y développe sous un point de vue nouveau; elle est fermée en face de nous par le Pellegrino, au pied duquel se groupent les coupoles et les palais de la ville. Les roches nues et privées de végétation de cette âpre montagne semblent appartenir aux déserts de l'Arabie pétrée. Cette masse aride est isolée; on dirait qu'une violente convulsion, en l'arrachant des hauteurs envi-

---

[1] Palerme était anciennement fortifiée. Aujourd'hui ses moyens de défense ne consistent plus qu'en un mur flanqué de tours et en quelques mauvais forts. Son enceinte est percée de douze portes.

ronnantes, a altéré ses formes primitives. Derrière nous s'étend une plaine couverte de villages et de jardins, dominée par les hauteurs de la Bagherie et de Catalfano. A notre droite paraît la haute mer. Des navires que l'on voit arriver au port, ou s'en éloigner, et des barques de pêcheurs qui, comme des nuées d'oiseaux aquatiques, se détachent de la côte, animent le tableau.

Tout dans cette contrée a quelque chose de serein et de séduisant. La vue de la mer donne au paysage de la vie et de la physionomie; elle enchante l'imagination, et si à chaque pas on ne rencontrait des mendiants, dont la complète nudité atteste la profonde misère, on serait tenté de croire que l'existence doit être, à Palerme, une fête continuelle.

L'air qu'on respire au quai de la marine est tiède et léger. Le *Greco*[1] souffle du nord-est; il dure jusqu'à une ou deux heures de nuit, le vent de terre le remplace alors.

Les promeneurs, soit à pied, soit en voiture, restent sur le quai jusqu'à la nuit tombée; personne n'allume de lumière; cette nombreuse assemblée, au milieu des ténèbres, prend un aspect fort original; à en croire la médisance, ce lieu sert de point de réunion aux amants et a été le théâtre de plus d'une intrigue d'amour.

---

[1] Vent de mer.

A l'extrémité du quai sont la Villa Publica ou Giulia, promenade publique, établie par les soins du marquis de Realmiggi, et la Flora, où l'on voit un beau jardin botanique. Ces deux promenades, tracées sans goût, surchargées de médiocres fabriques et de statues détestables, ont pour nous autres habitants du Nord un attrait indéfinissable; on y respire le Midi, on s'y promène au milieu d'immenses parterres de fleurs, dans des allées d'orangers et de citronniers, l'air en est embaumé; des palmiers et des bananiers, beaux comme ceux de l'Égypte y balancent avec mollesse leurs longues gerbes parmi les autres arbres, et cette brillante verdure se détache avec le plus admirable éclat sur les teintes vaporeuses des montagnes.[1]

---

[1] Le jardin botanique de Palerme passe pour un des plus complets de l'Italie. M. Fineo, savant Palermitain, a fait un catalogue raisonné des plantes qu'il renferme. Une école dépend du jardin; les serres y sont d'une beauté remarquable.

LETTRE III.

Palerme.

Palerme ne renferme pas de ruines antiques remarquables; la domination des Sarrasins, les guerres et les tremblements de terre y ont successivement renversé, à un petit nombre de bases de murs près, les restes anciens qui s'y trouvaient. L'emplacement des temples de Jupiter et d'Hercule n'est plus connu; le théâtre a été détruit, il y a deux siècles environ, pour agrandir la place du palais.

Quoique les historiens ne soient pas d'accord sur la fondation de Palerme[1], j'aime à adopter la tradition qui en fait une colonie des Phéniciens, de ce peuple navigateur, si heureux dans le choix des sites les plus propres à étendre sa domination et son commerce. Que les Phéniciens aient d'ailleurs construit *Panorme*[2], ou qu'elle ait déjà existé lors de leur premier établissement en Sicile, il n'en est pas moins

---

[1] Paruta, auteur sicilien, fixe l'époque de sa fondation à 2028 ans avant J. Ch.; mais sa chronologie est souvent fautive.

[2] Premier nom de Palerme.

certain qu'ils se fixèrent dans cette ville. A cette époque reculée elle n'avait qu'une importance commerciale, et n'était pas comptée au nombre des grandes cités de l'île. Panorme, devenue l'alliée, puis la sujette de Carthage, fut conquise par les Romains pendant la première guerre punique. La sanglante bataille entre Melettus et Asdrubal, frère d'Annibal, se livra auprès de ses murs, sur les bords de l'Orethe.

Panorme ayant reçu dans son sein une colonie romaine, fut élevée au rang de ville libre; depuis lors elle est restée capitale de la Sicile, en alternant parfois avec Messine. Cependant je le répète, il ne faut point chercher à Palerme de traces des temps grecs ou romains. Ses antiquités ne remontent pas au delà du moyen âge; mais huit ou neuf siècles, et trois ou quatre nations, y ont successivement laissé l'empreinte de leur goût et de leurs mœurs.

Deux belles rues, régulières et parfaitement percées, celle de Tolède, du Cours ou de Cassaro, et la Strada nuova ou Maqueda, se coupent à angles droits, et divisent la ville en quatre portions à peu près égales. Une petite place octogone, formée par quatre palais réguliers, décorés des statues de divers rois de la race espagnole, marque leur point d'intersection. La rue du Cours aboutit, du côté de la mer, à la porta Felice: elle se prolonge, dans la direction opposée, jusqu'à la place du Château royal, la plus grande de Palerme, vaste esplanade irrégulière, qu'on ne s'est pas donné la peine de niveler, que l'herbe envahit, que les pierres encombrent, qu'encadrent des bâtiments délabrés, et sur laquelle le soleil darde avec un éclat qui, pendant la plus grande partie de la journée, en bannit toute créature vivante.

A l'un des angles de cette place, qu'on dirait appartenir à une ville dépeuplée par la peste et la famine, s'élève la résidence des souverains de la Sicile. Devant son entrée principale on voit la statue en bronze de Philippe IV d'Espagne; elle est placée sur un piédestal en marbre blanc, décoré de lourds trophées, et de quatre figures maniérées, représentant les vertus cardinales.

Le palais, fondé par Adelcame I.er, général sarrasin, agrandi par Robert Guiscard, et successivement augmenté par les divers dominateurs de l'île, est un édifice irrégulier, un assemblage de bâtiments sans ordre, sans architecture caractérisée, dans lequel on dirait que chaque siècle a pris à tâche d'effacer l'œuvre du siècle précédent. Un large escalier, en marbre rouge, conduit à l'entrée de la chapelle royale, construite en 1132 sous le règne du roi Roger: si les traces antiques se sont perdues sous la restauration de la partie extérieure du palais, elles se sont au contraire conservées avec toute leur originalité dans ce délicieux sanctuaire; il donne la mesure du luxe des Normands, et prouve combien leurs relations et leurs guerres constantes avec les Sarrasins, ont influé sur leur goût, auquel elles ont donné un caractère absolument oriental.

Cette chapelle, immense mosaïque à fonds dorés qui suit les contours irréguliers des murs et des coupoles, est plutôt une mosquée ou une pagode indienne qu'une église chrétienne : c'est la miniature de Saint-Marc de Venise; tout, jusque dans les plus petits détails, indique que le génie asiatique a présidé à la construction de l'édifice. Les pavés et lambris sont en très-bel *opus Alexandrinum*[1]; le reste du temple est revêtu de mosaïques et de marbres. Deux rangées de colonnes minces et variées, soutenant d'élégants arceaux moresques, séparent la nef des bas-côtés; quatre marches fort hautes conduisent au chœur : celui-ci est de style grec, ainsi que l'autel. En entrant dans ce sanctuaire, ce ne sont point ses dimensions qui frappent; mais on est charmé du demi-jour mystérieux qui y règne, de la profusion et de la grâce naïve des décorations. Ses immenses fonds d'or, ses mosaïques aux immortelles couleurs, aux figures roides et bibliques; ses colonnes d'une disproportion si élégante, que le caprice a peut-être rassemblées au hasard pour les placer sous d'étranges chapiteaux dorés; ses lampes de vermeil et d'argent; ses chaires

---

[1] Ce genre de mosaïque date du règne d'Alexandre Sévère; il se compose de diverses tables rondes en pierre dure et d'ornements en arabesques, d'un style particulier.

massives, revêtues d'*opus Alexandrinum* et soutenues par une quantité de colonnettes; ses piliers d'albâtre et de porphyre, autour desquels se groupent les autels des bas-côtés; ses formes peu arrêtées, enfin, qui, au premier coup d'œil, permettent à peine de saisir l'ensemble du monument, donnent l'idée la plus complète du moyen âge sicilien, et de ce christianisme si bizarrement confondu avec le goût des sectateurs de Mahomet.

Nous entendîmes une grand'messe dans la chapelle royale: la musique, les ornements pompeux du clergé, les chants solennels qui retentissaient sous ces voûtes peu élevées, la fumée de l'encens, qui donnait quelque chose plus vague encore à cette architecture déjà si confuse, l'exagération des gestes par lesquels les gens du peuple, agenouillés dans la nef, croyaient exprimer leur dévotion, tout cela produisait l'effet le plus original dans ce vieil édifice, et mettait la foule, dont il était rempli, en harmonie avec son apparence: on se sentait rétrograder de cinq ou six siècles.

La chapelle royale est, d'ailleurs, la seule portion de l'intérieur du château où l'on reconnaisse le caractère ancien; les salles du parlement et du conseil, et les appartements, sont modernes, généralement démeublés, et n'ont d'autres décors que quelques médiocres tableaux.

L'observatoire est établi sur les combles du palais; la vue ravissante que l'on y découvre, rappelle le nom de *Hortus Siciliæ*, donné dans l'antiquité au territoire de Panorme.

D'une part, on plonge sur la ville avec ses rues étroites : l'on voit son golfe et la haute mer ; l'immense azur des flots, sur lequel se détachent en teintes brûlantes les dômes et les flèches de Palerme, reproduit au-dessous du spectateur le beau ciel d'Italie. De l'autre côté s'étend une plaine cultivée, couverte de verdure, peuplée de villages et de châteaux, dont les tourelles et les terrasses s'élèvent au-dessus de grandes forêts d'oliviers et d'orangers, et de longues plantations de nopals, aux fleurs éclatantes et épineuses. De hautes montagnes ceignent la contrée ; leurs flancs, sillonnés de ravins, présentent des masses de rochers à côté de riants tapis de verdure et de bouquets d'arbres. Au fond du tableau, on aperçoit la ville de Monreale, bâtie à mi-côte au milieu de jardins, et dominée par une vaste cathédrale. Les lignes basses du cap Zaffarano permettent à l'œil de suivre les divers plans de montagnes du rivage septentrional de la Sicile. Dans le lointain paraissent les îles Lipari, leurs sommités anguleuses seules se montrent au-dessus des vapeurs légères dont la mer est couverte ; la distance donne à ces îles une apparence presque diaphane.[1]

---

[1] Les îles Lipari sont au nombre de dix. Les anciens leur donnaient également les noms d'îles Éoliennes, de Vulcain ou

Nous quittâmes l'observatoire pour nous rendre à la cathédrale, située à l'extrémité de la rue du Cours, au point où elle débouche sur la place du château royal. Une grande terrasse, entourée de balustres, précède le dôme : l'architecture extérieure de l'édifice est un mélange de moresque et de gothique, assemblage irrégulier, mais plein d'élégance, de galeries ciselées, de tourelles, de portiques soutenus par de minces colonnettes et de vastes arceaux, qui, s'élançant hardiment au-dessus des rues voisines, donnent une apparence presque aérienne à cet immense monument; malheureusement le style italien du siècle dernier est venu se mêler, de la manière la plus maladroite, à cette œuvre gracieuse du moyen âge, en établissant sur ses légères corniches arabes une grande et lourde coupole de très-mauvais effet.

Cette magnifique église a été fondée, en 485, par l'archevêque Gautier II. Son intérieur est moderne; les piliers de la nef sont garnis de petites colonnes de porphyre ordinaire, qui évidemment n'ont pas été faites pour cet objet.

On a réuni dans la cathédrale cinq tombeaux, surmontés de baldaquins de marbre ou de porphyre, et

---

Éfestiades. L'une d'elles, celle d'*Iera*, consacrée à Vulcain, surgit soudain du sein des flots, l'an de Rome 550, à la suite d'une éruption. Virgile se permet un anachronisme poétique, en y plaçant les forges de Vulcain. (Voyez Pline, livre II, chap. 90.)

dans lesquels sont déposés les restes du roi Roger; de Constance, impératrice et reine; de Fréderic II, et de la reine Constance, son épouse; de Pierre II d'Aragon, et de l'empereur Henri VI. Ces divers monuments ont été ouverts en 1784. Le corps de Henri était intact et peu défiguré, revêtu de ses ornements impériaux, et d'un costume brodé d'or. Le tout fut dessiné, et les tombeaux refermés et scellés.

Les autres églises de Palerme sont d'un caractère absolument différent de celui de la chapelle du palais et de la cathédrale. L'antique architecture siculo-arabe fut abandonnée dans les siècles suivants; on renonça aux formes moresques d'une originalité si hardie, pour adopter le genre dominant en Italie, et dont cependant on ne parvint pas à imiter la grâce et la noblesse. Le clergé sicilien, doté déjà par Roger, avait constamment augmenté la masse de ses richesses; il voulut déployer un luxe inconnu jusqu'alors et en imposer au public, en dépensant des sommes énormes pour la gloire de l'Église. Les évêques et les prêtres ordonnèrent aux artistes de copier les basiliques de Rome et de Florence, et de revêtir l'intérieur de leurs temples d'incrustations en pierre dure. La vie d'un homme suffisait à peine pour orner un pilastre: si un goût épuré avait dirigé ces travaux, les résultats en eussent été admirables; tels qu'ils sont, on est étonné de la beauté des matériaux et de la patience des ouvriers ; mais cette magnificence, dépourvue de vraie grandeur, ne saurait réjouir l'œil. Les églises de San Giuseppe, de S.ᵉ Catherine, de S. Philippe de Néri et des Jésuites sont couvertes de ces travaux de marbre. On y voit des incrustations en diverses couleurs sur fonds noirs, et des sculptures en relief qui, généralement, sont de la plus médiocre exécution; elles représentent soit de petits anges et des chérubins à formes massives, bizarres et contournées ; soit des figures empruntées au paganisme, telles que syrènes, centaures, qui semblent s'agiter sur les murailles avec une affectation et une pesanteur ridicules. Les plafonds sont chargés de moulures tout aussi extravagantes; elles servent de cadres à des fresques détestables.

Il est une église cependant, celle de S. Simon, dans laquelle l'ancien type sicilien est mêlé d'une façon étrange au goût fastueux d'une époque plus récente. Elle était originairement revêtue de mosaïques à fonds dorés ; mais des parties en étant tombées, on les a remplacées par des ornements en pierre dure. Les grillages destinés à cacher les religieuses, et la coupole centrale de la croix, sont ornés dans le style sarrasin, style charmant, qui permettait à l'artiste de se livrer au caprice de son imagination, pourvu qu'il réunît le double mérite de la légèreté et de la solidité. Des arceaux moresques soutiennent la nef de l'église ; ils reposent sur des colonnes de divers ordres et de diverses grandeurs, dont les larges chapiteaux sont dorés. Ce travail incorrect, produit par plusieurs siècles, forme un ensemble qui plaît et attache. La principale des anciennes mosaïques de S. Simon représente le couronnement du roi Roger ; elle est d'un dessin roide et naïf, comme celles de la chapelle du château.

Les temples que nous avons visités aujourd'hui étaient encombrés de monde. Les Siciliens passent une grande partie de leur vie dans les églises ; leur principale occupation est de suivre les cérémonies religieuses, et ils les célèbrent avec un enthousiasme qu'on est tenté de prendre pour du délire. La curiosité et le penchant à la dévotion des fidèles, ont de quoi se satisfaire presque journellement, chaque saint ayant sa fête solennelle. Le clergé profite de cette disposition pour tenir le peuple dans sa dépendance, pour conserver son pouvoir sur les esprits, et régner dans l'intérieur des familles : il se console ainsi d'avoir perdu son influence dans les affaires de l'État, dont il avait autrefois la direction. Il a réussi à marier le culte à la vie ordinaire, en rattachant aux plaisirs populaires les pompes de la religion ; et connaissant le goût passionné des Italiens pour tout ce qui frappe les sens, il déploie un luxe extrême, principalement aux jours de grandes solennités : cet étalage est très-souvent de fort mauvais goût, mais il charme le vulgaire. Dans ces occasions l'intérieur des églises est revêtu d'habits de gala, si je peux me servir de cette expression; on tapisse les piliers et les colonnes en damas ou en satin galonné d'or et d'argent, des gazes brillantes et des fleurs dessinent les principaux ornements d'architecture, des draperies et des rideaux décorent les voûtes des nefs, où sont attachés des milliers de lustres, de bougies et de miroirs, proportionnés à la richesse des églises et au degré de célébrité du saint ou de la sainte qu'on veut honorer; souvent des illuminations, des pétards ou des feux d'artifice ajoutent à l'éclat de la fête.

Ici, plus peut-être encore que dans le reste de l'Italie, l'état ecclésiastique est envisagé comme un échelon pour arriver à une position sociale, et la religion repose uniquement sur l'exaltation; elle est toute en dehors : le Sicilien n'en connaît que les pratiques extérieures; elle consiste pour lui en manifestations publiques, auxquelles il assiste comme à un spectacle, dont il ne comprend pas le sens et par lequel on captive son imagination, sans chercher à l'éclairer et à pénétrer au fond de son cœur par des idées et des sentiments vrais et élevés. Rien de plus singulier que ce genre de dévotion; au moment où l'acte est terminé, il a l'air oublié, et les églises même ont souvent l'apparence d'un lieu public, où l'on parle d'affaires et de plaisirs, dès que l'on n'est plus absorbé par la pompe à laquelle on vient de prendre part. Cette manière de passer soudainement d'une impression à l'autre, est d'autant plus frappante, que durant l'accomplissement de la cérémonie religieuse le Sicilien paraît pénétré de contrition, de repentir et de piété. Cette versatilité est la suite nécessaire de l'importance exclusive donnée aux formes, et de l'enseignement superficiel des dogmes et des principes. Le Sicilien va à la procession ou à l'office, parce qu'il le doit; mais alors il croit avoir rempli l'une des obligations de la journée et n'y pense plus. Aussi, dans ce pays, les préceptes de la religion sont-ils compris et interprétés de la manière la plus absurde. Le brigand et sa femme se prosternent aux pieds de la Madonne, pour la supplier de les protéger dans leur infâme métier et lui promettre sa part du butin; l'amant la prie de lui livrer sa maîtresse; en un mot, c'est la dévotion de l'époque la plus ténébreuse du moyen âge; l'assistance suprême est implorée dans toutes les entreprises, vicieuses ou non. On serait tenté de croire que ces hommes ont perdu la faculté de discerner le bien du mal, tant est incohérent ce mélange de dépravation et de dévotion.

Le culte des saints est dégénéré ici en une véritable adoration, qui le fait ressembler aux saturnales du paganisme. Les hommages qu'on leur rend sont accompagnés d'une telle surabondance de mouvements, de cris et de gaîté, qu'il est impossible d'en donner la mesure à quiconque n'en aurait pas été témoin oculaire. Chaque village, chaque église de Sicile, a son patron, sorte de divinité locale, en l'honneur de laquelle on célèbre des fêtes souvent les plus ridicules et les plus extravagantes.

J'ai entendu prêcher un moine dans l'église de Sainte-Catherine. Son sermon roulait sur la charité, et il élevait aux nues l'excellence de l'aumône. Son ton nasal et criard, ses mouvements outrés, la précipitation avec laquelle il se promenait sur l'estrade servant de chaire, me firent perdre une partie de son discours. J'en pus saisir assez cependant, pour juger qu'il devait être du goût d'une populace paresseuse et mendiante. L'éloquence sacrée consiste dans ce pays en gestes et en lieux communs. Le prédicateur se borne à débiter une suite de phrases convenues; il n'y a rien d'inspiré, rien de simple dans ses discours, et ses paroles sont accompagnées d'un genre de déclamation si brusque et si singulier, qu'un étranger, avant d'en avoir pris l'habitude, croit assister à une parade.

Une troupe de mendiants s'était rassemblée à la porte de l'église, sans doute dans l'espoir que les fidèles, en s'éloignant, pratiqueraient la vertu dont leur avait parlé le moine : leurs hideuses guenilles, retenues par des bouts de cordes ou de rubans, étaient arrangées pour l'effet : l'un découvrait sa poitrine, afin de montrer un ulcère; le second n'avait pas de chemise, pour qu'on vît qu'il était manchot; le troisième étalait un dos contrefait. Il est curieux d'observer les mœurs de ces gens, et la manière dont ils cherchent à en imposer aux voyageurs; souvent des femmes, assez proprement mises, vous accostent et viennent implorer très-bas votre compassion, en vous parlant de leur famille, réduite à la mendicité par des malheurs non mérités; plus loin vous en voyez à genoux sur le pavé auprès de leurs enfants; aussitôt qu'elles aperçoivent un passant bien vêtu, elles jettent des cris pitoyables, et affirment que leur infortunée progéniture meurt de faim : mais la foule connaît ce manége, et les regarde à peine; les seuls étrangers donnent leur *grano* pendant les premiers temps de leur séjour à Palerme. J'ai rencontré, à diverses reprises, des enfants, s'attachant à mes pas, poussant des sons inarticulés, se disant près d'expirer pour avoir mangé des aliments trop grossiers; forcés ensuite par mon cicérone d'avouer leur imposture, ils n'en paraissaient nullement honteux. Ces indigents portent leur misère avec une certaine industrie; ils cherchent à tromper et font le mal, mais ils le font sans conscience, faute de bons principes, et parce que leur intérêt du moment le leur commande. Ils sont généralement doués d'une vivacité originale, qui pourrait devenir le germe de qualités saillantes, si l'éducation les développait.

Malheureusement le nombre des pauvres et la connaissance de leurs ruses endurcissent le cœur. L'on ne sait plus distinguer les besoins véritables; on prend l'habitude d'entendre des gémissements; les mots : *Je meurs de faim*, répétés sans cesse, ne paraissent bientôt plus qu'une expression banale ou un stratagème, et cependant il y a à Palerme une misère trop réelle; il n'est pas rare de trouver dans les rues les plus populeuses de la ville, les corps d'êtres abandonnés, morts faute de quelques légers secours.

Je rentrai chez moi en traversant la place de la Marine, la plus grande de Palerme après celle du château; elle est fermée d'un côté par la prison, des fenêtres de laquelle je vis descendre une quantité de vieux bonnets; des voix lamentables m'engageaient à y déposer quelques grains. Ce sombre cachot renferme, dit-on, un nombre prodigieux de captifs, qui souvent attendent pendant bien des années d'être jugés ou élargis faute de place. Il est de ces infortunés dont la cause de détention est oubliée, qui ne sont pas poursuivis, contre lesquels il n'y a plus de témoins; et cependant on les garde par une sorte d'insouciance, on croit faire preuve de bonne administration en ayant des prisons bien remplies. On m'assure que souvent on a cherché des recrues à l'armée parmi les détenus; je ne puis toutefois garantir l'authenticité de ce fait.

Les rues voisines étaient encombrées de gens du peuple; les uns travaillaient; les autres, demi-nus, étaient couchés sur le pavé, endormis ou occupés à causer, et à se débarrasser des insectes qui les dévorent. Leurs conversations animées se font à moitié par signes; ils suivent d'un regard attentif et perçant les mouvements rapides des doigts et les grimaces, au moyen desquelles ils terminent une phrase commencée par des paroles. Les enfants déjà comprennent ces signes, dont la célérité est telle, que rarement un étranger parvient à en saisir le sens. Ce qu'il y a de singulier, c'est que l'origine de ces gestes est rapportée en Sicile aux temps de Denys, tyran de Syracuse : il avait prohibé, sous des peines très-sévères, les réunions et les conversations; sa défense, ajoute-t-on, obligea ses sujets à chercher un moyen de communication autre que la parole.

LETTRE IV.

Palerme.

Chaque peuple a adopté pour l'ensevelissement de ses morts des usages invariables, qui tiennent plus encore au caractère, au climat et au genre de civilisation, qu'à des convictions religieuses. L'idée de la fin de la vie est accompagnée, pour les nations septentrionales, d'images repoussantes et terribles : leurs cimetières sont de tristes retraites, rarement visitées par les vivants, et ceux-ci semblent avoir pour but d'éloigner de leur souvenir tout ce qui rappelle la brièveté de l'existence. Les peuples méridionaux, au contraire, portés par la nature à une sorte de rêverie et de molle langueur, aiment à se retrouver avec ceux qu'ils ont perdus, et à errer autour de leurs demeures dernières. Les champs des morts sont les promenades favorites des Orientaux. Les voies des tombeaux des Grecs et des Romains étaient près de leurs villes, dans des situations pittoresques; des sépulcres décoraient leurs routes les plus célèbres, et beaucoup de cités italiennes modernes ont déployé plus de luxe dans la décoration de leurs *campi santi*, que dans celle des lieux où les citoyens se réunissent pour se livrer au plaisir. Les Siciliens ont renchéri encore sur leurs voisins ; ils conservent leurs morts dans des catacombes, et tous les ans ils se rapprochent matériellement de ceux dont ils ont pleuré la perte; ils vont les voir et les toucher. Mais ce revoir les empêche de connaître le plaisir mélancolique que goûtent les Orientaux en visitant les tombes de leurs amis, de sentir le vague mystère qui pénètre l'âme en présence du sépulcre d'un être aimé, et qui permet d'allier aux larmes, l'espérance et l'idée du voisinage de celui qu'on pleure. La présence d'un cadavre dissipe ces sentiments pénibles mais doux, et une hideuse réalité fait mieux comprendre encore combien on est loin de celui dont on contemple les débris.

Les gens riches et les nobles de Palerme font porter leurs morts dans les caveaux d'un couvent de capucins, situé à petite distance de la ville. Les défunts trop pauvres pour avoir laissé de quoi payer leur entrée dans les caveaux, sont transportés sans cercueils, dans des chaises à porteurs, vers de grandes fosses ouvertes et infectes, dans lesquelles on jette pêle-mêle les cadavres, et qui sont murées et scellées lorsqu'elles sont remplies.

Les catacombes des capucins forment un profond souterrain voûté, pratiqué au-dessous du monastère; elles sont divisées en longues galeries qui se coupent en croix. Leurs murs présentent un grand nombre de niches, occupées par autant de cadavres, placés debout et revêtus d'habits soit de capucins, soit noirs;

leurs mains sont liées ensemble, et portent de petites étiquettes de carton, sur lesquelles on lit le nom du défunt et la date de sa mort. Outre cela, des coffres peints en couleurs diverses, en rose, en vert et en bleu, et renfermant chacun un corps, sont rangés les uns au-dessus des autres jusqu'à hauteur des niches les plus basses. Les clefs de ces coffres restent aux parents de ceux qui y sont déposés. Il y a aussi dans ces catacombes un corridor réservé, dans lequel les morts, au lieu d'être placés debout, sont couchés en grand costume dans des niches horizontales et grillées. On les y admet moyennant la somme de quinze piastres. Les corps destinés à être exposés dans les galeries, restent d'abord pendant six mois dans un caveau particulier, désigné sous le nom de *pourissoir*, et privé, autant que possible, d'air et de lumière. Là, on leur attache les pieds, les mains et les mâchoires, pour empêcher les nerfs de se contracter; on les couche sur un gril de fer au-dessus d'un ruisseau d'eau courante : la dessiccation se fait ainsi tout naturellement, et les cadavres ne subissent pas une décomposition complète. Il est impossible de se figurer rien de plus dégoûtant, de plus triste, que cette nombreuse assemblée de défunts. Il y a des corps qui datent de plus de deux cents ans; les capucins montrent avec orgueil celui d'un souverain de Tunis, décédé dans leur couvent après s'être converti à la foi chrétienne.

Des squelettes seraient mille fois moins hideux que ces horribles personnages à moitié conservés : on dirait que chacun d'eux a gardé quelque trait caractéristique de son visage : les uns paraissent calmes ; les autres ont un air boudeur ; d'autres encore semblent fixer les passants d'un œil curieux et hagard ; les plus anciens, enfin, ont les traits tirés en long et la bouche ouverte, comme pour faire une affreuse grimace, ou pour rire aux éclats. Ce sont d'épouvantables caricatures, des figures de cauchemar, que divers détails repoussants rendent plus dégoûtantes encore ; tantôt c'est une tête tombée ou un bras détaché, tantôt une attitude fantasque donnée par le temps, qui, malgré les soins des capucins, reprend ses droits, en réduisant ces momies en poussière, et qui, dérangeant la position des os, leur donne l'apparence de fantômes prêts à se mettre en mouvement ou à se jeter sur les visiteurs de ces galeries souterraines. Notre vieux guide ne passait pas devant un corps remarquable par sa conservation, sans lui manier les mains, les oreilles et la barbe, et il semblait éprouver une sorte de plaisir stupide à tirer la langue desséchée d'un moine mort depuis plusieurs siècles. Au 2 novembre, les religieux revêtent les cadavres d'habits réservés à cet usage ; les Palermitains visitent alors en cérémonie leurs parents inhumés dans ces souterrains et leur offrent des cierges. C'est ainsi qu'un fils vient revoir les restes de son père, une mère les dépouilles de son enfant; et pour ajouter à l'horreur de cette scène, les moines font faire aux cadavres des signes de tête et de main, manière de demander des secours pour sortir du purgatoire.

Du couvent dépend un joli jardin dont les fontaines et les ombrages touffus rappellent ceux de l'archipel grec : j'y ai remarqué des platanes, beaux comme ceux des îles de Cos et de Métélin ; à leurs pieds croissent des citronniers et des orangers.

Les capucins distribuent journellement un certain nombre de portions de soupe et de pain, alternativement aux hommes et aux femmes, puis aux enfants. En hiver, le nombre des mendiants qui se présentent à leur porte s'élève de mille à seize cents. J'ai vu arriver cette troupe affamée ; c'était le jour des femmes. Jamais la misère ne s'est présentée à mes yeux sous un plus terrible aspect. L'état d'épuisement complet de ces malheureuses me prouvait que le faible repas qu'elles allaient faire était leur *unique* ressource pendant deux jours. Elles s'approchèrent en gémissant du père distributeur des vivres, devant lequel était une immense chaudière pleine d'une eau grasse, sur laquelle nageaient des légumes verts et quelques croûtes de pain; puis, ayant reçu leur soupe, elles s'assirent en silence sur le bord du chemin, dévorant ce pauvre dîner avec une avidité qu'arrêtait subitement la pensée de réserver quelque chose pour le lendemain. Après les femmes vinrent les enfants : on leur fit signe d'approcher ; ils se précipitèrent, comme des sauvages, autour de la marmite, aux cris de *viva Maria*, *viva Jesu*, avec cette gaîté insouciante, apanage de l'enfance, à laquelle la jouissance du moment suffit, et qui ne songe pas plus à la faim du jour suivant qu'à celle de la veille. La plupart de ces enfants étaient à peu près nus et hâlés au point d'avoir la couleur des Arabes. Ils recevaient leur repas dans de vieilles assiettes cassées, dans le fond de sales chapeaux, dans des mouchoirs déguenillés, ou sur de grandes feuilles ; il y en avait même qui tendaient simplement le creux de leurs mains. L'un de ces derniers, brûlé par la soupe, la laissa tomber à terre ; il jeta d'abord un cri désespéré, mais prenant bientôt son parti, il se coucha à plat ventre sur le sentier, et comme un chien affamé, il dévora sa portion avec l'épaisse couche de poussière dont elle était enveloppée.

Les environs du couvent des capucins, et de Palerme en général, abondent en châteaux et en cassines, propriétés de la noblesse et des gens riches de la ville. On les habite pendant six semaines à partir du 1.er octobre. L'automne est le temps de la villégiature en Sicile. La plupart de ces campagnes sont très-mal tenues et les maisons fort délabrées ; mais si l'on n'y trouve pas l'élégance de la culture napolitaine, on y sent plus encore qu'à Naples l'influence d'un soleil méridional, qui imprime à la végétation une vigueur extraordinaire, et force la nature à accumuler une multitude de productions sur l'espace le plus resserré. Les jardins sont composés de bosquets de cyprès, d'oliviers, de caroubiers aux gousses pendantes, d'orangers, de frênes à manne, de sumacs et de lauriers, autour desquels s'entrelacent des lierres et d'autres plantes grimpantes; des aloès et des nopals, dont les larges feuilles sont couvertes de fruits rougeâtres, croissent le long des sentiers, dans les lieux les plus stériles, sur les rochers même, et ce désordre si riche et si varié fait éprouver un plaisir plus vif que les plus beaux jardins de nos pays. La séve et la forme des arbres, le jet gracieux des branches, la masse du feuillage, l'air parfumé, le mélange des fleurs, des plantes grasses et des lianes, l'éclat de la lumière qui pénètre à travers ces dômes de verdure; tout annonce que l'on est sous une latitude fortunée, où chaque production de la nature doit acquérir la plénitude de son développement. Une irrigation bien entendue contribue à la beauté de la campagne; de chaque propriété dépend une fontaine dont la forme est celle d'un gros pilier carré; des aqueducs souterrains y apportent l'eau. Le maître du jardin a le droit d'en user pendant un temps proportionné à l'étendue de son terrain et déterminé par des règlements, puis il ferme sa fontaine, et l'eau passe à ses voisins.

Parmi les villas voisines du couvent des capucins, la plus intéressante est l'ancien Castel Sarrasin, connu sous le nom de palais Zisa. Une halle mauresque, à plafond en ogive, très-élégante, décorée d'arabesques légers, de mosaïques en *opus Alexandrinum*, et d'une belle fontaine tombant en cascade dans deux bassins octogones, en forme le rez-de-chaussée. Malheureusement la *Zisa*, qui rappelle des mœurs et des habitudes si éloignées des nôtres, s'est dégradée en bien des parties, et durant les derniers siècles on a enlevé à la grande salle ce qu'elle avait de grâce orientale, en la couvrant de mauvaises fresques allégoriques.

La caserne des Borgognoni, appelée jadis Castel de Cuba, est peu éloignée du palais Zisa, et paraît avoir été également fondée par les Sarrasins. On admirait dans ses jardins une pêcherie assez vaste pour pouvoir s'y promener en bateau. D'après une tradition arabe dont parle Fazelli, les noms de Zisa et de Cuba auraient été donnés à ces châteaux de plaisance en l'honneur de deux enfants d'un prince Maure.

En rentrant dans la ville, nous nous promenâmes longtemps dans les rues. Comme toujours, le Cassero et les places voisines étaient encombré d'une foule immense, des centaines de voitures s'y croisaient; des marchands de fruits, de poissons et d'eau glacée attiraient les chalands par leurs cris sauvages; un religieux, placé sur une borne, au-dessous d'une madone, gesticulait, s'inclinait, se signait et adressait des paroles véhémentes à la foule attroupée autour de lui ; des âniers cherchaient à frayer un passage à une troupe de leurs animaux ; des pauvres nous poursuivaient en poussant de plaintifs hurlements : soudain il se fit un silence universel, plus de cris, plus de disputes, les marchands se taisent, les voitures s'arrêtent, la garde bat aux champs, la foule se découvre et s'agenouille ; en moins d'une minute, le marché le plus bruyant est transformé en une église. Un prêtre arrive, portant le viatique à un mourant; le son d'une clochette annonce son passage; dès qu'on a cessé de l'entendre, le mouvement renaît, le bruit et la gaîté recommencent et continuent jusqu'au milieu de la nuit ; enfin les places deviennent désertes, un calme profond succède au vacarme de la journée, et le silence n'est plus interrompu que par quelques chants mélancoliques ou par les prières qu'un petit nombre d'individus murmurent devant les images saintes placées à tous les coins de rue.

LETTRE V.

Palerme.

La strada Maqueda était encombrée de monde ce matin, une madone de l'un de ses temples allait faire une visite de cérémonie à une image vénérée d'une autre église.

Une détonation de pétards annonça le moment où elle sortit de son sanctuaire : elle était de grandeur naturelle, couverte de fleurs, de bijoux et d'une robe richement brodée; sur sa tête flottait une longue chevelure blonde, surmontée d'une couronne d'or. Sur l'un de ses bras elle portait l'enfant Jésus; de l'autre main elle tenait un sceptre. Un certain nombre de desservants portait la statue placée sur une espèce de palanquin : une confrérie blanche la précédait, tenant des cierges allumés; le clergé l'accompagnait, bannières déployées. La visite ne fut pas longue : la madonna prit bientôt congé de l'image amie; mais, en revenant dans sa demeure, elle s'arrêta aux portes d'un grand nombre de maisons dont les habitants lui présentèrent des fleurs et des cierges; on déposa ces offrandes dans de grands paniers. Une nouvelle salve d'artillerie annonça la rentrée de la statue chez elle, et aussitôt le peuple se précipita dans l'église pour lui présenter ses hommages.

Nous réussîmes à fendre la foule; nous nous dirigeâmes vers les collines de la Bagherie, situées à neuf milles au N. E. de la capitale; on dirait une succession de petites îles nageant tranquillement sur la mer.

A un quart de lieue de Palerme, nous passâmes l'Orethe, la rivière d'Éleuthère de Ptolémée, appelée aujourd'hui *Fiume del Ammiraglio*[1]. Ce ruisseau traversait jadis la ville, et se jetait dans le port; on a détourné son cours pour construire la rue de Tolède.

Des plantations d'oliviers, d'abricotiers et d'orangers bordent le chemin sur presque toute sa longueur; elles font place, de distance en distance, à des champs de blé, de coton, de lin, et à des vignes attachées à de grands joncs servant d'échalas, comme dans les villas de Rome.

Lorsque le regard du voyageur contemple ces riches plantations, que le soleil du midi colore des teintes les plus éclatantes; lorsqu'il distingue, à travers ces branches entrelacées de mille manières et chargées d'une sombre verdure, la ligne bleue de la

---

[1] D'après Georgio Ammiraglio, qui y fit construire un pont.

mer, coupée par des voiles blanches, les dômes de la ville, les rivages alternativement rocailleux et parés d'arbres centenaires, et les lignes grandioses et imposantes des montagnes, qui paraissent enveloppées d'un voile d'azur, alors l'imagination se berce de rêves de bonheur, et il lui semble que l'infortune ne peut trouver place au milieu de ces tableaux d'abondance et de prospérité.

Il n'en est rien pourtant : la vue des villages dissipe ces riantes illusions; les maisons des gens de la campagne, véritables réduits de la misère, sont de plus triste apparence encore qu'aux environs de Naples, et de la plus dégoûtante malpropreté.

C'est aux pieds des collines de la Bagherie[1] que la noblesse palermitaine a établi ses châteaux de plaisance : il faut voir ces *villas* pour se faire une idée du luxe sicilien des siècles derniers, de l'orgueil, du mauvais goût et des ridicules des nobles de ce pays; tout a été sacrifié à l'extérieur dans leur construction; on dirait qu'elles ont été élevées uniquement pour en imposer aux passants, pour produire le plus d'effet possible et faire grand étalage de richesses. Les cassines sont vastes, somptueusement et abon-

---

[1] Roger, comte de Sicile, remporta aux environs de la Bagherie la grande victoire, à la suite de laquelle il enleva Palerme aux Sarrasins.

damment décorées à l'extérieur, précédées d'arcs de triomphe et d'escaliers de marbre; mais, à côté de cette pompe, les vitres sont brisées, les portes ne joignent pas, de vastes salles sont démeublées, et la distribution des appartements est la plus incommode possible. Des arbres généalogiques, et de vieux portraits de famille orgueilleusement étalés, couvrent les murailles de chambres dans lesquelles on cherche en vain une chaise ou un fauteuil. — Cependant, parmi ces châteaux, il en est qui ont été jadis magnifiquement ornés à l'intérieur, et dans lesquels se trouvent des salons revêtus de glaces et de marbres précieux; mais ces demeures, originairement plus soignées, n'en sont pas moins négligées aujourd'hui, et portent des traces d'une indigence qui ne cadre plus avec le luxe des temps passés. Il est à remarquer encore que les palais de la Bagherie, construits en général il y a quatre-vingts ou cent ans, sont empreints de l'extravagance de la mode alors dominante. Sous ce rapport, la *Casa Palagonia* l'emporte sur les autres : elle est surchargée sur les corniches, sur les escaliers, même sur les toits, de caricatures, les plus lourdes et les plus absurdes possibles; ce sont des groupes d'ânes vêtus en bergers, des jeunes filles ayant des têtes de cheval ou de chèvre; des chats avec des figures de capucin : ces ingénieuses inventions sont multipliées à l'infini, et une fastueuse inscription annonce que le propriétaire de ce délicieux séjour a employé sa vie et sa fortune à l'orner ainsi *nel gusto del architettura moderna.*

On pourrait croire, au reste, qu'à cette époque les nobles Palermitains étaient décidés à faire assaut de folies : l'un d'eux s'est amusé, du côté opposé de la capitale, à construire une maison entièrement à la chinoise; elle a été depuis achetée par le roi Ferdinand, et porte le nom de *villa Favorite.*

Le seul casin *Valguarniera*, situé sur la crête des collines de la Bagherie, est d'un goût assez simple, et plane, d'un côté, sur la baie de Palerme; de l'autre, sur celle de Termini, qui s'étend de la pointe de Zaffarano à Céfalu. On aperçoit même le cap Orlando par un temps clair; ce golfe l'emporte de beaucoup sur celui de Palerme, il est infiniment plus vaste. Des villages et des plantations couvrent ses rivages généralement terminés en hautes falaises, et dominés par la chaîne de montagnes septentrionale de la Sicile. Divers promontoires, entre autres celui de Termini, sont jetés majestueusement au milieu des flots. Les hauteurs s'élèvent graduellement en s'éloignant dans la direction de Messine; les formes hardies des plus distantes se perdent dans la vapeur, et les flancs des plus rapprochées sont sillonnés et hérissés de rochers.

Je me suis entretenu avec les jardiniers des diverses villas de la Bagherie. La journée d'ouvrage se paye trente grains en hiver; en été vingt-cinq seulement, le travail étant moins pénible dans cette saison. Le campagnard se nourrit presque exclusivement de pain et de fromage; les plus riches familles des paysans propriétaires mangent seules de la viande le dimanche. Le pain est très-cher, vu le taux excessif du droit de mouture. Un ouvrier, travaillant à la terre, en consomme au moins pour six à sept grains par jour; que lui reste-t-il alors pour son entretien et celui de sa famille? De là cette excessive misère, dont la déplorable réalité se reproduit à chaque pas et sous toutes les faces.

Ayant pris congé des palais de la Bagherie, nous entrâmes dans le village : c'était un jour de grande foire; le peuple encombrait la rue principale; des petits chars pleins de monde, et ornés de guirlandes de fleurs, passaient rapidement au milieu de cette foule serrée, qui se dérangeait à peine pour leur faire place. Chacun des assistants vaquait à sa fantaisie du moment, sans songer, le moins du monde, à l'ennui qu'il causerait à son voisin. Ici une voiture s'arrête au beau milieu de la rue la plus fréquentée, tandis que le cocher est allé boire à l'*osteria* voisine; plus loin une file de mulets, chargés de gros paniers, renverse l'établi d'un marchand; des enfants se jettent sous les jambes des chevaux pour continuer leurs jeux; vous heurtez un homme à demi nu, endormi sur une borne; cent personnes sont réunies en un endroit où vous ne voyez pas la possibilité de les placer, et tout cela parle et crie à la fois.

Les étrangers sont peut-être plus frappés encore en Sicile qu'à Naples des manières sans gêne du peuple. Dans un climat où tout vous engage à vivre en plein air, on s'est affranchi naturellement d'une multitude d'entraves sociales qui, chez nous, exercent leur empire même sur les basses classes; on est rarement enfermé chez soi, et habituellement en vue du public; on a fini par vivre en présence de tout le monde comme on vivrait dans sa chambre. C'est principalement au Sicilien qu'on peut appliquer le mot de Mme de Staël, « il ne fait rien, et ne s'abstient de rien, parce qu'il est regardé. » Personne ne contrarie ses habitudes ou ses penchants, par la crainte de fixer l'attention, ou d'éveiller l'humeur moqueuse des autres; en un mot, chacun fait en pleine rue ce qui l'amuse ou lui plaît, sous la seule condition de ne pas offenser les croyances de ses semblables, et de ne pas s'occuper d'eux. De là est résultée une sorte de bonhomie et de bienveillance qui rend la vie très-facile; la médisance et la raillerie ont dû nécessairement s'émousser, non pas faute d'aliments, mais précisément parce qu'on ne s'en inquiétait pas.

Les paysans réunis à la Bagherie portaient leurs costumes de fête, les femmes étaient enveloppées dans des voiles noirs ou blancs; les hommes, revêtus de pantalons et de vestes en drap brun ou en velours, avaient le bonnet de coton blanc sur la tête : la Sicile est, je crois, le seul pays de l'Europe où cette coiffure soit aussi généralement adoptée. Ces hommes avaient aux pieds des sandales lacées comme celles des chevriers de la campagne de Rome, ou de gros souliers ; des cuirs ou des peaux de moutons, semblables à d'informes bottes à l'écuyère, enveloppaient leurs jambes. Malgré la chaleur de la journée, j'en vis un grand nombre dont les épaules étaient couvertes de manteaux brun-noirs ; ces vêtements avaient la coupe ordinaire, ou bien aussi ils se terminaient en capuchon comme ceux des Arabes.

Rentrés à Palerme, nous terminâmes la journée dans un sallon où s'était réunie une partie de la société de la capitale. Les personnes que j'y ai vues, m'ont paru bonnes, bienveillantes et spirituelles, quoiqu'elles ne se distinguent point par une instruction étendue. Les femmes sont aimables et jouissent d'une grande liberté ; malheureusement elles ont, comme beaucoup d'Italiennes, la manie de la gesticulation ; elles ne sauraient parler sans accompagner leurs discours de grimaces et de contorsions : il en est qui, malgré leur éducation négligée, ont un esprit vif et piquant, une imagination brillante, et une façon de parler originale. Leur manière d'être offre un bizarre mélange de nonchalance et d'énergie, d'exaltation et d'inexpérience.

Nulle part au monde, je pense, il n'y a parmi la noblesse aussi grande abondance de titres qu'à Palerme. Les princes et les ducs y sont nombreux, comme en Russie; chacun d'eux veut briller, mais l'économie domestique étant mal entendue, les fortunes ne répondent pas toujours au rang. Tel prince roule en équipage, et ne sait comment payer son dîner; mais il aime mieux renoncer au nécessaire qu'au luxe, et se croirait deshonoré s'il sortait à pied; sa femme mourrait de faim, plutôt que d'avoir une toilette moins recherchée que les autres personnes de sa condition.

On reproche aux hautes classes en Sicile leur penchant aux intrigues galantes; les mœurs de la bourgeoisie valent mieux, dit-on, grâce à la jalousie et à l'active surveillance des maris.

Les plaisirs de la société sont à peu près les mêmes tous les jours; la noblesse songe plus à tuer le temps qu'à l'employer utilement : on se promène chaque soir en voiture, dans la grande rue du Cassero; une file d'un côté, une de l'autre, comme au corso à Rome. A cette promenade les dames étalent leurs toilettes; il y a réellement une sorte de niaiserie, à faire chaque soir une même chose ennuyeuse uniquement pour obéir à l'usage. Après le corso on se rend au théâtre; la salle est assez grande, mais mal décorée, et plus mal éclairée. On y va, comme dans le reste de l'Italie, pour faire cercle dans les loges et non pas pour écouter; à quelques airs près, les causeries particulières couvrent la voix des chanteurs. Les femmes font les honneurs de leurs loges; elles ne manquent jamais de présenter les étrangers aux personnes qui y viennent en visite. Cet usage bienveillant s'établit très-vite d'une manière agréable dans la société du pays. Aller au théâtre ou au cassino, est d'ailleurs la seule manière de se voir; il y a au plus une ou deux maisons où l'on reçoive à Palerme: les réunions s'y passent en conversations, généralement fort insignifiantes, et en parties. Les grands dîners ne sont pas dans l'usage du pays, du moins sont-ils fort rares, et dans les cas exceptionnels on en fait grande parade; tout y porte l'empreinte de cette gêne et de cet apprêt qui chez nous président aux festins d'apparat des maisons de la petite bourgeoisie.

La distribution de la journée est disposée d'après les heures comptées à l'italienne, en commençant la première heure au coucher du soleil et en allant jusqu'à vingt-quatre: par exemple, le dîner a lieu à l'Ave Maria, au moment où le jour finit. Le théâtre s'ouvre à une heure de nuit en hiver et en été; les visites se font à trois heures (cela correspond en été, à onze heures ou minuit, en hiver, à sept ou huit heures). Ce compte semble d'abord très-incommode; chaque jour offre une différence de calcul, mais lorsqu'on en a pris l'habitude, il paraît bien entendu, en ce qu'il établit une conformité entre la vie et la marche des saisons. Les Siciliens nomment notre manière d'indiquer les heures, *mode à l'espagnole,* sans doute parce que les Aragonais introduisirent les premiers chez eux cette division du temps.

LETTRE VI.

Palerme.

J'ai parlé dans ma précédente lettre de l'éducation négligée de la plupart des Siciliens. Les Palermitains cependant ne sont pas dépourvus de moyens d'acquérir de l'instruction. L'université de la capitale a compté parmi ses professeurs, des hommes d'un profond savoir, tels que M. Scina et le célèbre astronome Piazzi.

Cette université a succédé à l'ancien collége des jésuites et date de 1805 : à cette époque un décret royal lui reconnut le droit de conférer les titres de lauréat en théologie, en philosophie, en jurisprudence et en médecine. Antérieurement à 1805, Catane était la seule université du pays, et les jeunes gens qui voulaient prendre leurs grades académiques étaient obligés d'y terminer leurs études.

La bibliothèque de l'université est riche en anciennes éditions, en manuscrits sur l'histoire locale, et en classiques étrangers; j'y vis également les ouvrages polémiques des réformateurs allemands dont la lecture n'est permise que par dispense de l'archevêque; ordinairement il s'en remet, à cet égard, au jugement du bibliothécaire.

L'université possède plusieurs collections, dont la réunion forme le musée Salnitriano. Celle des modèles en plâtre est belle et assez complète ; la galerie de tableaux, au contraire, n'a de remarquable qu'un petit nombre de paysages ; une vierge du Garoffalo et une sainte de Van-Dyck.

On n'est plus en Sicile sur le véritable sol des beaux-arts ; ils n'y ont pas prospéré, pendant les derniers siècles, comme dans le reste de l'Italie, où l'on trouve de riches musées dans des villes du second et du troisième ordre. Le peuple sicilien n'a pas le tact ni le goût qui souvent inspirent les expressions les plus poétiques aux hommes des basses classes à Rome et à Florence, lorsqu'ils admirent une statue ou un tableau ; notre guide n'avait pas même l'esprit de charlatanerie des valets de place italiens : un Anglais lui ayant demandé, devant nous, le nom de l'auteur de quelques fresques détestables ; « *non so*, répondit-il, *sara d'un certo Rafaello d'Urbino, ch'era pittore.* »

Je ne parle pas des vases grecs dits étrusques, des médailles, des lampes, des urnes lacrimatoires et des petits objets en bronze, réunis au musée Salnitriano. Il y en a de semblables dans la plupart des collections en Italie : je me bornerai à dire que la conservation de ces antiquités est étonnante ; on a peine à concevoir qu'elles aient deux ou trois mille ans d'existence. Leur long séjour sous terre a peu altéré le bronze. En voyant la grâce, l'extrême élégance et la variété des ustensiles journaliers des anciens, nous autres modernes éprouvons une certaine honte, plagiaires que nous sommes des siècles précédents.

Les Palermitains auraient également à leur disposition, pour acquérir des connaissances, des maisons de librairie mieux assorties que ne le sont en général celles de Naples, et un assez grand nombre de bibliothèques, dépendantes de couvents ou d'autres établissements publics. On conserve dans celle du sénat beaucoup de manuscrits et de diplômes royaux relatifs à l'histoire spéciale de la Sicile. Les collections de cette nature seraient bien plus complètes, si Charles Ier d'Anjou, dans son aveugle haine, n'avait fait détruire les manuscrits datant d'une époque antérieure à sa domination et qui tombèrent en son pouvoir. Les archives de la chapelle royale de Palerme et de divers couvents ont échappé au vandalisme de ce prince et sont riches en diplômes normands écrits en grec.

La capitale de la Sicile a vu se former plusieurs de ces académies inutiles dont les travaux se bornaient à de vaines déclamations et à de futiles critiques. Celle dite *du bon goût*, faisant exception à l'usage, publia, depuis 1750, plusieurs volumes de dissertations assez estimées, et divers traités sur les antiquités du pays, par le prince de Torremuzza.

LETTRE VII.

Palerme.

Le cintre de montagnes qui enveloppe le golfe de Palerme, ne dessine pas une chaîne continue depuis l'extrémité de l'un de ses promontoires jusqu'au cap opposé : au fond de la plaine les hauteurs présentent un amphithéâtre majestueux dont toutes les parties sont liées entre elles; mais les deux bras de cette chaîne grandiose, le Pellegrino et les collines de la Bagherie, arrachés en quelque sorte aux autres montagnes, se projettent dans la mer et forment, ainsi que je l'ai dit, des masses isolées, entre lesquelles serpentent les embranchements de la plaine, et dont les contours variés et les lignes heurtées ou insensiblement fondues, produisent les contrastes les plus admirables.

L'un de ces monts détachés, le Pellegrino, s'élève à deux milles de Palerme; les fidèles y visitent le sanctuaire de S.te Rosalie, patronne de la capitale.

D'après la légende populaire, S.te Rosalie, fille d'un noble Sicilien et fiancée au fils du roi Roger, quitta secrètement la maison paternelle à l'âge de quatorze ans, en 1159, et vécut quatorze autres années dans la solitude, se livrant à des méditations pieuses et conversant avec les anges. Elle mourut ignorée dans une caverne du Pellegrino. On retrouva ses dépouilles le 15 juillet 1624. La peste faisait alors d'épouvantables ravages à Palerme; un homme du peuple eut une vision, dans laquelle il lui fut enjoint d'aller à la montagne chercher les os de la sainte, au lieu indiqué par la révélation. Il s'y rendit; les ossements furent recueillis; on les porta processionnellement dans la ville, et la peste cessa. La grotte a depuis été transformée en chapelle.

Les réflexions que je faisais dans une de mes précédentes lettres sur le culte des saints, m'ont été suggérées principalement par celui dont S.te Rosalie est l'objet. Le peuple sicilien ne se contente pas de les honorer et d'implorer leur intercession, conformément à l'ancien usage de l'Église catholique; mais il les exalte jusqu'à l'adoration : il ne les regarde point comme des hommes élevés au-dessus des autres hommes par la miséricorde divine; ce sont pour lui des êtres à part, auxquels il attribue une puissance indépendante de celle de Dieu même.

La procession et les fêtes en l'honneur de S.te Rosalie se renouvellent régulièrement au commencement de juillet et durent plusieurs jours : une grande partie de la population de l'île et beaucoup d'étrangers affluent à Palerme pour y assister. La statue de la sainte, en argent et de grandeur colossale, est promenée sur un char triomphal d'environ 40 pieds de longueur sur 80 de haut, dont les ornements varient tous les ans ; il est couvert de fleurs et de draperies destinées à cacher les orchestres qu'il renferme ; des bœufs, des chevaux ou des mules traînent cette immense machine ; les corps militaires, civils et ecclésiastiques l'accompagnent ; des arcs de triomphe et des pyramides de verdure garnissent les rues. Le char est conduit pendant cinq jours consécutifs, du quai de la Marine à la place du palais. Le soir, la rue de Cassero est illuminée, on tire des feux d'artifice ; les courses de chevaux en liberté, les assemblées, les bals, en un mot, tous les plaisirs du carnaval, se renouvellent à cette occasion. Il est difficile de se figurer la joie, le mouvement et l'ivresse que ressent alors le peuple de Palerme ; cependant, en me parlant des fêtes de S.te Rosalie, mon guide se plaignait de la parcimonie qui commence à s'y introduire. « Aujourd'hui, me disait-il, on met de la lésinerie en toutes choses, on ne songe pas plus à nos plaisirs qu'aux anciens droits des Siciliens. Le grand char est d'année en année un peu moins haut et un peu plus court ; jadis il égalait en élévation les églises, à présent il dépasse à peine les maisons ; autrefois il était si large, si chargé d'ornements, qu'à chaque course il enfonçait les fenêtres des palais, et que souvent il écrasait du monde dans les rues; maintenant on n'a plus de semblables accidents à craindre; et puis, au lieu de renouveler les anges et les draperies suivant l'ancien usage, on y place de vieilles gazes fanées et des figures sales, dont les ailes sont même quelquefois endommagées. »

Anciennement il était presque impossible de gravir le Pellegrino, on y monte de nos jours par un chemin pavé nommé *la scala;* il s'élève, jusqu'à mi-hauteur, sur des arcades construites dans le plus profond des ravins de la montagne, plus loin il est taillé dans le roc. Les Palermitains, enthousiasmés pour leur Sainte, ont créé, par des travaux inouïs, cette route solide, dans le seul but de faciliter le pèlerinage des fidèles, tandis que dans le reste du pays les voies publiques manquent pour les communications les plus nécessaires.

Le Pellegrino, véritable squelette de montagne, est un immense entassement de roches calcaires taillées à pic, ou brisées en innombrables fragments et roulées les unes sur les autres.

Cette masse de pierres est dépourvue d'habitations et d'arbres; des touffes d'herbe bientôt desséchées par le soleil, et que des troupeaux de chèvres ou de bœufs aux longues cornes broutent péniblement, croissent seules dans les crevasses. Nous nous levâmes au point du jour pour nous y rendre.

Dès notre sortie de la ville, nous avions entendu

de tous côtés des coups de feu; en gravissant la montagne nous rencontrâmes une foule de chasseurs : ils allaient y tuer des cailles, qui, dans cette saison, arrivent en grande quantité.

Après deux heures de marche nous arrivâmes au couvent de S.te Rosalie, et à la grotte dans laquelle elle vivait. Le sommet de la montagne se creuse ici en petite vallée, surmontée de toutes parts de sommités nues et pierreuses; on ne saurait se figurer un séjour d'une apparence plus désolée.

La caverne, convertie en chapelle, est desservie par des moines; elle est spacieuse : le rocher, conservé à découvert, sert de voûte et de parois latérales, et comme il y filtre toujours de l'eau, on a adapté sous chaque gouttière naturelle des tuyaux de plomb; l'eau, étant très-chargée de parties calcaires, a formé de grandes masses de stalactites. Deux autels ont été construits dans la grotte : le premier porte la statue de la Sainte en bronze doré, ayant la tête et les mains en marbre blanc et tenant un crucifix; l'autre renferme ses reliques : une quantité de lampes y brûlent constamment. Le jour pénètre dans ce sanctuaire au moyen d'une grande ouverture ménagée entre le rocher et un portique à colonnes torses.

Un homme du peuple était agenouillé au pied du maître-autel au moment de notre entrée; il avait l'air de prier avec beaucoup de ferveur; tout à coup, je le vois approcher de sa bouche son bonnet de laine blanche; il prononce les noms de plusieurs saints et saintes comme pour les y enfouir, et serrant alors l'ouverture de sa coiffe, il la jette à terre d'un air dédaigneux, la foule aux pieds, et enfin, se remettant à genoux, il recommence ses prières : « Sainte Rosalie, grande, bienheureuse et puissante sainte, » s'écrie-t-il avec l'accent de la plus profonde humilité, « vous le voyez, je n'ai recours qu'à vous seule, ainsi aidez-moi, protégez-moi. »

De la porte de l'église part un sentier; il traverse la vallée, passe auprès d'un petit lac, et aboutit à un pavillon ouvert dont la coupole sert de piédestal à la statue colossale de la Sainte. Les Palermitains ont voulu placer ainsi sous sa protection le vaste horizon qui se développe aux regards. L'on découvre de ce lieu, presque en entier, la côte septentrionale de la Sicile, et une immense étendue de mer coupée à de rares distances par des îlots. Cette vue célèbre est restée fort au-dessous de mon attente; les formes variées des montagnes accumulées sur les côtes sont admirables, à la vérité, mais l'aride chaos que présente le sol du mont Pellegrino, imprime un cachet triste et sévère sur ce paysage.

Plusieurs thonaires sont établis au pied de la montagne de S.te Rosalie. Le genre de filet employé à cette pêche est celui connu en Provence sous le nom de madrague; elle se fait à la fin du mois de mai et est habituellement très-productive. Outre les thons, on prend sur la côte une grande quantité de murènes, d'anchois et d'espadons; ce dernier poisson, appelé en Sicile *pesce spada*, se pêche de nuit au harpon.

J'ai remarqué à la base des collines voisines du Pellegrino beaucoup de tuf coquillier avec des dépouilles de vers marins. Dans la plaine et les montagnes des environs, on recueille des agates et diverses espèces de marbres de couleurs différentes.

LETTRE VIII.

Palerme.

J'ai cherché, durant mon séjour à Palerme, à me procurer des renseignements sur le gouvernement et l'administration de la Sicile. Comme rien n'y est officiellement publié, ces données seront nécessairement incomplètes. Je crois cependant devoir consigner ici celles que j'ai recueillies; elles jettent du jour sur l'état actuel du pays, et expliquent les tristes contrastes que présente cette île malheureuse.

Le royaume a traversé dans le moyen âge les différentes phases qu'on remarque dans l'histoire des nations de l'Europe occidentale; mais, au lieu de marcher progressivement vers un ordre de choses rationnel et d'arriver ainsi à des institutions sages et libérales, il a rétrogradé sous le rapport des libertés publiques, et il se trouve plus arriéré aujourd'hui qu'il ne l'était il y a quelques cents ans.

La Sicile fut soumise au régime féodal dans le onzième siècle, à la suite de la conquête des Normands, et, comme dans le reste de l'Europe, les propriétés restèrent entre les mains des vainqueurs; ceux-ci partagèrent avec le clergé, auquel ses lumières, et plus encore les espérances et les craintes religieuses, donnaient une grande prépondérance. Le peuple vaincu fut entièrement oublié dans cette division des terres; mais les villes s'étant élevées et enrichies, il fut nécessaire de s'entendre avec elles relativement à la perception de l'impôt. En conséquence, les députés des cités les plus importantes firent partie du parlement sicilien.

Roger II réunit pour la première fois ce parlement en 1129; le droit de convocation fut reconnu au monarque. L'assemblée se composait:

Du *Braccio militare* ou *baronale*, qui comprenait les vassaux directs de la couronne;

Du *Braccio ecclesiastico*, formé par les évêques, prélats et abbés commendataires;

Enfin, du *Braccio domaniale*, où figuraient les députés des terres domaniales et des villes incorporées, élus librement par le sénat ou conseil municipal de chaque bourg.

Le parlement se régularisa sous les règnes de Pierre d'Aragon et de ses successeurs; les trois *bras* se séparèrent en trois chambres, délibérant séparément. On ajouta au Braccio militare les possesseurs de bourgs de quarante feux, et chaque baron avait autant de votes qu'il possédait de ces bourgs; les membres de cette chambre étaient héréditaires par droit de primogéniture. Le consentement du Braccio domaniale fut reconnu rigoureusement nécessaire pour les lois concernant les impôts; du reste, il était écrasé par la majorité de la noblesse et du clergé, dont l'union rendait nulle l'opposition de la troisième chambre. Les actes du parlement avaient besoin de la sanction royale pour acquérir force de loi.

Dans l'origine, le parlement était annuel; Charles-Quint décréta qu'il serait convoqué tous les quatre ans, à moins de cas urgents : alors il l'était sous le nom de *session extraordinaire.* Cependant il restait en quelque sorte permanent; car, dans l'intervalle des sessions, une commission de douze membres, choisie dans son sein *par le souverain*, exerçait les droits de l'assemblée entière. Cette commission, dont les fonctions principales étaient de surveiller le gouvernement, fit annuler à diverses reprises des actes émanés de l'autorité, qu'elle regardait comme illégaux ou attentatoires aux libertés nationales et aux prérogatives des divers ordres de l'État.

Le parlement fixait les impôts pour quatre ans : ces impôts, auxquels Palerme seule contribuait pour un dixième, portaient le nom de *dons gratuits* (*donativi*), et parfois ils étaient accordés conditionnellement; hors quatre cas spéciaux, où le roi levait de sa propre autorité l'impôt jusqu'à concurrence de 5000 onces d'or, aucune charge ne pouvait être imposée à l'État sans l'assentiment du parlement.

Ces quatre circonstances particulières étaient : la captivité du roi ou du prince héréditaire, qui nécessitait une rançon ; une invasion ou une insurrection ; la prise d'armes du roi, ou de l'un des princes du sang ; la dot de la fille du roi.

Lorsque les souverains de la Sicile cessèrent d'y résider, des vice-rois la gouvernèrent. Ferdinand le Catholique limita la durée de leur charge à trois ans ; mais leur commission fut souvent prorogée. On dota ces représentants des princes des attributs de la puissance royale ; pour contrebalancer leur autorité, Charles-Quint leur adjoignit, en 1536, un *consulteur*[1], afin de les assister dans leurs fonctions. Jamais ces deux places importantes n'ont été confiées à des Siciliens.

Le système féodal se maintint plus longtemps en Sicile que dans les autres États de l'Europe ; son abolition de fait, en ce qui concernait les droits sur les personnes, avait eu lieu sous l'administration du ministère de Carraccioli. Le parlement de 1810 la prononça de droit, quoique cette mesure lésât la plupart de ses membres.

Telle était donc la forme du gouvernement sici-

---

[1] Par la suite, Charles III, voulant mettre un frein à l'arbitraire des vice-rois, créa une cour composée de conseillers royaux, nommée *Junte de Sicile*, et chargée de faire au roi le rapport des affaires de l'île ; rapport qui devait servir de règle aux actes des ministres.

lien avant les événements récents qui l'ont si tristement modifiée; il était nécessaire de la connaître, pour pouvoir apprécier à sa juste valeur la situation actuelle du royaume, les griefs et les espérances de ses habitants.

Lorsqu'en 1807 les armes victorieuses des Français eurent expulsé de l'Italie la famille royale de Naples, elle se réfugia en Sicile. Cette île reçut ses maîtres avec enthousiasme, espérant que la présence du souverain guérirait d'anciennes plaies, et qu'à l'avenir, au lieu d'être traitée presque en colonie, ses droits comme métropole seraient respectés; cependant le royaume ne gagna rien à ce changement. Le gouvernement chercha bientôt à y établir le pouvoir absolu dont il avait joui à Naples; il leva des impôts, et se saisit des propriétés communales de diverses villes sans l'assentiment du parlement. Des contestations violentes s'élevèrent entre le monarque et ses sujets; alors le prince de Belmonte, le plus populaire des nobles siciliens, s'adressa à l'ambassadeur anglais, lord Amherst, pour savoir si l'Angleterre, dont les troupes occupaient le royaume, soutiendrait les Siciliens lorsqu'ils viendraient à demander au roi le redressement des abus, et des garanties pour l'avenir. Sa réclamation fut accueillie froidement; mais lord William Bentinck, successeur de lord Amherst, entra dans les vues de Belmonte, et tenta de les faire adopter par la cour. Lord

William Bentinck échoua auprès du roi, et surtout auprès de la reine *Caroline*, dont le caractère altier eût préféré même un arrangement avec les Français, ses mortels ennemis, à des concessions faites à ses sujets. Cependant, après une inutile résistance, la reine consentit à se retirer; et le roi, abdiquant temporairement, nomma son fils vicaire-général du royaume. On adopta alors une nouvelle constitution, connue sous le nom de constitution de 1812, imitée en grande partie de celle de l'Angleterre, qui créait un parlement composé de deux chambres unies contre les empiétements de la puissance royale.[1]

---

[1] Les principales dispositions de la constitution étaient les suivantes :

1.° La religion catholique apostolique et romaine est exclusivement celle de l'État; le roi est tenu de la professer sous peine de déchéance.

2.° Le pouvoir législatif réside dans le parlement; les lois doivent être revêtues de la sanction du souverain; toutes les impositions seront consenties par le parlement, et approuvées par le roi, qui accepte ou refuse par les simples formules *veto* ou *placet*.

3.° Le pouvoir exécutif réside dans la personne du roi.

4.° Le pouvoir judiciaire est séparé et indépendant du pouvoir législatif et exécutif, et doit être exercé par un corps de magistrats, qui peuvent être mis en jugement et destitués par la chambre des pairs à la demande de celle des communes.

5.° Le roi est sacré et inviolable.

L'action de cette constitution fut bientôt paralysée par les agents napolitains, qui regrettaient

---

6.° Les ministres et agents du pouvoir sont soumis au jugement du parlement, et peuvent être accusés ou condamnés pour atteinte à la constitution, violation des lois, ou pour avoir commis des fautes graves dans l'exercice de leurs fonctions.

7.° Le parlement est composé de deux chambres : l'une des communes, ou des représentants des domaines ou baronies; l'autre des pairs, composée des ecclésiastiques et de leurs successeurs, des barons et de leurs successeurs, qui, jusqu'au moment de la promulgation de la présente constitution, votaient dans les deux bras ecclésiastique et militaire, et de ceux qui seront élus par le roi dans les formes déterminées.

8.° La multiplicité des votes d'un baron, suivant le nombre de ses domaines féodaux, est abolie; chacun aura son suffrage personnel; le proto-notaire du royaume présentera la liste des barons et ecclésiastiques parlementaires; elle sera insérée aux archives du parlement.

9.° Le roi seul convoque, proroge et dissout le parlement; il doit être convoqué une fois par an.

10.° Aucun Sicilien ne sera arrêté, exilé, puni, troublé dans la jouissance de ses biens et droits, que d'après les lois du nouveau code, sur l'ordre des magistrats ordinaires et d'après les formes établies. Les pairs ne peuvent être jugés que par leurs pairs.

11.° Les droits féodaux seront abolis; toutes les terres seront possédées comme terres de franc-alleu, mais en conservant dans les familles l'ordre de succession suivi jusqu'ici. Les juridictions baroniales seront abolies. Les barons, en perdant leurs droits féodaux, sont exempts de taxes féodales; ils ne conservent que leurs titres et leurs honneurs.

l'ancien ordre de choses, plus conforme à leurs intérêts; elle trouva également des ennemis parmi

---

12.° Toute proposition relative aux subsides sera faite en comité secret; puis discutée dans la chambre des communes; elle passera alors à celle des pairs, qui l'approuvera ou la rejettera, sans rien y changer. Toutes les autres propositions législatives seront indifféremment présentées à l'une des deux chambres, pour être approuvées ou rejetées par l'autre.

On adopta en outre plusieurs règlements complémentaires.

La liberté de la presse fut accordée pour tous les ouvrages, sauf pour ceux qui attaquaient la religion et les mœurs, ou qui provoquaient à la désobéissance envers le gouvernement. On établit que les bénéfices ecclésiastiques et les charges militaires et judiciaires ne seraient donnés qu'aux seuls Siciliens. Le roi nommait le président de la chambre des pairs; les communes nommaient le leur. La dignité de pair était inaliénable et héréditaire.

Les députés, élus pour quatre ans à la majorité des voix, étaient inviolables pendant les sessions. Les électeurs de Palerme devaient avoir au moins cinquante onces de revenus, ou bien, occuper un emploi à cent onces d'appointements, ou, enfin, être consuls ou chefs de corporation. Dans le reste de la Sicile on était électeur avec un revenu de dix-huit onces, ou en exerçant un emploi de cinquante onces d'appointements, ou bien, enfin, en étant consul ou chef de corporation. Les élections se faisaient dans le chef-lieu de chaque district, et duraient trois jours, pendant lesquels on éloignait les troupes du lieu où les électeurs étaient réunis.

Les députés étaient au nombre de cent cinquante-quatre, dont quarante-six pour les districts; cent cinq pour les quatre-vingt-treize villes; deux pour l'université de Palerme et un pour celle de Catane.

les patriotes siciliens, qui ne lui pardonnaient pas d'avoir maintenu l'influence héréditaire des grandes familles, en conservant les substitutions des propriétés sur la tête de l'aîné.

La forme de gouvernement adoptée en 1812, n'ayant point laissé de trace, n'a plus aujourd'hui qu'une valeur historique; trois sessions parlementaires eurent lieu pendant sa durée, elles présentèrent le spectacle de l'ignorance et de la corruption. Ce fait, cependant, ne me semble pas prononcer la condamnation de la constitution; pour la juger, il aurait fallu qu'une génération au moins eût été élevée sous son influence.

Les princes habitués à régner avec un pouvoir absolu, ne peuvent se plier aux formes d'une monarchie mixte. En 1816, le gouvernement napolitain renversa la constitution de 1812, sans rétablir toutefois l'ancien parlement. Les Anglais, protecteurs des patriotes siciliens, tant qu'ils en avaient eu besoin, ne leur conservèrent plus leur appui, aussitôt que la chute de Bonaparte cessa de les rendre nécessaires à leurs intérêts; ils abandonnèrent entièrement le parti national à la haine de la cour et des Napolitains. — Ils quittèrent l'île sans avoir profité de leur influence, — que d'ailleurs ils exerçaient souvent d'une façon fort brutale, — pour réformer d'anciens et nombreux abus, le seul bienfait qu'elle leur dut, fut d'avoir été sauvée de l'invasion française.

La constitution de 1812 déclarait la Sicile un État indépendant, et il avait été reconnu que, si jamais le roi retournait à Naples, la couronne passerait à son fils. Le congrès de Vienne en décida autrement; il réunit de nouveau les deux couronnes, sous le nom de *royaume des Deux-Siciles*, voulant empêcher ainsi la Sicile d'avoir une constitution séparée. Une commission, nommée à cette époque pour revoir la constitution de 1812 et l'adapter aux royaumes réunis, eut ordre de ne rien faire, et ne fit rien. La noblesse et les communes siciliennes perdirent ainsi à la fois leurs nouveaux droits, et les droits et priviléges anciens qu'ils avaient sacrifiés pour les acquérir.

Tous les esprits étaient exaspérés et disposés à profiter de la première occasion pour secouer un joug devenu insupportable; elle ne tarda pas à se présenter. Les lois de la conscription et du timbre, promulguées en 1820 par le cabinet napolitain, portèrent à son comble la fureur des Siciliens, et alors aussi la nouvelle de la révolution de Naples retentit à Palerme, où l'on célébrait la fête de S.te Rosalie; elle fut accueillie avec enthousiasme et aux cris de vive la constitution espagnole, vive l'indépendance sicilienne!

La révolution éclata également dans l'île. Le commencement en fut marqué par de graves désordres populaires. Le but des insurgés n'était pas de changer la dynastie régnante, ni de lui demander un autre souverain. Les personnes éclairées qui essayèrent de se mettre à la tête du mouvement et formèrent la junte provisoire, voulaient assurer l'indépendance territoriale du royaume, et recouvrer des droits politiques, en restant fidèles au monarque qui régnait à Naples; elles demandaient pour la Sicile, abreuvée d'humiliations et réduite au rang de province, les droits qu'elle avait possédés jadis.

Mais, comme il arrive dans la plupart des révolutions, le peuple, d'abord caressé et poussé en avant, se livra bientôt aux excès les plus atroces. Messine, l'ancienne rivale de Palerme, se prononça pour le maintien du système napolitain; plusieurs villes importantes imitèrent son exemple, et la guerre civile éclata dans la moitié de l'île.

Les députés envoyés à Naples par la junte provisoire revinrent avec de vaines promesses. Les libéraux de Naples voulaient l'indépendance pour eux seuls. Il ne fut plus possible alors de contenir la rage de la populace de Palerme; des torrents de sang inondèrent les rues de cette capitale. La noblesse et la classe honnête de la bourgeoisie se réunirent pour réprimer ces forcenés; vaincues, elles furent réduites à appeler de leurs vœux l'armée napolitaine, qui s'avançait sous les ordres du général Pepé, muni des pleins pouvoirs nécessaires pour traiter.

La junte, abandonnée par le prince de Villafranca, son président, mit à sa tête le vieux prince Paterno, aimé de la populace. Il parvint à l'apaiser et à obtenir d'elle l'entrée de Palerme pour le général Pepé et ses troupes.

On signa un traité, d'après lequel la majorité des votes des Siciliens, légalement convoqués, devait décider de l'unité ou de la séparation de la représentation nationale du royaume des Deux-Siciles. Il accordait à l'île la constitution des cortès, sauf les modifications que pourrait adopter, pour le bien public, le parlement unique ou séparé. Ce traité donnait en outre une amnistie générale pour les faits accomplis pendant la révolution.

Le parlement napolitain refusa de ratifier cette convention, et bientôt après, l'arrivée des Autrichiens ayant remis à Naples toutes choses sur l'ancien pied, le cardinal Gravina, nommé lieutenant général du roi en Sicile (5 avril 1821), publia un décret royal qui annulait ce qui s'était passé depuis que le prince héréditaire avait quitté l'île.

Les résultats des événements de 1820 eussent été différents, peut-être, s'il se fût rencontré un chef capable de se mettre à la tête du mouvement et de le diriger par la force de son génie. Mais dans ce drame sanglant on ne vit figurer que des hommes dépourvus de talents ou de courage. Nulle part on ne trouva réunies sur une même tête ces deux qualités indispensables à celui qui prétend guider les masses dans des temps de crise et de troubles politiques.

Les désordres étant comprimés, le Gouvernement redevint *absolu* en Sicile, sauf les restrictions *administratives*, qui de nos jours s'introduisent partout, même dans les gouvernements absolus de l'Europe. Quant aux institutions qui donnaient au clergé, à la noblesse et au tiers-état une part constitutionnelle au gouvernement, il n'en a plus été question, bien que jamais elles n'aient été abolies expressément et textuellement.

La volonté seule du souverain fait les lois; la consulte de Sicile, corps composé de dix-huit membres, résidant à Naples et institué après le congrès de Laybach, pour donner son avis sur les mesures législatives ou administratives qui lui sont soumises, n'a encore exercé aucune influence heureuse sur le sort du pays.

Aujourd'hui, l'un des frères du roi de Naples, portant le titre de *lieutenant général*, gouverne la Sicile. Ce prince est assisté d'un conseil de gouvernement, composé d'un ministre secrétaire d'État, de quatre directeurs, chargés chacun d'un département ministériel et placés sous les ordres du ministre, et enfin d'un autre ministre sans porte-feuille. Les affaires sont traitées dans ce conseil où la voix du lieutenant général l'emporte en cas de partage égal.

Cependant le roi conserve la plénitude de son

pouvoir en Sicile comme à Naples, et sa sanction est nécessaire dans le premier de ces deux royaumes, ainsi que dans le second, sauf dans les matières de peu d'intérêt, pour lesquelles l'autorité du lieutenant général a été jugée suffisante. Quant aux affaires du ressort purement ministériel, celles d'une certaine importance doivent être soumises à un *ministre, pour les affaires de Sicile*, faisant partie du *ministère napolitain;* les autres sont entre les mains d'un ministre résidant à Palerme, sous les ordres duquel se trouvent les quatre directeurs.

Ainsi, les matières auxquelles la sanction ou l'approbation royale est nécessaire passent par la filière d'un directeur et d'un ministre à Palerme, puis d'un ministre à Naples, pour arriver enfin au souverain. Les autres affaires montent plus ou moins les degrés de cette échelle, suivant leur importance.

Un pays de régime absolu peut être heureux, et souvent même il l'est plus qu'un autre, quand il est paternellement gouverné.

La Sicile ne connaît point ce genre de bonheur. Le gouvernement qui pèse sur elle est plus mauvais encore en pratique qu'en théorie; il cumule à peu près tous les défauts que peut réunir une institution politique, et s'attache aux anciens abus comme à ses alliés naturels. Il a réussi à rendre aux Siciliens leurs rapports avec le continent plus odieux que jamais; leur haine, leur mépris, leur antipathie pour les Napolitains, sont parvenus au plus haut degré d'exaspération; et s'ils ont accueilli avec joie l'avénement du monarque actuel, c'est parce qu'il est né parmi eux et qu'ils en espéraient de grands changements. Il en sera de même à chaque règne nouveau.

Je le répète, les plaintes des Siciliens sont fondées. Ici, une administration bienfaisante et éclairée n'essaye point même de dédommager la nation de l'absence totale de droits politiques. Lorsqu'on voit un pays presque dépeuplé, à moitié inculte, dépourvu de routes, de commerce et d'industrie, où la justice n'est ni prompte ni facile, on doit en conclure qu'il est dans un état violent et critique, qui peut bien être comprimé, mais qui ne peut durer.

L'administration de la Sicile, tant provinciale que financière, est à la vérité copiée sur celle de France, avec quelques différences de noms, et elle forme une hiérarchie séparée, dont les agents inférieurs correspondent avec les autorités centrales de Palerme[1];

---

[1] La Sicile, après avoir formé sous les Romains une seule province, comprenant les questures de Lilybée et de Syracuse, fut partagée par les Sarrasins en trois vals (cantons); savoir: ceux de *Mezzara* au couchant, de *Demona* au N.-E., et de *Noto* au levant. Actuellement elle comprend sept intendances ou vals; savoir: celles de *Palerme*, *Messine*, *Catane*, *Syracuse*, *Girgenti*, *Trapani* et *Caltanisette*. Les deux premières de ces intendances sont subdivisées en quatre districts, et les cinq dernières en comprennent cinq chacune. Les noms des vingt-trois districts sont les suivants: 1) *Messine*, 2) *Cas-*

mais elle est abandonnée à des mains inhabiles ou vénales; ses décisions sont ordinairement arbitraires et injustes, et le peuple n'a aucun moyen pour réclamer contre les actes despotiques de ses tyrans subalternes. Il ne saurait faire parvenir la vérité aux pieds du trône, et le souverain, privé des documents propres à l'éclairer sur ce qui se passe en Sicile, ne détruit point les abus : la misère se perpétue dans le royaume avec l'oppression, par la plus étrange des contradictions : on vexe la nation pour y maintenir une tranquillité forcée; on ne cesse de l'appauvrir, et on veut continuer à en tirer de gros revenus. La plupart des emplois administratifs sont distribués sans entente à des Siciliens aveuglément dévoués au déplorable système en vigueur, dépourvus des connaissances nécessaires aux fonctions dont ils sont revêtus, et qui se bornent à suivre machinalement la routine indiquée par leurs prédécesseurs. Les projets

---

tro reale, 3) *Patti*, 4) *Mistretta*, 5) *Cefalu*, 6) *Termini*, 7) *Palerme*, 8) *Alcamo*, 9) *Trapani*, 10) *Mezzara*, 11) *Sciacca*, 12) *Bivona*, 13) *Girgenti*, 14) *Terranova*, 15) *Modica*, 16) *Noto*, 17) *Syracuse*, 18) *Catane*, 19) *Nicosia*, 20) *Calata Girone*, 21) *Piazza*, 22) *Caltanisetta*, 23) *Corleone*.

Dans chaque chef-lieu de val résident un intendant, un secrétaire général et trois conseillers, qui forment le conseil d'intendance. Il y a également dans ces chefs-lieux un conseil des hospices, composé de l'évêque, du vicaire, et de deux conseillers; il est présidé par l'intendant, qui, sauf à Palerme, est en même temps chef de la police du val.

de mesures proposés au Gouvernement, pour opérer de salutaires changements, avortent d'habitude par la mauvaise volonté de quelques employés obscurs.

L'élévation de l'impôt est maintenant la plaie principale de la Sicile. Le décret de Caserte, du 11 décembre 1816, a fixé le budget de ce pays à une somme de 1,847,687 onces 20 tharins[1]. Le parlement avait porté à ce taux les contributions pour 1813, lorsque l'île s'imposa des sacrifices pour soutenir le trône chancelant de ses rois. Alors, il est vrai, l'occupation du royaume par les armées anglaises, auxquelles le reste de l'Europe était fermé, avait répandu du numéraire dans le pays, et donné une bien plus grande valeur aux produits de la terre. mais les circonstances ne sont plus les mêmes, et ces impôts, disproportionnés avec les ressources *actuelles* du pays, ont eu pour conséquence la ruine et la misère du peuple.

La première condition pour rendre quelque prospérité à la Sicile, serait donc aujourd'hui la diminution des impôts; plus tard, au contraire, après que le pays aurait été soulagé, l'agriculture améliorée, le commerce étendu, et l'industrie acclimatée, il serait facile de les augmenter. Il est impossible de déterminer à l'avance le taux qu'ils pourraient atteindre, mais certainement ils produiraient plus pour le trésor, et

---

[1] L'once équivaut à 18 fr. 50 cent. de notre monnaie.

en même temps le peuple serait infiniment plus riche qu'il ne l'est. Je dois ajouter, d'ailleurs, qu'il se commet de grands abus dans leur perception. Des personnes dignes de foi m'ont assuré que le montant des recettes dépasse de beaucoup le chiffre porté au budget.

Les principales branches de l'impôt sont : l'impôt foncier ; il rend 4 à 500,000 onces ; le droit de mouture en produit 5 à 600,000 ; les douanes donnent de 3 à 400,000 onces ; ensuite, la loterie, la poste, l'enregistrement, et les impôts de consommation.

La perception et la répartition de l'impôt foncier, se font à peu près comme en France, quant à la forme. La proportion de la part du revenu brut qu'il absorbe, varie beaucoup, d'abord à cause de l'inégalité des récoltes d'une année à l'autre, et ensuite parce qu'en 1812, époque de l'estimation des revenus, beaucoup de propriétaires ont présenté de fausses déclarations : on s'occupe de la révision du cadastre. On m'a affirmé, à diverses reprises, que dans beaucoup de localités l'impôt foncier enlève soixante pour cent du produit, et qu'en général il est trop pesant pour que la culture puisse le supporter. Il en résulte que beaucoup de terres restent en friche ; personne ne connaît au juste la proportion des terres cultivées de la Sicile avec celles qui seraient susceptibles de l'être. Un bureau de statistique, établi à Palerme depuis deux ans, n'a rassemblé jusqu'ici que fort peu de matériaux, et ne les a point publiés. On s'occupe dans ce moment d'innovations dans le système financier du royaume, mais rien n'est décidé. Il était question d'établir un grand-livre pour la Sicile, de consolider la totalité de la dette, et de créer ainsi un système séparé de celui de Naples; mais ce projet a rencontré beaucoup d'obstacles et n'est pas encore exécuté; l'on affirmait même récemment qu'il serait abandonné. Les intérêts de la dette publique sont annuellement portés dans le budget de Sicile pour 185,000 onces; un grand nombre de créanciers de l'État reçoivent de très-faibles à-comptes sur les intérêts qui leur sont dûs.

Les attributions et les limites de l'administration municipale sont à peu près les mêmes qu'en France. Elle est confiée aux *syndics* présidents des *decurionati*, conseil composé de trente membres dans les villes dont la population est de plus de 10,000 âmes. Cette administration est placée en même temps sous la tutelle de l'intendant de la province. A Palerme, Messine et Catane, l'administration municipale a conservé une forme particulière, mais seulement sous le rapport honorifique : elle est entre les mains d'un corps privilégié, composé de six membres, nommé *sénat* et présidé par le *syndic;* ce dernier prend à Palerme le titre de *préteur*, à Messine celui de *patrice*.

Quant aux autres branches de l'administration, leur action est trop peu importante pour mériter de fixer longtemps l'attention. La police, sévère et tracassière pour les délits politiques, n'est nulle part aussi mal faite qu'en Sicile. Les travaux de la surintendance des ponts et chaussées, créée depuis la restauration, ont été à peu près nuls. L'administration de la santé publique s'est bornée à établir des quarantaines d'observations dans divers ports, sans prendre de mesures propres à arrêter les ravages des fièvres épidémiques qui désolent fréquemment la Sicile.

Ce pays n'a plus d'armée ni de marine séparées; il doit fournir 10,000 hommes d'infanterie et 2000 de cavalerie à l'armée du royaume de Naples. Ses navires consistent en quelques chébecs. Les troupes de garnison en Sicile se montent à six régiments et sont commandées par un général résidant à Palerme avec son état-major. Messine, Syracuse et Trapani, sont les places d'armes principales de l'île.

LETTRE IX.

Palerme.

Il me reste à parler de la manière dont la justice est administrée dans le royaume.

Peu de pays ont eu une législation aussi compliquée que la Sicile. Les lois des différents peuples, maîtres de l'île, s'y introduisirent successivement. Celles de Naples furent adoptées après la domination normande. Plus tard, arrivèrent les capitulaires de Sicile, et chaque vice-royauté en augmenta la masse.[1]

L'empereur Frédéric fit extraire, en 1221, des constitutions normandes, les lois qu'il voulait donner à ses sujets.

Les capitulaires du roi Jacques furent établies en 1286; et en 1296 le parlement publia une constitution nouvelle. Alphonse recueillit, publia et fit sanctionner par le parlement, dans le quinzième siècle,

---

[1] Le recueil de toutes ces lois, des arrêts du parlement et des ordonnances des vice-rois, a été fait dans le siècle dernier par Gervasi.

Rosacri Gregorio a écrit un ouvrage estimé sur le Droit public de la Sicile.

un code de procédure. Enfin le parlement établit la *reformatio tribunalium* sous le règne de Philippe II. En 1812, il travailla à améliorer la législation; et de 1816 à 1820 la Sicile a obtenu un code plus régulier.

Les lois ne manquent donc pas; il s'agirait simplement de les appliquer avec équité et de n'en pas éluder l'exécution.

La justice forme en Sicile une administration à part, ce pays possédant, comme Naples, une cour de cassation.

Le parlement de 1812 a aboli les anciens tribunaux, et depuis 1819 leur hiérarchie est exactement copiée sur celle de France.

La cour suprême de justice réside à Palerme.

Trois grandes cours civiles, exerçant en même temps les attributions de cours criminelles, sont établies à Palerme, Messine et Catane.

Il y a en outre à Syracuse, Girgenti, Trapani et Caltanisette, des cours criminelles, composées chacune d'un président, de six juges et d'un procureur général du roi.

Après ces cours de premier ordre, viennent les sept tribunaux civils établis dans les sept chefs-lieux de Vals; puis les juges de districts, divisés en trois classes, et échelonnés d'après la population des districts et des villes.

Chaque commune a son conciliateur (juge de paix).

Avec une hiérarchie judiciaire aussi bien entendue, on pourrait croire que, sous ce rapport au moins, la Sicile devrait être sagement administrée; mais la justice n'y est rien moins qu'impartiale, et l'on m'a cité plusieurs traits fort remarquables de la scandaleuse vénalité des magistrats; les arrêts se rendent très-souvent en faveur du plus offrant; les avocats, parmi lesquels il en est d'habiles, se font un jeu de continuer les procès tant que les parties sont en état de payer; et la nation, privée de ses droits politiques, l'est même encore de la simple garantie de propriété et d'existence que les lois semblent lui assurer. Dès lors aussi la législation n'exerce point sur les mœurs du peuple l'influence salutaire qu'elle acquiert toujours quand elle est adaptée au degré de civilisation et qu'elle est bien observée : le pays reste sans éducation, l'énergie du Sicilien sans développement; sa demi-civilisation, et la superstition qui le domine, rendent le crime fréquent, et trop souvent la morale est outragée impunément.

Les Siciliens passent pour avoir l'esprit excessivement processif. Avant de paraître en justice, on commence ordinairement par payer tout le monde, depuis le juge jusqu'au domestique de l'avocat, qui sans cela ne laisserait pas entrer le client chez son maître. Aussi un procès est-il ruineux pour le gagnant comme pour sa partie adverse.

Les affaires ecclésiastiques de simple discipline

sont soumises à un juge délégué par le roi ; c'est le plus souvent l'évêque, ou au moins un prélat d'un rang élevé, et portant le titre de *juge de la monarchie royale.* Le pape Urbain II institua cette magistrature en faveur de Roger, et l'investit d'une juridiction qui rendait le roi de Sicile *légat né* pour les affaires ecclésiastiques de son royaume[1]. Le pape Benoît XIII confirma l'existence de cette cour sous le règne de Charles VI.

L'évêque délégué juge en première instance. On appelle de ses décisions, en deuxième et troisième instances, à deux tribunaux, composés chacun de trois jurisconsultes sous la présidence d'un ecclésiastique.

---

[1] Le clergé de la Sicile, soumis primitivement à la juridiction de Rome, reconnut celle de Constantinople après la conquête de Bélisaire. Les Normands le replacèrent sous la suprématie des papes.

LETTRE X.

Alcamo.

L'on ne peut pas voyager en Sicile comme dans nos pays. Les seules grandes routes de ce royaume sont celle de Messine à Palerme, par Catane, et quelques portions de chemin, construites aux frais de diverses localités, pour leur avantage particulier. A ces exceptions près, les voies publiques consistent en sentiers couverts de ronces et de pierres, dans lesquels les chars et les voitures ne seraient d'aucune utilité. Les routes anciennes de la Sicile, et les belles voies Valérienne et Hélorine, commencèrent à se détériorer lors de la cessation du commerce intérieur, vers la fin de la domination romaine, et furent complétement dégradées durant les guerres civiles. Chaque noble avait alors ses troupes, et cherchait à s'isoler le plus possible, pour ne pas être attaqué à l'improviste. Depuis cette époque, la nation a payé à plusieurs reprises les fonds nécessaires pour rétablir les chemins; mais le gouvernement les a toujours employés à d'autres usages.

Il est des voyageurs qui font le tour de Sicile en portantines ou lettighé, espèces de litières construites comme nos anciens vis-à-vis, et portés à brancards par deux mules; mais, outre qu'on n'a presque point de vue, on a le désagrément d'être sans cesse étourdi du fracas de quarante ou cinquante sonnettes, que les mules des litières portent en colliers. Ce qu'il y a de mieux à faire, est d'adopter l'ancien usage espagnol, et de prendre un muletier, auquel on paye tant par jour pour chaque monture : il faut s'arranger avec lui pour le voyage complet, afin d'éviter l'ennui de changer d'équipage de ville en ville. Les mules valent mieux que les chevaux dans les mauvais chemins, à cela près, qu'elles ont l'habitude de se rouler sur le sable, et que souvent il est impossible de vaincre ni par le fouet, ni par l'éperon, leur obstination à éviter les endroits qui leur déplaisent.

On nous recommanda un bordonnaro[1] muni d'excellents certificats, le joyeux Salvador, avec lequel nous fîmes accord, moyennant sept tharins[2] et demi par jour et par mule. En même temps nous

---

1 Muletier.

2 Le tharin sicilien équivaut au carlin de Naples. Douze tharins font une piastre, environ cinq francs vingt-sept centimes de notre monnaie. Le tharin se divise en deux carlins; le carlin en dix grains. Le ducat est une monnaie fictive, et vaut dix tharins.

Palerme est la seule ville sicilienne où l'on frappe monnaie.

achetâmes des saccoches, pour y mettre nos effets, et des couffes, tressées en feuilles de palmier, comme celles des Arabes, destinées à recevoir les provisions de bouche, ustensiles, etc.; car, dans ce pays, il faut emporter ce dont on a besoin pour vivre; les auberges ne présentent d'ordinaire que quatre murs bien sales et des lits, repaires de vermine, qu'on quitte souvent pour aller partager la litière des mules.

Rien aussi n'est plus divertissant que de voir voyager une famille riche en Sicile : les dames sont en litières, les hommes à cheval; les domestiques, le ménage, la literie, la batterie de cuisine, suivent sur des bêtes de charge.

Nous sortîmes de la porte du Château royal à quatre heures du matin, mon frère et moi, pour commencer notre tournée de Sicile par le couvent de Saint-Martin, situé sur l'une des montagnes qui ceignent la riche plaine de la capitale. Nous avions à peu près la tournure de Gilblas, quittant le toit paternel. Notre guide Salvador, et Francesco, domestique romain, nous précédaient : le premier était établi majestueusement, les jambes croisées à la turque, entre les deux énormes saccoches que portait son cheval, vieux rossinante efflanqué. Cette charge, partagée également entre les deux flancs de l'animal, se réunissait au-dessus de la croupe par une large bande de tapis, sur laquelle il était accroupi avec la gravité d'un enfant de Mahomet.

Le chemin traverse le bassin de Palerme et serpente au milieu de jardins pittoresques, plantés d'oliviers, de vignes et de figuiers; une quantité de ruisseaux et de fontaines arrosent ces arbres, et de nombreuses cassines sont à moitié cachées sous leur feuillage; parfois aussi la route est emprisonnée entre des murailles bâties en pierres sèches, où, malgré l'heure peu avancée, le soleil nous aveuglait, la poussière nous étouffait, et l'air avait déjà la chaleur et l'immobilité d'une fournaise.

Arrivé au pied des montagnes, le sentier pénètre dans une vallée étroite et escarpée; la charpente rocailleuse des hauteurs qui la forment, perce le sol en blocs arrondis ou en aiguilles menaçantes. Cependant ce paysage sauvage et confusément entassé, est parsemé de quelques belles plantations d'oliviers, d'amandiers et d'abricotiers, à l'ombre desquelles croissent des vignes, de l'avoine et du blé. Les roches sont tapissées de figuiers d'Inde et d'aloès. Une troupe de paysans était occupée à préparer les feuilles de cette dernière plante, pour en tresser des cordes et des étoffes grossières.

Une échappée de vue, dans la direction du nord, nous permit de jeter un dernier regard sur Palerme et son golfe, qui brillait tranquille au soleil. Nous montâmes de plus en plus. Le sentier, engagé au milieu de grandes masses de pierre, aboutit à une gorge triste et solitaire, au fond de laquelle est bâti le magnifique couvent de Saint-Martin.

S. Grégoire a fondé dans le sixième siècle ce monastère, habité par cinquante moines bénédictins de l'ordre du Mont-Cassin, et dans lequel on n'est admis à faire profession qu'en prouvant une noble origine. Ravagé à deux reprises par les Sarrasins, il a été reconstruit entre 1300 et 1400. On est étonné de le trouver au fond d'un désert de rochers, au milieu de hautes montagnes, où règne un long hiver. Les religieux choisissent ordinairement mieux leurs sites. Au reste, on dirait plutôt une résidence royale, bâtie par le triste auteur de l'Escurial, qu'un cloître. Le bâtiment est grandiose et vaste; il donne une idée du faste et de la pompe des existences monacales d'autrefois. Dans le dernier siècle encore, les moines, quoiqu'ils ne fussent pas nombreux, et que leur couvent eût déjà beaucoup d'étendue, n'en jugèrent pas sans doute l'ordonnance extérieure en rapport avec la majesté de leur ordre; ils firent construire alors la façade et les péristyles actuels, et le somptueux escalier de marbre par lequel on arrive à leurs cellules. Cependant, les bénédictins aussi devaient éprouver le sort des autres aristocraties siciliennes : ils furent maintenus, à la vérité, dans la possession de leurs fiefs; mais ils manquèrent d'argent, et se virent obligés de faire des dettes, dont le poids devint plus accablant d'année en année. A leur tour ils connurent la pénurie au milieu de la magnificence féodale, dont les débris leur rappelaient des temps plus prospères.

L'église est très-grande et décorée avec une élégante simplicité. J'y remarquai deux fort bons tableaux, l'un de l'Espagnolet, l'autre de Pierre Novelli, peintre incorrect, mais original et plein de verve, et surnommé le Raphaël sicilien, ou bien aussi le Montrealese, d'après le lieu de sa naissance. La bibliothèque du couvent compte vingt-quatre mille volumes, disposés avec méthode dans un local digne d'une grande capitale. Cette collection, riche en ouvrages sacrés et profanes, possède encore un grand nombre de premières éditions et de manuscrits, bien qu'elle en ait beaucoup perdu par un incendie à la fin du siècle dernier. J'y vis les œuvres des réformateurs; entre autres, un exemplaire des ouvrages de Luther, enrichi de notes marginales, qui lui sont attribuées à tort et n'offrent d'ailleurs aucun intérêt.

La somme destinée annuellement à l'augmentation de la bibliothèque s'élève à trente écus, et ferait croire que les bénédictins ont bien dégénéré de l'activité studieuse de leurs prédécesseurs. Le religieux qui nous guidait nous en fit l'aveu en rougissant. « Les temps ne sont plus, dit-il tristement, où des ouvrages, regardés avec raison comme classiques, sortaient des couvents de notre ordre; cependant, nous nous vouons généralement aux études. Notre genre de vie nous y porte, et l'on ne peut pas encore nous appliquer le proverbe italien : la foudre est tombée dans la bibliothèque ; heureusement ce n'est pas dans la cuisine, sans cela tous les moines auraient péri. »

Les religieux de Saint-Martin élèvent une vingtaine de jeunes gens, destinés à l'état ecclésiastique, et qui, ordinairement, restent dans le couvent. Cependant, à la fin de leurs études, ils peuvent rentrer dans la vie séculière, s'ils le préfèrent. Ces élèves, soumis à une règle sévère, suivent les exercices spirituels du couvent.

A la gauche du cloître paraît sur une hauteur le castel ruiné de San-Benedetto, de construction sarrasine, suivant les uns, normande, d'après les autres, et habité jadis par le roi Guillaume II. Le sentier qui descend au pied de la montagne est étroit, pierreux, difficile, et tellement roide que souvent il oblige à mettre pied à terre. Les mules ont de la peine à tenir sur leurs jambes. La vue plonge sur une vallée magnifique : serrée entre deux chaînes fort hautes, et coupée par de riants coteaux, elle présente un sol ondoyant, couvert de plantations touffues, véritable océan de verdure, qui se déroule en vagues immenses. Cette vallée s'ouvre sur la plaine. A son entrée s'élève la ville de Montréal ; plus loin, s'étendent des champs et des prés plantés d'oliviers. L'Oretho, semblable à un sillon argenté, traverse cette gracieuse campagne ; les coupoles de Palerme et la nappe bleue de la mer, terminent le tableau.

Les escarpements de la montagne, malgré leur sévérité, offrent encore des alternatives de culture en blé ou en plantations de sumac.[1]

Nous fîmes halte à *Montreal*, ville de quatorze mille habitants, et nous entrâmes dans la meilleure auberge du lieu. Le corridor principal sert en même temps d'écurie pour les porcs et les mules : impossible de gagner l'escalier sans passer au milieu des ordures de ces animaux. Au fond de ce corridor est une image de la Vierge, avec une inscription, promettant, de la part de l'archevêque, quarante jours d'indulgence à quiconque y récitera un *ave* et un *pater*.

La pièce destinée aux étrangers répond à ce début : on nous ouvrit un sale réduit, qui depuis un demi-siècle n'a vu ni eau ni balai ; une planche trouée y sert de fenêtre : son ameublement consiste en une table et deux chaises vermoulues.

Lorsque nous descendîmes pour dîner, on voulut bien nous assigner un coin pour y faire cuire nos provisions ; et notre muletier alla acheter dans la ville le pain, le vin, le sel et la viande dont nous avions besoin. Voilà les hôtels de la Sicile ! et à quelques petites variantes près, cette description peut servir une fois pour toutes.

---

[1] On fait sécher les rejetons de cet arbre, pour les réduire en poudre très-fine. Cette poudre sert ensuite de tan dans la préparation des maroquins.

Montréal, situé sur une colline, au pied du mont Caputo, est petit et mal bâti : la noblesse du pays trop pauvre pour habiter la capitale, y réside.[1]

Le dôme, en partie incendié en 1811, est resté cependant un des plus beaux de l'Italie, et l'un des monuments les plus précieux de cette architecture normande, bizarre et pleine de grâce, qui accouplait au hasard les fragments antiques et dont l'effet est toujours séduisant par son originalité, malgré ses naïves imperfections.

A l'extérieur, ce dôme est un édifice auquel les restaurations successives ont enlevé son cachet ancien. Intérieurement la nef est séparée des bas côtés par quatorze belles colonnes de granit égyptien, antiques et d'une seule pièce; elles soutiennent des arceaux moresques au-dessus desquels les murs sont couverts de vieilles mosaïques qui s'élèvent jusqu'au plafond, et dont les figures fantastiques, gigantesques, graves et roides, défilent en procession sur d'immenses fonds d'or. Le pavé et les lambris sont en *opus Alexandrinum*; ils ont beaucoup souffert par l'incendie; cependant les réparations sont poussées avec zèle, et le plafond nouveau est d'un dessin exactement emprunté

---

[1] Montréal est archevêché. L'abbé Guillaume en fut le premier archevêque en 1182, sous le pontificat de Luce III. Une bulle de Pie VI, du 12 juillet 1777, avait réuni ce siége à celui de Palerme. Une bulle de Pie VII, en date du 29 mars 1802, l'en sépara de nouveau.

à l'architecture orientale. Quatre ogives gothiques déterminent le point d'intersection de la croix et précèdent le chœur, au fond duquel est une très-grande mosaïque représentant le Christ en buste [1]. Les portes du dôme sont en bronze et attribuées à Bonanni; elles datent de l'enfance de cette célèbre sculpture pisane qui devait avoir une influence si décisive sur le développement des beaux-arts. Elles sont divisées en compartiments, renfermant chacun un sujet tiré de l'histoire sainte; les figures en sont lourdes et entièrement dépourvues de goût; elles ne ressemblent en rien encore à ces délicieux tableaux des portes du baptistère de Florence, chefs-d'œuvre de Ghilberti, et que Michel-Ange appelait les portes du paradis.

Le dôme dépend d'un couvent de bénédictins de la même règle que celui de Saint-Martin; la vaste cour

---

[1] Le dome de Montréal renferme les tombeaux de Guillaume I.er, le Mauvais; de Guillaume II, le Bon, et de plusieurs princes et archevêques. On y conserve les entrailles de S. Louis.

Le roi Ferdinand y a fait élever aussi un tombeau à l'archevêque *Testa*, dernier grand inquisiteur de Sicile. Le souvenir de cet homme de bien est encore en vénération; il était le protecteur de tous les infortunés, et il fit construire à ses frais la belle route qui conduit de Montréal à Palerme, et qui a été continuée dans les dernières années.

On montre également dans le dôme la chapelle de la Sainte-Croix, bâtie en 1690, et entièrement revêtue de mosaïques en *pietra dura*.

carrée du cloître est entourée d'un portique couvert; deux cent seize colonnes mauresques, placées sur double rang, soutiennent leurs chapiteaux, assemblage original et varié à l'infini, de feuillage, de figures, de bustes, de fleurs, d'oiseaux, d'animaux et de monstres; leurs fûts étaient jadis ornés d'une foule de légères bandelettes de mosaïques. Ce travail élégant a beaucoup souffert dans les derniers siècles, cependant l'effet général en est encore plein de charme.

Guillaume II, dit le Bon, fonda le dôme et le couvent en 1174 à la suite d'une vision. Ce prince, ayant achevé ces édifices, les fit entourer de murs flanqués de tours, pour les garantir des ravages des Sarrasins. Les habitants du voisinage recherchèrent également, dans des temps de troubles, la protection de ces murs sacrés, et peu à peu la ville s'éleva. Ainsi, dans le moyen âge, nous voyons la religion, alors toute-puissante, groupant les populations autour de ses sanctuaires, et les plaçant dans la dépendance immédiate de ses ministres.

Près du monastère est le palais archiépiscopal, où l'on conserve un sarcophage antique, dont les bas-reliefs, très-frustes, représentent une course de chars dans un cirque.

Derrière Montréal s'ouvre la vallée que nous avions dominée en descendant du couvent de Saint-Martin. Le chemin s'y engage; il passe au milieu de plantations dont la richesse justifie ce que les anciens ont écrit sur la fertilité du sol sicilien. Les vignes, les oliviers, les figuiers y croissent confusément avec une vigueur étonnante; ils s'enlacent et, formant de longs berceaux, ils protégent de leur ombre les récoltes qui tapissent leurs bases; de temps en temps des platanes ou des pins gigantesques se dressent de toute leur hauteur et dominent comme des mâts sur ces vagues de verdure. L'agriculteur trace à peine ses sillons dans cette terre féconde; elle rend, dit-on, trente pour un. Les aloès et les figuiers d'Inde servent de clôtures.

Après une heure et demie de marche environ, la vallée se rétrécit, et la route s'élève insensiblement vers des plateaux parsemés de pierres et de gros quartiers de rochers, que l'industrie est parvenue à écarter pour cultiver du blé et des vignes sur les hauteurs. Rien de plus frappant que les rapides transitions si fréquentes dans ce pays, que ce passage presque subit de la région fortunée, où le midi se montre dans sa plus grande pompe, où naissent le myrthe et l'oranger, à des lieux sauvages, semblables aux défilés des hautes Alpes en Suisse. On croirait souvent avoir traversé plusieurs degrés de latitude en une heure, et cette variété dans la nature fait sentir plus vivement encore les beautés des parties cultivées de la Sicile.

Bientôt nous entrâmes dans un val nouveau, gorge aride et de la plus triste nudité, taillée entre des crêtes de rochers; elle se dirige vers la base de la montagne et se resserre à mesure qu'on avance; enfin c'est une ravine étroite, au fond de laquelle coule un limpide ruisseau. Le voyageur y voit autour de lui des murailles de pierre, sans arbres ni verdure; le seul bruit qu'il entende dans cette solitude, est celui causé par les pas des mules sur des cailloux roulants.

Nous rencontrâmes dans ce défilé un jeune muletier au visage basané et expressif; il cheminait en chantant un air sauvage. Suivant l'usage sicilien, il nous salua et entama la conversation avec nous : après nous avoir demandé avec une sorte de curiosité bienveillante d'où nous venions, où nous allions et qui nous étions, il nous dit que dans un moment nous verrions le plus beau pays du monde, celui de Sala di Partenico, son lieu natal.

Nous sortîmes de la gorge, et après avoir tourné autour d'une dernière masse de rochers qui paraissait nous fermer le passage, un nouvel Éden se développa soudainement à nos regards. Devant nous était le vaste et magnifique golfe de Castellamare[1], au-

---

[1] Le golfe de Castellamare est le plus grand de la Sicile. Les caps qui le ferment, sont : le promontoire Egitarso et le Capo-Ramo. Il a pris son nom d'après celui du fort de Castellamare, ruiné par Frédéric II, roi de Sicile. La plaine, étendue autour de ce golfe, est arrosée par plusieurs rivières, parmi lesquelles on remarque l'antique Crinise ou Scamandre, appelée de nos jours Fiume di San-Bartolomeo. Il passe près de Ségeste, et fut illustré par la victoire de Timoléon sur les

tour duquel s'arrondit une plaine, plus belle, plus fertile encore que celle de Palerme. A l'extrémité de cette plaine s'élève, sur divers plans, un majestueux amphithéâtre de montagnes aux lignes variées et grandioses; ses premiers gradins présentent de riantes collines couvertes de plantations; les plus éloignées, masses gigantesques, dressent leurs crêtes vers la région des nuages. La poésie et la peinture seraient insuffisantes pour donner une juste idée des tableaux

---

Carthaginois, racontée par Plutarque. Cette rivière est aussi nommée actuellement *Fiume freddo* jusqu'au point où elle est grossie par diverses sources thermales; alors elle prend le nom de *Fiume caldo*. C'est, au dire de Fazelli, sur l'une des hauteurs qui ceignent la plaine de Castellamare, qu'existait l'ancienne ville d'*Elima*, bâtie par les Troyens, à la même époque que Ségeste. En effet, l'on voit des ruines sur une hauteur appelée *Alimisa*. Entre le golfe de Castellamare et celui de Palerme, est la baie de *Carini*, où s'élève le village du même nom, qui a remplacé l'antique *Hyccara*. Thucydide, l. VI, attribue la fondation de cette ville aux Sicaniens, premiers habitants de la Sicile. Diodore rapporte le même fait au livre XIII. Elle fut détruite de fond en comble par Nicias, 300 ans avant J. Ch. On passa la population au fil de l'épée, n'exceptant du massacre que quatre cents personnes, qu'on emmena comme esclaves en Grèce. Laïs était de ce nombre (voyez Pausanias, livre II, et Plutarque, Vie de Nicias). Mainfroi Chiaramontano fit construire un fort sur les débris d'Hyccara, et près de son emplacement on voit en mer l'île *dalle Femine*, où s'élevait la colonie carthaginoise de Mozia. Au nord de cette île est celle d'*Ustica*, l'*Eunonime* de Strabon.

qui nous entouraient; jamais, je crois, il ne m'avait été donné d'embrasser du regard une plus belle œuvre de la création; de tous côtés s'étendaient des champs de blé et de lin, des vignes et des prairies ornées de fleurs; de vigoureux oliviers, des caroubiers centenaires, des cyprès et des arbres fruitiers couvraient en entier la campagne. Au milieu du feuillage paraissaient les ruines de divers castels sarrasins, et les terrasses blanchâtres des villages jetés çà et là dans cette contrée enchantée. Ici, étaient des bocages de citronniers et d'orangers, chargés à la fois de fleurs et de fruits; plus loin, de longues haies d'aubépine et de cactus, parmi lesquelles s'élançaient les tiges robustes et fleuries de l'aloès. Les roches rougeâtres qui dominaient les arbres étaient elles-mêmes tapissées de lianes, pendant en longs festons, et de plantes odorantes dont les doux parfums embaumaient l'atmosphère. Qu'on se figure ce divin paysage, éclairé par les derniers rayons d'un soleil couchant, qui versait ses flots d'or et de pourpre sur l'immensité de la mer, et l'on aura une faible idée de ce magique spectacle.

La scène changeait et s'embellissait à chaque pas; ces mêmes rideaux de verdure continuaient à se montrer de toute part, la vie surabondait dans cet espace resserré, où l'on pouvait admirer d'un seul coup d'œil ce que la terre produit de plus enchanteur. A l'aspect de cette magnifique nature je me sentis dans un sanctuaire de l'Éternel, auteur tout-puissant de tant de beauté et de grandeur; nous n'osions proférer une parole, de crainte que le son de notre voix ne troublât cette contemplation, qui me plongeait dans un sentiment de plus en plus intime de la présence de Dieu.

Des femmes et des enfants à moitié nus vinrent me tirer de mon extase, tandis que je gagnais lentement la plaine : ils me demandaient du pain. La misère règne donc au milieu de cette abondance, et des êtres humains, gémissant dans la plus abjecte pauvreté, meurent de faim auprès d'une nature toujours riche, toujours jeune, toujours vigoureuse!

Nous passâmes la nuit à Sala de Partenico, bourg indutrieux, situé à une demi-lieue de la mer.[1]

La magnifique plaine de Castellamare se prolonge encore au delà de Partenico, puis la route s'engage dans un pays de collines, alternativement arides et cultivées. Plus on avance vers Alcamo, et plus la campagne perd son aspect riant; pour arriver à cette ville, on finit même par gravir une chaîne de collines entièrement nues.

Alcamo, assez grande ville de province, compte

---

[1] Partenico compte 8000 habitants. On en exporte de l'huile d'olives, des rubans, du lin et du coton. Les femmes de la ville et des villages voisins sont presque constamment occupées à filer ou à tisser. Suivant Fazelli, on cultivait autrefois avec succès la canne à sucre aux environs de Partenico.

13,000 âmes et est bâtie sur une hauteur, au pied de la montagne de Saint-Boniface, cône dépouillé de végétation et dont le sommet porte les débris d'un château. Ce fort, ruiné sous le règne du roi Martin, avait été construit par Fréderic II sur l'emplacement d'un castel plus ancien, élevé par Adelcame ou Alcamah, général sarrasin, auquel la tradition fait piler les Sélinontains dans des vases de bronze.

Nous descendîmes chez un des curés du lieu, dont la maison est en même temps le *fondaco* [1] le plus en renom. Une chambre nouvellement badigeonnée, et un lit d'une propreté assez équivoque, nous parurent admirables en comparaison de nos derniers gîtes.

La cathédrale d'Alcamo renferme de belles colonnes de marbre, et au milieu des vieux édifices délabrés de la ville on reconnaît des traces de l'architecture arabe. On a déterré à Alcamo une inscription en terre cuite, l'une des plus anciennes des Romains en Sicile; elle porte date de leur séjour dans l'île, l'an 402 *ab urbe condita*. Cette ville est tombée dans un état de complète décadence, et ses rues sont plus encombrées de pauvres que celles de Palerme même. [2]

---

[1] Auberge.

[2] Alcamo a vu naître le poëte sicilien Cuillo, qui florissait au temps de Fréderic II.

LETTRE XI.

Calatafini.

Nous découvrîmes encore le beau golfe de Castellamare en sortant d'Alcamo, mais bientôt nous nous éloignâmes de la route pour suivre un sentier engagé dans des coteaux incultes. Ils servent de pâturages à de nombreux troupeaux de bœufs, aux cornes gigantesques; souvent ces animaux passaient à côté de nous au grand galop, suivis de leurs conducteurs presque nus, armés de longs aiguillons et montés, à poil, sur des chevaux de petite taille, mais agiles et vigoureux. Ces pâtres, des chevriers et des propriétaires allant visiter leurs domaines, animaient seuls le paysage; il nous arrivait aussi de voir des troupes de pauvres affamés, qui coupaient des chardons dans des champs stériles, et les mangeaient crus. Ce genre de nourriture, auquel le dernier degré de misère réduit une foule de gens, donne naissance à des fièvres, à des dyssenteries et à des maladies contagieuses.

La contrée est dépourvue d'arbres; des oliviers, de médiocre venue, donnent seuls un peu d'ombrage aux fermes noires et massives répandues dans la campagne. Cependant cette nature triste et sévère conserve un caractère majestueux; tout s'y dessine en grandes lignes, et son aspect désolé convient aux approches de Ségeste.

Ayant traversé à gué deux torrents, sur les bords desquels croissent de grandes touffes de lauriers-roses et de petites palmettes à éventail, nous aperçûmes devant nous, sur les hauteurs de Barbaro, le vaste temple et les restes du théâtre de la ville antique. Nous gravîmes des collines escarpées, où croissent en grande abondance le fenouil et le froment sauvage[1], et nous nous arrêtâmes à la baraque du custode des ruines.

Aucun village n'a été bâti sur l'emplacement de Ségeste, ses débris sont au milieu d'un désert; mais ils attestent encore qu'un grand souvenir consacre ces lieux, et que l'une des cités les plus puissantes et les plus anciennes de la Sicile a existé jadis dans cette contrée dépeuplée. Les fables qui enveloppent de leur voile mystérieux l'origine de Ségeste, sont en harmonie avec son abandon actuel. En parcourant les ruines, l'imagination aime à se rappeler les traditions héroïques qui s'y rattachent; elle se plaît à les repeupler et à évoquer la mémoire de ces Troyens fugitifs, errants et sans patrie, que les auteurs anciens font aborder sur les rivages voisins

---

[1] On voit souvent de ce blé sauvage en Sicile. Sa tige a au plus un pied de haut, et le grain est excessivement petit et ligneux.

sous la conduite d'Élymus, d'Énée et d'Égeste.[1] On est touché du respect religieux avec lequel les Ségestains conservaient les traditions relatives à cette origine; traditions d'après lesquelles, comme le dit Cicéron, ils se croyaient unis au peuple romain par les liens du sang plus que par ceux de l'alliance et de l'amitié. On suit encore les destinées de Ségeste lorsque les ténèbres de sa première histoire sont dissipées; et on la voit, tour à tour, libre, sujette du tyran Agathocle, rivale de Sélinonte, saccagée par Carthage et alliée des Romains, pour être enfin détruite de fond en comble par les Sarrasins.

Pendant une longue suite de siècles, les débris des édifices de Ségeste furent exposés aux ravages

---

[1] Thucydide, liv. VI.

Virgile dit à ce sujet :

Interea Æneas urbem designat aratro
Sortiturque domos hoc Ilium et hæc loca Trojæ.
Esse jubet, gaudet regno Trojanus Acestes.

Cicéron, dans son deuxième discours contre Verrès, s'exprime ainsi : *Segesta est oppidum pervetum in Sicilia, quod ab Ænea fugiente a Troja atque in hæc loca veniente conditum esse demonstrant.*

Denys d'Halicarnasse dit, en parlant d'Énée et de ses compagnons dans le livre I.er de son Histoire : « Lorsqu'ils débarquèrent auprès de la partie de l'île qu'on nomme Drépana, ils trouvèrent ceux qui étaient partis avant eux de Troie, sous la conduite d'Élymus et d'Égeste, et qui habitaient aux environs du fleuve Crinise.

du temps; ils s'écroulèrent pour la plupart, et leurs restes étaient couverts à tel point de ronces et de plantes parasites, que l'existence en était à peu près ignorée. Enfin on s'est occupé à déblayer et à tirer ces belles ruines de leur oubli.

Le temple est le seul des monuments anciens dont l'ensemble soit encore complet. Il est situé majestueusement au haut d'une colline composée d'une pierre calcaire poreuse[1] et séparé par un ravin, qu'il domine à pic, d'une autre montagne, plus élevée et de même composition. Au fond du ravin coule le torrent de San-Bartoloméo, le Scamandre[2] ou Crinise des anciens.

D'immenses masses de chardons, aux fleurs brillantes, défendent actuellement l'entrée du sanctuaire; un sentier étroit conduit au péristyle, et les lieux où s'accomplissaient autrefois de pompeux sacrifices, servent de retraite aux reptiles et aux oiseaux de proie.

Le temple est un vaste rectangle d'ordre dorique. Le péristyle existe en entier, le reste de l'édifice a disparu, et il n'y a plus aucune trace de toit ni de cella. Chaque face a six colonnes sur quatorze de profil; les fûts sont lisses et reposent sur de grands dés carrés; les chapiteaux portent une très-large cor-

---

[1] C'est la même qui a servi à la construction du temple.
[2] Il y avait également un Simoïs à Ségeste. Ses habitants avaient donné ces noms à deux ruisseaux, en mémoire de leur mère patrie.

niche, décorée de triglyphes. Les frontons d'entrée et de sortie sont bien conservés.

Le roi Ferdinand a fait restaurer le péristyle, ainsi que l'indique l'inscription un peu prétentieuse, placée au-dessus de son entrée, sur une grande plaque de marbre blanc : *Ferdinandi regis augustissimi providentia restituit anno* 1781. A cette même époque on rétablit une des six colonnes de face et l'un des chapiteaux angulaires. Les formes du monument sont en général moins pures que celles des édifices de Pestum.[1]

---

[1] *Détails architecturaux.* — Le portique du temple de Ségeste a 175 pieds de long sur 73 de large ; chaque colonne a 28 pieds un pouce de haut, 5 pieds 2 pouces de diamètre supérieur, et 6 pieds 2 pouces de diamètre inférieur ; l'entre-colonnement est de 7 pieds 2 pouces ; à l'entrée il est de 7 pieds 6 pouces ; chacune des colonnes se compose de 10 à 12 assises ; l'entablement a 10 pieds 8 pouces de haut ; l'élévation du temple est de 56 pieds, y compris les degrés. Je n'ai pu m'expliquer le motif de l'irrégularité du nombre des assises des colonnes ; l'effet en est désagréable. On a voulu en conclure que le temple a été construit dans l'enfance de l'art. Les colonnes du profil nord n'ont de bases que vers l'intérieur de l'édifice ; à l'extérieur ces bases sont réunies de manière à former la dernière marche de l'escalier général, et par conséquent de ce côté les fûts reposent immédiatement sur les gradins. Les chapiteaux, au lieu de tomber d'aplomb sur les colonnes, en laissent projeter un peu les fûts ; ce qui n'empêche pas ces chapiteaux, à leur partie supérieure, d'être plus larges que les colonnes. Il y a trois petits bossages carrés et saillants au socle des colonnes de la façade principale ; ce sont de simples ornements.

Il est difficile de déterminer à quelle divinité le temple de Ségeste était consacré. D'après un passage de Vitruve[1], on peut le croire dédié à Cérès, principale déesse de la Sicile, reine du pays et protectrice de l'agriculture. La position du temple hors de l'enceinte de la ville s'accorde avec la description qu'en fait cet auteur. Vitruve parle aussi des temples de Vulcain, de Mars et de Vénus. Cicéron, dans ses discours contre Verrès, cite celui de Diane[2]. Enfin, l'on admirait également dans la ville ceux d'Énée et d'Esculape.

Beaucoup de colonnes du temple sont entaillées : probablement, durant une époque de décadence, ce bel édifice a servi de retraite à une population grossière, et de misérables huttes ont été bâties entre ses pilastres. C'est le sort des grandes ruines d'être profanées, jusqu'à ce qu'une génération éclairée apprenne

---

[1] Livre I.er, chap. 7.

[2] Dans ce temple était une fameuse statue en bronze de la déesse; elle fut prise par les Carthaginois, rendue aux Ségestains par Scipion l'Africain, et enfin enlevée par Verrès, durant sa préture. Cicéron raconte les violences dont usa Verrès pour forcer les habitants à lui livrer cette statue, qu'ils regardaient comme leur palladium. Lassés enfin de ses persécutions, ils proposèrent au rabais le déplacement de la statue; mais personne ne voulant y porter la main, on fit venir des gens de Lilybée, qui, pour de l'argent, consentirent à l'enlever de sa base. Les Ségestains, désolés, accompagnèrent ensuite la déesse jusqu'aux confins de leur territoire.

à lés apprécier et à les sauver d'une entière destruction.

Je m'assis dans l'intérieur du monument, à l'ombre que projetait l'une de ses colonnes. Sa position est une des plus sauvages qui se puisse imaginer; situé sur une hauteur déserte, il est entouré d'un cintre de montagnes arides [1]; à l'horizon se montre la chaîne de Partenico. La pierre de construction est d'un ton très-clair; ces longues colonnades jaunâtres forment avec les teintes violacées du paysage le contraste le plus marqué, et cependant le plus moelleux, le plus doux au regard. Le silence profond qui règne autour des ruines, l'absence de mouvement et d'habitations, la chaleur de l'atmosphère, et la nudité d'une campagne magnifiquement développée, ajoutent au charme mélancolique du tableau; on se croirait hors de l'Europe, sous le ciel brûlant de l'Afrique ou de l'Asie, dans une contrée dépeuplée depuis bien des siècles et sans autre richesse que ses souvenirs.

La ville de Ségeste s'élevait à environ un mille à l'est du temple; son emplacement est encombré d'un amas confus de débris : nous y arrivâmes assez difficilement, en suivant de temps à autre les restes de murs d'enceinte, bâtis en gros blocs de pierre; les

---

[1] Plusieurs de ces montagnes renferment des sources thermales, sulfureuses et minérales, qui étaient connues dans l'antiquité. Strabon en fait mention.

flancs de la colline qui formait son assise, sont couverts d'une herbe courte, desséchée et glissante.

Le théâtre, déblayé récemment et placé sur une sommité rocailleuse, est le seul édifice qui mérite encore d'être vu. Deux escaliers et quinze rangées de gradins sont assez bien conservés [1]; on y arrivait du côté de l'orchestre. D'après la disposition des siéges, les spectateurs avaient sous les yeux le golfe entier de Castellamare ; décoration magnifique, dont la vue devait élever l'âme et ajouter à l'émotion produite par les inspirations du poëte et le jeu des acteurs; ce spectacle sublime les dédommageait de l'accès fatigant de leur théâtre, dont l'emplacement cadrerait peu avec les habitudes et les goûts efféminés de nos jours. La tendance à embellir la vie en y répandant une teinte poétique, à exalter l'imagination par l'harmonie de la nature et des arts, à donner ainsi le tact exquis du vrai beau aux hommes de toutes les classes, se trouve constamment chez les peuples anciens, surtout parmi ceux d'origine grecque. Notre civilisation moderne, plus avancée sous tant de rapports, poursuit un but plus positif; les nations contemporaines négligent les intérêts qui ne sont ni matériels ni politiques; elles exigent que les plaisirs soient goûtés sans efforts, elles n'y cherchent qu'un

---

[1] Il a environ 32 toises 3 pieds de largeur, et était entièrement construit en pierre de taille.

divertissement, et ne se soucient guère d'y réunir des jouissances morales d'un ordre plus élevé.

Près du théâtre je remarquai les restes d'un bain, consistant en un petit souterrain; les fondations d'une église chrétienne, des murs très-massifs, et d'autres débris méconnaissables. Un plateau un peu plus élevé servait probablement d'acropole à Ségeste. On y jouit d'une vue admirable. Vers le nord on aperçoit la baie de Castellamare, où existait l'ancien port de Ségeste, puis une éminence couverte de pâturages et de rochers, où des troupeaux broutent de maigres herbages que le soleil n'a pas entièrement brûlés. Du côté du couchant sont diverses chaînes de montagnes arides, dont la plus éloignée porte un couvent dépendant de Trapani. Le temple fait le premier plan de cette partie du panorama. Au sud se déploie une vallée, peuplée d'arbres, de chalets, cultivée en tous sens, et dominée par les castels crénelés et pittoresques de Calatafini. Du côté de l'est, enfin, on découvre un dédale de montagnes, se présentant sur quatre ou cinq plans variés de lignes et de formes. Divers chasseurs nomades, sorte de bédouins siciliens, qui parcourent les lieux les plus sauvages, et vivent en plein air du produit de leur chasse, nous accostèrent sur la hauteur pendant que nous étions occupés à dessiner; ils se groupèrent derrière nous, et en voyant les objets se reproduire sur notre papier, ils témoignèrent leur étonnement et leur admiration avec autant de naïveté qu'auraient pu le faire les membres d'une horde errante de l'intérieur de l'Asie.

L'heure avancée nous obligea au départ; on ne voyage guère de nuit en Sicile; déjà le temple projetait son ombre gigantesque dans la campagne, lorsque nous nous remîmes en route. Les esprits sont encore frappés du souvenir des brigands qui infestaient jadis l'île. Pour nous accompagner aux ruines du théâtre, le custode et son frère s'étaient armés de leurs carabines, et ils étaient constamment restés en sentinelle auprès de nous. Depuis assez longtemps cependant on parcourt le pays sans escorte, et avec sécurité. Les *campiers*, gendarmes chargés de veiller à la sûreté des chemins, ont nettoyé peu à peu la contrée. On avait essayé, vers le siècle dernier, de confier la garde des routes aux brigands mêmes, qui consentaient à renoncer à leur métier, et à se mettre à la solde du Gouvernement. D'abord ils furent fidèles à leurs engagements; mais, leurs anciennes habitudes ayant repris le dessus, on fut obligé d'avoir recours à d'autres moyens pour rétablir la tranquillité publique.

La colline de Ségeste se termine d'un côté en mur de rochers taillé à pic. Nous le longeâmes pendant un quart d'heure, ensuite nous descendîmes dans une vallée soigneusement cultivée, et dont les champs fertiles sont à l'ombre de couverts d'oliviers, de figuiers et d'amandiers. Les montagnes qui forment ce vallon solitaire, sont cultivées également jusqu'à mi-hauteur; à partir de là, les champs et les plantations sont remplacés par d'imposantes crêtes de rochers. Nous suivions un sentier propre à donner une idée des forêts vierges du nouveau monde. Il est emprisonné entre deux haies de nopals, d'aloès, de lauriers et de palmettes; des vignes et des plantes grimpantes de mille espèces les lient entre eux; à leurs pieds croissent des renoncules, de l'acanthe, des chardons persillés à fleurs jaunes et des fenouils hauts de six pieds.

Bientôt nous gagnâmes une chaîne de coteaux plongeant sur la délicieuse vallée que nous venions de quitter. Le temple de Ségeste reparaît alors en saillie sur une des corniches principales. On dirait que ce sont ici les lieux où les Claude et les Poussin ont puisé leurs plus belles inspirations.

Nous arrivâmes assez tard à Calatafini, ville de 10,000 âmes, perchée comme une aire d'aigle sur des masses anguleuses de rochers, et groupée autour de vieux donjons sarrasins convertis en prisons. En ces lieux commandait Des Porcelets, qui, grâce à ses vertus, échappa avec le seul Philippe de Scalambre, gouverneur du Val de Noto, au massacre des Français lors des vêpres siciliennes.

LETTRE XII.

Castel Veterano.

Notre projet était d'aller de Calatafini à Sélinonte, en passant à Trapani, Mezzara et Marsalla, mais une fièvre contagieuse et épidémique ravage actuellement ces trois villes, et l'on nous a engagés à nous rendre à Sélinonte par l'intérieur des terres.

Je regrette beaucoup de ne voir ni Trapani [1], l'antique Drepanum, l'une des plus anciennes colonies grecques de la Sicile, ni le mont Érix [2], célèbre par la lutte d'Hercule avec le fils de Vénus, où les Troyens bâtirent une cité, à laquelle succéda celle de S. Ju-

---

[1] Trapani, célèbre par la mort d'Anchise, que Virgile a chantée dans le V.ᵉ livre de l'Énéide, compte actuellement 24,000 âmes, et fait un commerce considérable en sel marin. Ses habitants fabriquent des camées sur coquilles, et des mosaïques grossières en marbres tirés des carrières des environs.

[2] Le mont Érix, appelé aujourd'hui San-Giuliano, est l'une des montagnes les plus élevées de la Sicile. On montrait encore, aux temps d'Auguste, un champ inculte, où avait eu lieu la lutte entre Hercule et Érix, lutte à la suite de laquelle le fils d'Alcmène rendit la liberté aux peuples gou-

lien qui existe encore. Marsalla[1] et Mezzara[2], villes assez commerçantes, n'offrent rien d'intéressant au voyageur; je me console de ne point les voir, d'ail-

---

vernés par son antagoniste, à condition qu'ils se soumettraient à ses propres descendants, aussitôt que ceux-ci paraîtraient en Sicile. L'histoire de la ville d'Érix, fondée par les Troyens, est peu connue; on sait que, durant la première guerre punique, Amilcar la traita avec une excessive rigueur. Le temple de Vénus Éricine, qui dépendait de cette ville, était très-renommé dans l'antiquité. Les auteurs anciens en attribuent la fondation tantôt à Érix, tantôt à Énée. Dédale fut chargé d'augmenter le plateau isolé des rochers sur lequel l'édifice sacré avait été construit. Dix-sept villes de la Sicile payaient de forts tributs pour couvrir les dépenses occasionnées par son entretien. Dans son enceinte vivaient plus de mille jeunes filles esclaves, vouées au service de la déesse. Les annales de Tacite nous apprennent que Tibère fit restaurer le temple à la demande des Ségestains, qui avaient l'administration de son trésor. D'après Suétone, cette restauration fut achevée sous le règne de l'empereur Claude.

[1] Marsalla est l'antique Lilybée, fondée par les Carthaginois, et dernière demeure de la sibylle Cuméenne. Les Sarrasins la rebâtirent, et lui donnèrent son nom actuel, qui signifie port de Dieu. La ville compte maintenant 20,000 âmes, et fait un commerce considérable en vins, thons, coton et soude. Les vins sont excellents; ils ont beaucoup d'analogie avec le Madère.

[2] Mezzara était dans l'origine un fort dépendant de Sélinonte; elle fut prise par les Carthaginois durant la première guerre punique (Diodore, livre XIV). Les Sarrasins l'élevèrent au rang de ville. Robert, comte de Sicile, s'y fixa, et en dota l'évêché. Aujourd'hui elle compte 8000 à 9000 habitants.

leurs, la route qui y conduit de Calatafini traverse un pays affreux, nu et inculte; nous l'avons découvert dans toute son étendue, du haut des montagnes que nous avons parcourues.

Nous quittâmes Calatafini dès trois heures du matin, pour jouir de la fraîcheur de l'aurore. Ayant suivi un moment la route de Trapani, nous descendîmes à pic dans une vallée très-étroite. Les montagnes voisines sont peu élevées, travaillées par les eaux, sillonnées de ravins, et dépourvues de grandes masses de verdure. Les pâturages qui les couvrent en partie, sont encore frais dans cette saison, et en rompent un peu la monotonie; mais en été, quand un soleil brûlant a jauni ces maigres herbages, la contrée doit présenter un site complétement désolé. A l'issue de la vallée on trouve Vita, misérable bourgade, d'où part une route de voitures qui traverse une gorge fraîche, ombragée et serrée entre deux chaînes de coteaux; elle aboutit à Salemi, petite ville bâtie en pain de sucre sur une crête de rochers et dominée par un castel ruiné, de construction sarrasine[1]. Du sommet de la montagne de Salemi, on découvre, dans la direction est, un beau point de vue sur les vallées des environs; vers le sud-ouest, au

---

[1] Danville regarde Salemi comme l'antique *Halicia*, ville libre qui ne payait aucun impôt aux Romains. Suivant d'autres auteurs, elle occupe l'emplacement de *Semellio*. Son nom actuel est arabe, et signifie lieu de délices.

contraire, s'étend une plaine immense, entrecoupée de petites collines, où serpentent de faibles ruisseaux, triste, comme la campagne de Rome, et sans souvenirs pour consoler de sa nudité. Mezzara paraît à la distance de plusieurs lieues; la haute mer dessine l'horizon de ce mélancolique tableau.

Une foule de pauvres forma notre cortége au moment où nous quittions la ville; leur excessive maigreur, leurs yeux hagards, leur air exténué, prouvent que cette fois le *moïo di fame* est l'exacte expression de leurs souffrances. Il fallait les voir quand nous leur avons donné du pain! Sur le bord du sentier est un groupe, formé d'un vieillard soutenant une jeune fille, dont l'apparence cadavéreuse me frappe; je la crois en proie à la fièvre contagieuse; et je veux m'en assurer. « Elle a faim, » me dit le vieillard, en joignant les mains et en élevant vers moi un regard dans lequel on lit la douleur d'une existence entière. Je m'empresse de présenter quelque nourriture à la malheureuse; elle la saisit en poussant des cris de joie frénétique et en versant un torrent de larmes; elle continue à faire entendre ses hurlements inarticulés tout en dévorant son morceau de pain : le vieux homme, au contraire, prend le sien avec une sorte de recueillement religieux. Et c'est dans l'une des parties jadis les plus fertiles de la Sicile, dans la ville nommée lieu de délices par les Arabes, que j'assiste à cette horrible scène de misère!

La plaine vers laquelle nous descendons est inculte et de la plus fatigante monotonie. Après avoir vu la Sicile dans sa pompe, nous la voyons dans sa tristesse et sa solitude; d'arides coteaux, terminés uniformément en mamelons de rochers, encadrent la contrée; leurs falaises escarpées, couvertes de mica, reflètent les rayons du soleil, et ajoutent aux autres désagréments du voyage celui d'une chaleur accablante. Des soins et des arrosements bien entendus suffiraient pour convertir ce désert en champs d'oliviers, de mûriers et d'orangers, et en prairies, mais l'industrie ne vient point à l'aide de la nature, et le paysan sicilien abandonne la terre à sa propre fécondité. Nous pénétrons dans une gorge resserrée entre de grosses masses de pierres roulées, et après bien des heures de marche, nous voyons enfin un bouquet d'arbres, dont nous saluons l'abri avec transport, pour y faire notre déjeûner et notre sieste. La beauté de ce lieu de repos nous dédommage des ennuis de notre pénible journée de route. Une source fraîche et limpide jaillit dans un large bassin de pierres, puis s'en échappe et s'écoule sous des peupliers, au milieu d'un gazon touffu parsemé de fleurs. Les oiseaux de la contrée sont réunis dans ce jardin naturel et l'animent de leurs bruyants concerts. Nous nous y installons sans nous inquiéter le moins du monde du propriétaire, dont la masserie[1] s'élève à

---

[1] Ferme.

quelques cents pas de distance. Nos mules, dessellées et débarrassées de leurs fardeaux, se roulent dans l'herbe avant de commencer à la brouter; et nous, étendus à côté de la fontaine, nous apprêtons nos frugales provisions. Personne ne nous dérange, seulement de temps en temps nous voyons s'approcher de la source des chèvres, conduites par des pâtres enveloppés dans des peaux de moutons, et tenant d'une main un bâton, de l'autre un fusil; des troupeaux de mules et de bœufs, que dirigent des hommes à cheval, armés de longues carabines, et dont les figures graves décèlent tour à tour le patriarche ou le brigand; des femmes au teint basané, s'approchent aussi et viennent remplir leurs vases à formes antiques.

Le pays change d'aspect et devient plus riant après cette charmante oasis, et bientôt on arrive à *Castel Veterano*, ville bâtie sur une légère éminence et dominant vers le sud-est une plaine délicieuse, bien ombragée, et très-peuplée. Cette plaine s'étend jusqu'à la mer, dont le rivage se divise en une quantité de baies, de caps, plus ou moins élevés. Castel Veterano est de passable apparence, bien qu'on y arrive par des sentiers à peu près impraticables[1]. Salvador

---

[1] La ville compte 15,000 âmes, et fait quelque commerce en huile, grains et vin. On y fabrique de la toile, des soieries noires et des étoffes de coton. Antonin croit que Castel Ve-

nous fit remarquer, avec un comique orgueil, d'assez belles maisons dont les fenêtres sont garnies de vitres; grand objet de luxe en Sicile. Des rues larges et bien percées, la grande coupole de l'église de St. Jean et quelques clochers, donnent à la ville un faux air de grandeur. Les femmes, même celles des basses classes, sont enveloppées de longs mezzaros noirs, et souvent dans les rues elles les portent comme les Levantines, en laissant voir le nez et les yeux.

Quant aux mendiants, je n'en parle plus; il faudrait redire ces choses affligeantes à chaque station ou rencontre nouvelle. Ici ils firent queue à la porte du fondaco où nous descendîmes, et nous ne pûmes bientôt plus ressortir qu'en usant de violence; l'escalier même était encombré, en dépit des coups de canne distribués par l'hôte.

En nous promenant, nous passâmes devant un couvent de capucins, dont une fenêtre basse et grillée s'ouvre sur la voie publique; j'y jetai un coup d'œil et j'aperçus des catacombes mille fois plus hideuses que celles de Palerme; les cadavres dépouillés, à moitié corrompus et tombant en lambeaux, y sont entassés pêle-mêle, et répandent une odeur infecte.

Des gens du peuple étaient également réunis près

---

terano s'est élevée sur l'emplacement d'Entella, bâtie par Entellus, compagnon d'Énée. Fazelli ne partage point cette opinion, et regarde la ville comme moderne.

de la fenêtre. L'impression que cet affreux charnier produisait sur eux, se traduisait par de dévotes exclamations. « *San Giovanni! Santa Rosalia! Santa Giuliana!* » s'écriaient tour à tour les spectateurs.

Questo era l'Giuseppe? « Ceci c'était Joseph, » dit à voix basse une femme, en indiquant du doigt un corps hideux et fétide, couché sur une planche. « Nous y viendrons tous, si on nous laisse assez d'argent pour en payer l'entrée, » répondit un vigoureux paysan enveloppé dans son palandrano [1] brun.

« Voyez donc celui-là, dans ce coin, » s'écria avec une expression de dégoût une jeune Sicilienne aux yeux noirs; « est-ce un homme ou une femme? »

« Qu'il ait été homme ou femme, » répliqua d'une voix grave un capucin à barbe blanche qui s'était approché pendant la conversation ; « il ne le dira plus que dans la vallée de Josaphat. » Puis, se retournant vers mon frère et moi. « Entrez, messieurs, on va vous ouvrir les catacombes. » Nous le remerciâmes; j'en avais vu bien assez.

---

[1] Espèce de manteau.

LETTRE XIII.

Sélinonte.

Avant de voir Sélinonte, nous désirions visiter les carrières d'où l'on a tiré les pierres de construction de la ville antique.

Au sortir de Castel Veterano, nous traversâmes un plateau assez élevé et dépouillé d'arbres; la légère couche de terre qui le couvre laisse percer le roc; la culture y est chétive et mal soignée; la vue porte sur la plaine située plus bas, et où les trésors de la végétation de nos climats s'unissent à quelques cyprès pyramidaux et à des palmiers élevés, dont les longues feuilles se balancent avec élégance sur le fond violet des montagnes. Dans le lointain et près de la plage, on aperçoit une gigantesque colonne, dernier débris du grand temple de Sélinonte; vue à cette distance, on la prendrait pour une tour ruinée. Les gens du pays l'appellent le *pilier des géants*.

Nous passâmes à Campo bello, bourgade entourée

de vergers, de figuiers et d'amandiers, qui s'étendent jusqu'aux carrières de Sélinonte.[1]

Ces carrières, appelées aujourd'hui *Rocca di Cusa*, se composent de diverses ravines d'une roche calcaire grisâtre, couvertes de cactus, d'aloès et de palmettes, et du haut desquelles on découvre à la fois la plaine entière de Castel Veterano et une vaste étendue de mer.

Les latomies, semblables sous ce rapport à celles de Syène en Égypte, abondent en fûts de colonnes et en chapiteaux ébauchés, en tambours et frises à moitié détachés de la masse d'où on les tirait.

D'autres portions de colonnes gisent sur le sol, et étaient prêtes à être employées à la construction des temples. Ces tronçons ont au moins trente pieds de circonférence sur six à sept d'élévation; ils portent intérieurement des trous carrés de trois pouces environ en tous sens. Ces entailles servaient à placer des morceaux de bois dur, peu pénétrable à l'humidité, et à fixer ainsi, avec une extrême exactitude, et sans ciment, les différentes pièces d'une colonne les unes sur les autres.

Des gens de Campo bello nous avaient accompagnés; ignorants et crédules comme les Nubiens

---

[1] Les Sélinontains tiraient encore leurs pierres de construction de deux autres carrières, moins considérables que celles-ci.

d'Abousambol, ils me racontaient que dans l'antiquité les femmes de Sélinonte portaient les colonnes des carrières à la ville, sur leurs têtes, en filant le lin : c'était une race bien plus grande que la nôtre, ajoutaient-ils; autrement auraient-ils eu besoin de ces énormes maisons? Le conte des fileuses de Sélinonte n'est pas la seule superstition adoptée dans le pays relativement à Rocca di Cusa; on y voit une citerne profonde : suivant une tradition populaire, elle sert de demeure à un roi sarrasin, couvert d'or de la tête aux pieds, et chargé de la garde d'un trésor immense. Les paysans des environs croient à l'existence du prince sarrasin comme à un article de foi, et ils ont souvent entrepris des fouilles considérables pour découvrir le trésor. L'année dernière encore, une femme de Castel Veterano rêva qu'elle l'avait vu, et dès le point du jour elle courut aux latomies, accompagnée de son mari et de ses fils, armés de pelles et de pioches. Ils bouleversaient le sol autour de la citerne; tout à coup la femme s'écria qu'elle apercevait le roi : le travail se poursuivit avec une ardeur nouvelle, et fut interrompu lorsqu'enfin les piocheurs restèrent convaincus, par les cris de la malheureuse visionnaire, que la tête lui avait tourné. On fut obligé de l'enfermer dans un hospice, où elle persiste encore à voir *il Re giallo*.

Après avoir quitté les carrières, nous suivîmes les débris d'une route antique, conduisant à la ville, et tracée sur le sommet d'une colline nue et calcaire; puis nous descendîmes dans la plaine, qui aboutit du côté de la mer à une grève sablonneuse, où les vagues viennent se déployer mollement. Nous nous y engageâmes, et bientôt nous mîmes pied à terre auprès de quelques coteaux assez élevés, emplacement de l'antique Sélinonte; ils portent maintenant le nom de *Terra dei Pulci*, et sont entourés par les rivières de Madione et d'Hypsa, dont les bords incultes sont couverts de roseaux.

J'étais impatient de voir les lieux où, suivant une obscure tradition, les Phéniciens avaient formé un de leurs premiers établissements en Sicile, et où, plus tard, les Mégariens, conduits par Pammilius[1], construisirent la cité puissante qui devait être la rivale de Ségeste et d'Héraclée. Ma mémoire me retraçait les destinées terribles de cette ville, à laquelle se rattachent les noms redoutables d'Annibal et du farouche Alcamah; trois fois bâtie, et trois fois détruite de fond en comble, elle vit ses habitants égorgés ou vendus comme esclaves, tour à tour par les Carthaginois, par les Romains et les Sarrasins; et enfin les Normands[2] la firent complétement disparaître.

---

[1] Thucydide, livre VI.
[2] Biscari prétend que Sélinonte fut définitivement détruite par les Sarrasins, page 193.

Au premier coup d'œil, les restes de Sélinonte sont loin de répondre à ces grands souvenirs; cette ville ne présente plus qu'une vaste étendue de terrain couverte de débris de murs, de fragments de colonnes, de corniches et d'architraves, au milieu desquels s'élèvent une grosse tour et deux ou trois misérables huttes, servant de demeure au *guarda costa* et à sa famille.

En examinant les ruines avec plus d'attention, on y trouve les vestiges de la magnificence de Sélinonte. Le mur d'enceinte antique est bien conservé en plusieurs parties; on voit les restes des deux portes du nord et du couchant. Cinq temples existaient dans l'intérieur de la cité; il y en avait trois placés hors des murs.

Deux des temples de l'intérieur sont petits, et ont quelque ressemblance avec les monuments de Pompéï; sans doute ils datent des temps de la domination romaine : les trois autres sont vastes et dans de nobles proportions. Placés sur la partie la plus élevée du col, comme pour servir de symbole à la protection des dieux, réclamée par les Sélinontains pour leur ville, ils regardent l'orient et sont symétriquement rangés les uns à côté des autres. Ils sont d'ancien ordre dorique, et leur architecture, grande dans son type, l'était également dans son exécution. Elle élevait ses monuments, non pas avec des pierres, mais avec des quartiers de rochers, dont la vue explique la superstition des Siciliens, qui attribuent la construction de ces édifices à une race de géants.[1]

Le peuple qui savait imprimer aux temples de ses dieux un cachet aussi sublime, devait être un peuple à idées nobles et généreuses. Il fallait qu'il fût susceptible de s'enthousiasmer pour une grande pensée, capable de comprendre ce que le génie proposait et disposé à des sacrifices pour l'exécuter. Souvent un grand monument est l'expression d'une grande qualité nationale, et de même que les églises gothiques du moyen âge prouvent la foi de l'époque qui les a

---

[1] *Détails architecturaux.* — Le premier temple avait 16 colonnes cannelées de profil, sur 6 de face, dont 4 franches ; de plus, il y avait, derrière les colonnes du péristyle, 4 autres colonnes, décorant l'entrée de la *cella*, au fond de laquelle était une chambre destinée aux prêtres. Le temple s'élevait sur cinq gradins.

Le second temple, dont la distribution est la même que celle du précédent, paraît avoir été plus vaste.

Le troisième (l'un des petits temples) est déblayé depuis deux ans seulement; ses murs portent les traces d'un revêtement; il est sans péristyle : la *cella* est carrée et petite; on y arrive par cinq degrés.

Le quatrième temple ne présente que d'informes débris méconnaissables ; il paraît avoir eu à peu près les dimensions du précédent.

Le cinquième et dernier temple (le troisième des grands) avait 14 colonnes cannelées de profil, sur 6 de face, et 4 devant l'entrée de la *cella*. Il est très-difficile de reconnaître sa distribution intérieure. Il a été obstrué plus tard, à ce qu'il paraît, par un fanal ou un poste d'observation.

élevées, de même les temples de Sélinonte rappellent à la mémoire l'immense développement moral, donné par la civilisation antique aux peuples d'origine grecque.

Les édifices sacrés de Sélinonte se sont écroulés sur leurs dieux; mais leurs débris jonchent le sol, et l'on y voit des files de gigantesques colonnes tombées sans se briser, et couvrant la terre au rang et à la place qu'elles occupaient debout : sans doute elles ont été renversées par un affreux tremblement de terre, dont on ignore l'époque. Peut-être même ce désastre a-t-il frappé la ville aux temps de sa plus grande prospérité. La nature mobile du terrain léger et sablonneux, sur lequel s'élevait Sélinonte, a dû contribuer également à la ruine de ses temples. On découvre çà et là, à fleur de terre, les fondations de maisons avec des seuils formés d'énormes quartiers de pierre, et donnant sur les rues, dont on reconnaît les traces. Les grands monuments paraissent avoir eu dans le moyen âge le même sort qu'à Ségeste; on y trouve des débris de briques qui ne peuvent provenir des temples : ils ont sans doute appartenu à des foyers éphémères, relevés un moment sur les ruines par une population grossière.

L'ensemble des restes de Sélinonte forme un tableau triste et mélancolique; leurs tons clairs les feraient prendre pour des matériaux destinés à une construction, si on ne les voyait entassés pêle-mêle et couverts de lianes, d'arbousiers, d'aloès et de petites palmettes à éventail, qui y croissent en prodigieuse quantité, et d'après lesquelles Virgile donnait à Sélinonte l'épithète de *palmosa*[1]. Du reste, point d'arbres, une végétation très-basse, mais touffue, ayant une immense variété de tons tranchants, une atmosphère brûlante et parfaitement calme, un ciel bleu foncé, une mer plus azurée même que celle de Naples, des terrains et des rochers calcinés couleur d'ocre, et sur lesquels on voit glisser légèrement des milliers de lézards d'un vert d'émeraude ; tout cela fait de Sélinonte une magnifique scène de désolation, le tombeau d'un passé éclatant, qui jette encore quelques reflets sur le présent. Et combien encore ces lieux doivent-ils être plus tristes durant les quatre mois de *malaria*, lorsque tous les êtres vivants, sauf le seul *guarda costa*, fuient ce canton empesté! C'est alors le domaine de la mort, et l'homme s'éloigne d'un lieu où le danger se montre à lui et s'insinue sous la forme d'impressions tristes, mais douces et agréables. Ce séjour, où domine l'*aria cattiva*, semble paisible et riant ; l'air y est diaphane et parfumé, aucun signe extérieur ne manifeste sa terrible influence.

Le mauvais air, résultat des marais nommés jadis

---

[1] Le nom même de Sélinonte dérive d'une plante, le persil, qui y est très-abondant, et qu'on appelle en grec σελινον.

gonusa, avait déjà causé des maladies contagieuses à Sélinonte. Empédocle mit un terme à ce fléau, au moyen de deux canaux. Les Sélinontains reconnaissants rendirent des honneurs divins à ce philosophe.[1]

En sortant de Sélinonte par la porte du nord, on aperçoit des ruines presque enfouies, qu'on croit avoir été un temple ou un théâtre dont la scène était tournée vers les murs de la ville. De ce côté sont également des débris de sépultures antiques, dernières traces d'une nation belliqueuse et puissante.

Traversant alors un vallon de prés et de champs, arrosés par un petit ruisseau, et remontant la côte opposée, on arrive aux trois temples extérieurs. Ils sont à un mille de la cité, sur une colline de sable qui descend en pente douce vers la mer. Leurs façades sont tournées vers l'orient.

Ces trois magnifiques édifices sont détruits comme ceux de la ville. Ils étaient de dimensions colossales, plus encore dans leurs détails que dans leur ensemble; les fragments de corniches et de colonnes dont le sol est jonché, semblent des quartiers de rochers. La grandeur est un des caractères du sublime; elle commande l'admiration, et l'homme inculte aussi bien que l'homme civilisé restera frappé de stupeur et d'une sorte de crainte religieuse en présence de ces débris immenses.

---

[1] Diogenes Laertius, livre VIII.

Le premier temple, le plus grand des trois, est d'ordre dorique, à colonnes lisses; celles des angles seules étaient cannelées[1]; il en avait un double rang autour de la cella, dont huit de face et seize de profondeur. Les fûts reposaient immédiatement, et sans bases séparées, sur le cinquième et dernier gradin. Un seul est resté debout, on le dirait l'ouvrage des Titans; il se détache en jaune clair sur la mer et les sables du rivage. Sans doute ce temple était celui de Jupiter; divinité dont le culte se célébrait avec grande pompe à Sélinonte[2] : ce fut, peut-être, sur ses parvis sacrés que se réfugièrent les malheureux Sélinontains qu'Annibal fit enlever pour les égorger ou les vendre comme esclaves, lorsqu'il fit aux Syracusains, qui intercédaient en leur faveur, cette célèbre et cruelle réponse : « Ceux qui ne savent pas défendre leur indépendance, méritent d'être traités en esclaves, et

---

[1] *Détails architecturaux.* — Il a 311 pieds de longueur, sur 145 pieds 6 pouces de largeur. Les colonnes, composées de plusieurs assises, ont neuf pieds huit pouces de diamètre inférieur. Leurs chapiteaux sont d'une seule pièce; ils ont 12 pieds de face; les triglyphes ont 6 pieds 11 pouces de haut, sur 4 pieds 5 pouces de largeur, à en juger par les ruines : il y avait sur la façade principale un porche de 4 rangs de colonnes.

[2] Hérodote, livre V; Diodore, livre VI. On a prétendu que ce temple n'avait jamais été terminé, parce que les carrières de Campo bello renferment des tronçons de colonnes qui ont exactement les mêmes dimensions.

les dieux, irrités contre les habitants de Sélinonte, se sont éloignés d'eux.¹ »

Le second temple, dans lequel on a voulu voir une espèce de forum destiné aux assemblées publiques, est parallèle au précédent. Il en est séparé de quarante pas, et était entouré d'un portique de trente-six colonnes cannelées, d'une seule pièce. Derrière le péristyle, quatre autres colonnes indiquaient l'entrée de la cella; trois degrés formaient la base du monument; il était le plus moderne et le plus élégant de ceux situés hors de l'enceinte de la ville.²

Le dernier temple extérieur est le plus voisin de la mer. Son portique se composait de trente-huit colonnes doriques cannelées; il y avait, devant et derrière la cella, quatre colonnes et deux pilastres : on monte au péristyle par neuf gradins.³

L'espace occupé par ces trois édifices, qui actuellement ne s'élèvent plus guère au-dessus du niveau du sol, est encombré de pierres, de plantes et d'arbustes. Des chèvres, debout sur ces pompeuses

---

1 Diodore, liv. XIII, page 587.

2 *Détails architecturaux.* — Le diamètre des colonnes est de 5 pieds et $\frac{1}{2}$, et leurs bases sont encore en place. Le monument a 182 pieds de long sur 75 de largeur.

3 *Détails architecturaux.* — Ce temple avait 224 pieds de longueur sur 76 de largeur; le diamètre des colonnes était de 6 pieds et $\frac{1}{2}$; leur hauteur, de 30 pieds; derrière la *cella* on voit une petite pièce destinée aux prêtres.

ruines, broutant les ronces, et un pâtre armé d'une longue carabine, animaient seuls le paysage; mais cet abandon complet a un charme inexprimable. Le passé rappelle ici trop de souvenirs pour ne pas suffire à l'âme du voyageur : tout bruit ne serait là qu'une pénible dissonnance.

En quittant les temples, je me dirigeai vers la plage; le rivage forme, au pied de la colline de Sélinonte, une petite anse actuellement très-ensablée. Dans l'antiquité elle servait de port à la ville; on y reconnaît les murs de la jetée et diverses traces d'escaliers.

Un rapprochement entre le passé et les temps actuels, se présente à l'imagination de celui qui parcourt ces lieux. Tout a changé sur ces bords; la mer seule est restée la même; elle baigne aujourd'hui les débris de cette ville oubliée, dont elle a vu la splendeur. Son calme majestueux, son mouvement régulier, semblent montrer le néant des vanités et des passions humaines, dont ce rivage a jadis été le théâtre. Maintenant plus d'activité, plus de fêtes pompeuses, plus de guerres sanglantes; aux voix tumultueuses du peuple assemblé ont succédé une tranquillité profonde, un morne silence, un abandon complet; des paysans, quelques chevriers, tels sont les hôtes modernes de la ville de Pammilius. C'est au clair de lune qu'il faut contempler ces ruines, et voir le rayon argenté se glissant sur le feuillage de l'arbousier agité par le vent; on dirait alors un dernier sourire de la nature sur une scène de deuil; et l'esprit absorbé croit apercevoir le fantôme d'une époque engloutie depuis longtemps dans l'éternité.

Désirant passer encore une journée à Sélinonte sans retourner à Castel-Veterano, nous établîmes notre demeure dans une tour carrée à moitié écroulée, ancien poste destiné à défendre le pays contre les barbaresques, et situé dans l'enceinte de la ville, sur le sommet d'un rocher dont la base est baignée par la mer : les vagues venaient s'y briser; elles se succédaient à intervalles égaux. Je restai longtemps sur le rivage avec mon frère, sans proférer une parole. Nous suivions des yeux une petite barque qui se balançait sur les ondes, et que dirigeaient des pêcheurs en chantant une hymne du soir, dont la mélodie touchante était en accord avec la nature d'alentour, et suivait le rhythme indiqué par les flots.

Nous allâmes souper dans la baraque habitée par le guarda-costa et sa famille; c'est une ancienne chapelle sans fenêtres ni cheminée, et divisée en plusieurs petites chambres, au moyen de nattes; le plafond est fait en joncs. L'autel, condamné à un usage plus vulgaire, sert actuellement de foyer; Salvador y prépara notre maigre repas; la fumée qui s'en élevait, remplit en un instant la maison entière, puis elle s'échappa en tourbillonnant par la porte. Saisissant, après notre souper, une petite lampe, nous gagnâmes la tour en passant à travers les ruines. On parvient à l'étage supérieur, que nous devions habiter, au moyen d'une échelle et au risque de se rompre le cou. Nous y montâmes cependant, et trouvâmes un vieux galetas percé d'une seule fenêtre, garnie de gros barreaux rongés par la rouille.

Nous n'avions pu obtenir de paille pour nous coucher; il fallut nous contenter de nos manteaux et d'une pierre pour oreiller. Cependant et en dépit du sourd murmure des vagues et des cris lugubres des oiseaux de mer, la fatigue de la journée nous procura bientôt un sommeil profond et paisible.

LETTRE XIV.

Sciacca.

Nous fîmes nos derniers adieux au temple de Jupiter vers quatre heures du matin. Des pêcheurs vêtus de légers caleçons, et portant le bonnet phrygien en laine rouge, étendaient leurs filets à l'entour des ruines. Notre sentier nous conduisit au travers d'un pays monotone, coupé par un grand nombre de ruisseaux[1] et de torrents. De temps à autre nous traversions de grands bassins creusés par les eaux, entourés de collines sablonneuses de l'aspect le plus uniforme, et si solitaires qu'on les croirait appartenir à une terre inhabitée. Ce paysage est entièrement dépourvu d'arbres; çà et là on voit à côté de landes couvertes de chardons, des champs où l'on

---

[1] Les principaux de ces ruisseaux sont : le *Belice*, l'ancien Issa, et l'*Ati*, dont parle Pline, nommé actuellement Carabi. Sur ses bords existait le fort de Pisitia, mentionné par Ptolémée. Toute cette contrée portait dans l'antiquité le nom de rivière de Sélinonte. Voyez Diodore, livre V, et Strabon, livre VI.

peut à peine supposer une intention de culture; la charrue ne les a point sillonnés; on s'est contenté de donner des coups de pioche dans ce sol amaigri, qui cependant serait susceptible de produire d'abondantes moissons : on y jette pêle-mêle de la graine de trèfle, de lin, de blé et d'avoine, et tout cela croît ensemble en très-mauvaise qualité.

Ainsi les lieux les plus fertiles deviennent de tristes déserts quand l'homme les néglige! La destruction et la mort envahissent incessamment la terre; demeure d'une intelligence déchue, elle doit être arrosée de nos sueurs pour se revêtir encore d'une faible partie de ses beautés primitives. Il est dans notre destinée de travailler; la Providence protége et partage notre labeur : l'on dirait alors qu'il y a accord entre Dieu et sa créature; la nature s'embellit; ce qui en fait le charme, sert à notre vie et à notre nourriture, et le principe du mal semble vaincu. Mais il est rarement donné au voyageur d'éprouver en Sicile la profonde jouissance qu'inspire cette touchante harmonie.

Après une heure et demie de marche, je retombai sur la route de Castel-Veterano; je traversai sur un pont en pierre le Belice, dont les bords élevés sont garnis de figuiers et de beaux tamarisques.

Bientôt nous regagnâmes le rivage de la mer, grève composée de sables et de galets. Après quelques milles nous gravîmes une colline charmante, et nous restâmes, pour la halte de midi, au bord d'une abondante fontaine, à l'ombre de vieux sycomores, près d'un bocage touffu de lauriers-roses et d'aloès, couronnés par des oliviers centenaires. Notre regard dominait la contrée désolée que nous avions parcourue et s'arrêtait à la mer; le paysage prit alors à nos yeux un caractère grand et majestueux. Cette campagne abandonnée, qui nous avait paru si triste, nous offrait des tableaux variés du style le plus noble.

Pendant nos heures de repos, j'éprouve un plaisir extrême à causer avec le muletier Salvador; c'est l'homme du moyen âge, d'une gaîté imperturbable, superstitieux à l'excès, fidèle et plein de courage, voyant un côté plaisant à la fatigue et aux intempéries de l'air, ayant une sorte de franchise brusque et originale, et toujours prêt à raconter une légende de saints ou une rixe de cabaret. Je me suis fait à son jargon, qui dans les premiers temps me paraissait complétement inintelligible. Sa manière de parler, sa vivacité, sa tournure un peu grotesque, contrastent avec la gravité romaine, la belle figure, et le langage épuré de son compagnon Francesco, véritable représentant du quartier de Trastevere. Tandis que Salvador court, parle et rit, Francesco agit avec cet air de noblesse qu'on remarque parmi les plus basses classes à Rome, avec cette apparence calme et cette attitude de statue antique qui lui donne l'air d'un descendant des maîtres du monde. Ces deux hommes ont cependant un grand rapport; la dévotion ou plutôt la foi aux choses surnaturelles, les a rendus amis intimes; les récits de miracles et de fêtes religieuses, sont interminables entre eux, et leur font oublier les longueurs de la route. Souvent nous servons de texte à leur conversation, et Salvador, ayant déjà voyagé avec plusieurs de nos compatriotes, en tient le dé. « Ces pauvres seigneurs, disait-il ce matin à demi-voix, ils habitent un malheureux pays; on n'y est pas hérétique comme chez les Anglais, mais chez eux aussi on fête à peine deux ou trois saints; on n'entend guère le son des cloches et le chant des églises; combien ils doivent être édifiés en voyant nos cérémonies, nos processions, nos châsses saintes, nos couvents et nos belles églises avec leurs cierges et leurs draperies! Ils n'ont pas, comme nous, des madones à tous les coins de rue, et devant lesquelles chacun se découvre en passant; *santissima virgine*, je ne voudrais point vivre chez eux. — Tout cela peut être vrai, répliqua assez froidement Francesco; mais ils ont de l'argent et nous n'en avons pas. »

Nous nous remîmes en route vers trois heures après midi, suivant un plateau élevé, riche, fertile et boisé, borné, à deux ou trois milles de distance, par des montagnes dont les flancs présentent un mélange de roches et de terres cultivées. Bientôt nous aperçûmes Sciacca, l'ancienne *Thermæ Selinunto-*

rum[1], bâtie en cône, au bord de la mer, sur une masse considérable de rochers. Cette ville renferme dans son enceinte le vaste donjon gothique de Luna, autour duquel se groupent les maisons et les églises, qui se détachent en tons chauds et brillants sur le bleu cru du ciel. Le mont San-Calogero, l'antique Cronio, dont les sources minérales et les soufrières sont célèbres, domine Sciacca, et au-dessous des murailles de la ville s'étendent de verts coteaux, qui l'entourent d'une ceinture d'amandiers et de vignes.

Nous croyions déjà toucher à Sciacca; cependant, avant d'y arriver, il nous fallut traverser encore une de ces vallées débouchant sur la mer, et dont le pays est entièrement sillonné.

La fondation de Sciacca remonte aux colonies grecques; les Sarrasins l'appelaient Xacca ou Sacca; l'historien Fazelli y est né et en fait un éloge brillant. Cette ville a été jadis le théâtre de sanglants démêlés, connus sous le nom de *caso di Sciacca;* ils eurent lieu entre les familles nobles de Perollo et de Luna, comtes de Caltabelotta, pour une riche héritière dont ils se disputaient la main, et qui préféra un Luna. La Sicile entière fut ravagée à ce sujet du quinzième au seizième siècle, sous les rois aragonnais. Les nobles du royaume jouaient à cette

---

[1] Diodore, livre XIX.

époque un rôle important dans son histoire. Jouissant des prérogatives de chefs pendant la guerre, et de juges durant la paix, leur pouvoir était sans bornes; ils se fortifiaient dans leurs domaines, et fomentaient la guerre civile pour s'assurer une indépendance toujours croissante. Ces grands vassaux étaient à peine encore sujets de la couronne. La Sicile était fractionnée ainsi en une quantité de petits États, unis par un lien à peu près imperceptible. Le pouvoir des nobles s'élevait à mesure que celui des rois déclinait; ne pouvant rien distraire des biens qu'ils avaient reçus de leurs ancêtres, ayant cependant la liberté d'y ajouter par des mariages et des legs, ils accumulaient leurs honneurs et leurs propriétés en s'éloignant de leur origine, et possédaient dans leur plénitude le crédit et l'autorité attachés aux titres honorifiques. Cette noblesse riche et puissante composait nécessairement un corps turbulent et redoutable, ayant à sa disposition une foule de bras déterminés. Les châteaux forts offraient toujours un asile sûr aux séditieux. Des causes locales contribuèrent même à augmenter l'autorité des nobles Siciliens; ils établissaient leurs résidences au milieu des montagnes, et du fond de leurs castels ils bravaient sans danger la puissance des souverains.

Insensiblement cependant la consolidation du trône diminua le pouvoir des grands vassaux; le temps et les circonstances poussaient la féodalité à sa dissolution : dès lors chaque nouveau roi porta atteinte à l'influence des barons, en cherchant à les diviser. Les Perollo et les Luna furent exilés, lorsque les princes se sentirent assez forts pour réunir leurs biens aux domaines de la couronne, et finalement la noblesse, si redoutable d'abord, fut réduite à son rôle actuel de sujets titrés, souvent pauvres et sans crédit.

Sciacca est petite et propre, comparativement au reste de la Sicile; la misère et les mendiants n'y blessent pas les regards à tout instant. Un grand nombre de restes d'architecture sarrasine lui donne un aspect original; beaucoup de maisons y sont précédées de petits portiques mauresques, percées de fenêtres en ogives et décorées de colonnettes élégantes. La plus remarquable de ses églises est le dôme, placé sous l'invocation de Ste Marie-Magdeleine; on le suppose bâti par Juliette, fille de Roger, à laquelle son père avait fait donation de la ville. Sciacca fut agrandie par Fréderic II, en 1330; son port fait un commerce très-considérable en grains[1]; ses habitants fabriquent des poteries connues par la beauté de l'argile et la grâce des formes; souvent elles ont un caractère antique. Cette circonstance

---

[1] Sciacca compte à présent 11,000 habitants. Outre les grains, on en exporte des légumes secs, du riz, des poissons salés, du vin, du miel et de la soude.

rappelle que le tyran Agathocle, l'un des princes les plus puissants de la Sicile, était né à Thermæ et fils d'un potier.[1]

La poterie de Sciacca est excessivement légère et blanche; elle a, comme les bardaques égyptiennes et les alcarazas espagnoles, la propriété de rafraîchir les liquides.

Nous gravîmes avec peine le mont San-Calogero pour y visiter les étuves, dont les vertus furent découvertes par Dédale, qui y périt, dit-on, le roi du pays l'y ayant fait enfermer. Ces étuves sont très-visitées de nos jours par les malades et les pèlerins; car leurs propriétés sont actuellement attribuées au Saint dont elles portent le nom. D'après la légende, l'apôtre S. Pierre l'envoya en ces lieux pour délivrer les habitants de Sciacca du pouvoir du diable : un couvent de carmes a été érigé en l'honneur de ce pieux anachorète.

Quatre sources thermales s'échappent des flancs de la montagne, elles sont voisines les unes des autres, cependant elles ont des degrés de chaleur et des saveurs entièrement différents. Celle de Rabbuina fait monter le thermomètre de Réaumur à 45°, celle d'Aqua santa est, au contraire, à peine tiède; elles sont les plus visitées : on y prend aussi des bains de vapeur dans des grottes.

---

[1] Diodore, livre XIX.

La caverne principale a été élargie artificiellement[1]; un banc, taillé dans les parois du rocher, sert de siége aux baigneurs; l'on y remarquait jadis des vestiges d'inscriptions illisibles depuis bien des siècles[2], et maintenant entièrement effacées. La chaleur y est épouvantable. Cette caverne s'enfonce fort avant dans la montagne; mais on n'ose s'aventurer à en chercher le fond.

Les autres étuves de San-Callogero sont difficiles à parcourir; le sol est jonché de fragments de rochers, rendus glissants par les vapeurs aqueuses dont ces grottes sont toujours remplies: le Saint lui-même y est enseveli, à ce que rapporte la légende.

Sciacca possède encore un autre établissement de bains, assez fréquenté, au pied de la roche qui porte la ville. Une source sulfureuse très-chargée sort de terre, à côté d'un magnifique bouquet de palmiers; ce sont les *aquæ Labrodes* des anciens : on y voit des débris de la construction antique.[3]

---

[1] Cet élargissement est attribué à Dédale, sur la foi d'un passage de Diodore, au livre V.

[2] D'après une tradition locale, ces inscriptions ont eu pour but dans l'antiquité d'indiquer les différents genres de maladies pour lesquels ces thermes étaient utiles.

[3] Je crois devoir donner ici la liste des eaux minérales de

LETTRE XIV.   159

Sciacca a souvent souffert de tremblements de terre; un volcan s'était élevé du sein de la mer, il y a cinq ans, exactement en face de cette ville; ses dernières traces ont disparu.

---

la Sicile, telles que les a classifiées M. Alfio Ferrara; il paraît toutefois qu'elle n'est pas complète.

EAUX CHAUDES.
- Acidules sulfureuses.... 38° R., plage d'Ali.
- Sulfureuses salées...... 50, près Selafani.
- Magnésiennes.......... 44, Cefalu.
- Hépatiques .... 59, près d'Alcamo.
- Sulfureuses........... 45, à Sciacca, San-Calogero.

EAUX FROIDES.
- Acidules. — A Palagonia, Paterno, Zafarano et sur l'Etna.
- Salées. — Dans beaucoup d'endroits du val Mazzara.
- Magnésiennes. — Termini, Bagharia, Palerme, Noto, Paterno, mont Saint-Julien, Piana dei Greci, mont de Sciacca, Mazzara, etc.
- Alumineuses. — Sur l'Etna, Catane, Ali, Rocca, Alumiera.
- Ferrugineuses. — Castro reale, Naro, Paterno, Canalotto.
- Sulfureuses. — Puits de Santa-Vennera, Radussa, Buccheri, Mazzarino, Castro-Giovanni, Capizzi, etc.
- Bitumineuses. — Petralia, Mistrella, Savona, Nicosia, Bivona, Girgenti.

LETTRE XV.

Girgenti.

La chaîne de montagnes qui se rapproche de la mer près de Siacca, s'en éloigne de nouveau pour tracer un vaste cintre; puis elle revient y toucher à la distance de vingt à vingt-quatre milles. Des collines plus ou moins élevées, sillonnées irrégulièrement par un grand nombre de vallées et de ravines, et arrosées par des torrents[1], tantôt fangeux, tantôt remplis de graviers, occupent l'espace compris entre la mer et cet amphithéâtre. Nous nous engageâmes dans ce labyrinthe de coteaux. Le trajet est monotone et fatigant; parfois la rencontre d'un petit fonds, médiocrement cultivé, égaye la route; mais en général la nature est du caractère le plus sévère. Les roches, grises et brunes, portent des bouquets de palmettes, dont les tons brûlés et tranchants contrastent avec l'azur foncé de la mer, que l'on aperçoit de temps en temps, et donnent à la con-

---

[1] Les principaux de ces torrents sont : l'Isturus, appelé aujourd'hui *Majasolo*, et le *Sosius*, qu'on nomme actuellement Caltabellotta.

trée une apparence africaine. Je marchais à quatre cents pas en avant de notre petite troupe. Depuis quelques moments j'avais entendu des cris bizarres partant d'une hauteur voisine : tout à coup je vis arriver à ma rencontre, au grand galop, un poulain, qui s'arrêta en me fixant avec un regard dont l'intelligence m'étonna; puis il recommença à courir devant moi, en revenant de minute en minute jusqu'à ma mule, comme pour l'engager à hâter le pas, et en tournant à tout instant la tête de mon côté. Frappé du regard expressif et des hennissements douloureux de cet animal, je le suivis; bientôt je le vis s'arrêter, flairer, en ouvrant de larges naseaux, frapper la terre de ses pieds, attacher sur moi des yeux qui sortaient de leur orbite, et dans lesquels se peignait un sauvage effroi. Je m'approchai, et j'aperçus une jument morte, étendue derrière des broussailles. Mais au moment où je m'éloignai, le poulain, me voyant partir, se dressa de nouveau sur ses pieds, et jeta un cri si aigu, si pénétrant, qu'il fit retentir au loin plusieurs échos.

Mon frère et nos domestiques m'ayant rejoint, nous nous remîmes en route. L'une des vallées que nous traversâmes est d'un aspect assez pittoresque; elle renferme des bouquets d'arbres, et l'antique place d'armes de la maison de Luna la domine. Tryphon et Athénion se défendirent pendant quatre ans dans ces mêmes lieux, et y établirent le quartier général des esclaves durant les guerres serviles.

Nous devions nous arrêter, à midi, au misérable village de *Rivela*. Son air de malpropreté nous en chassa; nous fîmes encore une lieue environ, et allâmes nous asseoir, pour manger, à l'ombre d'un olivier rabougri, seul arbre qu'on aperçût à un mille à la ronde. Un pauvre vieillard gardait un troupeau de chèvres à côté de nous. Je le vis s'approcher doucement, relever des os que nous avions jetés, et les sucer avec une avidité extrême. Je lui donnai un morceau de pain et de viande; aussitôt il versa des larmes abondantes. « C'est la première fois depuis un mois que je mange du pain, dit-il, et il y a bien des années que je n'avais vu de viande; je suis trop faible pour travailler; je gagne cinq grains par jour, en gardant les chèvres, et avec cela il faut que nous vivions, moi, ma femme, et sept petits enfants orphelins. » Alors il recommença à pleurer avec plus d'amertume encore. C'était une douleur à fendre le cœur; elle était causée, non par un de ces grands malheurs qui, de temps à autre, troublent la vie humaine; mais par l'infortune constante d'une existence qu'aucun rayon de joie ne venait éclairer. S'essuyant enfin les yeux et s'efforçant de prendre un air calme, que démentait le mouvement convulsif de ses lèvres, il ajouta, avec un ton de résignation vraiment chrétienne : « Que la volonté de Dieu soit faite encore quelques années, et ce sera fini.... Ce sera comme si j'avais été riche. »

Prenant congé du vieux chevrier, nous descendîmes à pic vers une vallée; puis, nous regagnâmes un plateau, nu comme le précédent. Il est suivi d'une seconde gorge, d'un caractère beau, mais très-grave. Les montagnes, couvertes en partie de masses de rochers, en partie de pâturages, s'y présentent sur un grand nombre de plans, et dessinent des lignes semblables à celles des conceptions les plus hardies de Salvator Rose. Les plus rapprochées ont une admirable variété de tons; les plus éloignées au contraire s'articulent en violet foncé sur le ciel. On aperçoit dans ce vaste paysage un petit nombre d'arbres, mais de vigoureux aloès et des champs de blé déjà dorés, forment un beau premier plan à ce sévère tableau.

Nous traversâmes à gué la rivière de Platani[1], l'une des plus considérables de la Sicile. En hiver, le passage en est souvent impossible; elle devient un torrent large et furieux.

Près de l'embouchure du Platani florissait la ville de Maccarà. Cette cité prit plus tard le nom de Minoa et enfin celui d'Héraclée[2], lorsque l'un des

---

[1] Le Platani est le fleuve *Halycus* des anciens, que Timoléon établit comme limite entre les pays soumis à la domination carthaginoise et ceux qui reconnaissaient la souveraineté de Syracuse.

[2] Tite-Live, livre IV.

Héraclides[1] vint s'y établir et la reconstruire, conformément au traité conclu par le fils d'Alcmène avec les Siculiens, après la défaite d'Érix. Les Carthaginois, jaloux de ce nouvel établissement des Spartiates, firent la guerre à Héraclée, et la détruisirent. Cependant cette ville, dont la position était très-heureusement choisie, se releva encore sous la domination punique; elle fut ravagée et rebâtie à diverses reprises. Devenue colonie romaine, le commerce des grains enrichit Héraclée[2]. Sa complète destruction fut l'œuvre des Sarrasins. Aujourd'hui, une petite plage nue et stérile, arrondie au fond d'un golfe et se terminant au pied d'une chaîne de collines grises, marque l'emplacement de la ville. Ses débris consistent en citernes à moitié comblées. Il ne reste nul vestige de l'aqueduc dont parle Fazelli.

Bientôt nous entrâmes dans un vallon étroit et romantique : des troupeaux y paissaient tranquillement, ou allaient se baigner dans les eaux fangeuses d'un petit lac voisin. Plus loin paraissaient des bouquets d'arbres, à l'ombre desquels se promenait un chasseur solitaire. Les voix de ses chiens, affaiblies par la distance, animaient le paysage sans en troubler la sérénité. Nous fîmes halte à Monte Allegro, où

---

[1] Hérodote, livre VIII; Pausanias, livre III.
[2] Polybe, livre I.

nous partageâmes pendant la nuit la litière de nos mules. L'ancien Monte Allegro, bâti au sommet d'un rocher fort élevé, a été abandonné, parce que l'accès en était trop difficile; il forme à présent un amas de débris. Le nouveau village, construit au pied de la montagne, dans un bas-fond rocailleux, est un des plus misérables de la Sicile : il date de soixante ans, et ne compte, pour ainsi dire, que des masures.[1]

Au delà de Monte Allegro s'étendent des ravins sauvages, tristes et profondes solitudes, où l'on rencontre rarement une créature humaine, et que l'on dirait destinées à être le théâtre du brigandage et du meurtre. Divers ruisseaux entretiennent une végétation basse au milieu de ce sol pierreux. Nous avions des échappées de vue sur la mer; elle était encadrée de rochers à formes plus ou moins pyramidales. Le naufrage de deux cent quatre-vingts navires romains, qui y périrent durant la première guerre punique, a rendu célèbres les écueils dont la côte est entourée[2]. Siculiana, bâtie sur une hauteur à un mille de la mer, est dominée par un

---

[1] A cinq ou six milles de Monte Allegro et dans une montagne isolée, sont les célèbres soufrières de Catholica. Je n'ai pas eu le temps de les visiter; mais on m'a montré à Palerme un bon nombre d'échantillons de leurs produits. Le soufre est mêlé à beaucoup de gypse.

[2] Polybe, livre I.er

château ruiné, assis sur un large piédestal calcaire. L'intérieur de cette petite ville est d'un aspect misérable.[1]

Le pays au delà est fertile et bien cultivé; des bouquets d'arbres, de belle venue, récréent les yeux, sevrés depuis longtemps du plaisir d'en voir. Les entours immédiats des villes et des villages donnent la mesure de ce que deviendrait la Sicile si elle était peuplée[2] et bien administrée : ce sont de délicieux jardins; mais à un mille des lieux habités déjà on rentre dans des landes et des déserts, où une faible population meurt de faim, et laisse la terre inculte.

Notre sentier s'engagea de nouveau dans des collines et dans des gorges arides. Je ne renouvel-

---

[1] Plusieurs voyageurs, entre autres Cluvier, la croient l'antique Camico, résidence de Cocale, roi des Sicaniens, qui reçut Dédale, et le chargea de construire les murs de la ville et d'y faire arriver une route au milieu des rochers et des précipices. D'autres auteurs regardent Camico comme l'Agrigente primitive. Cette opinion est la plus généralement adoptée et la plus vraisemblable.

[2] La Sicile comptait, au dire des anciens auteurs, 12,000,000 d'habitants avant les guerres puniques, et 10,000,000 après la conquête du pays par les Romains. Depuis lors ce nombre a presque toujours été en diminuant, seulement il paraît que pendant le siècle dernier il y a eu une augmentation de population. Actuellement le nombre des habitants du royaume est de 1,500,000 environ.

lerai pas la description de ces vallées monotones, sans arbres, sans accidents dans le paysage, et qui n'en finissent pas. Qu'on se figure des roches nues, une terre tantôt rouge, tantôt grise, des arbustes rabougris et dévorés par la poussière, des bas-fonds marécageux, où le vent siffle au milieu des roseaux et des joncs, et l'on aura une idée exacte de nos longues journées de marche dans l'intérieur de l'île.

Enfin nous débouchâmes sur le vaste golfe de Girgenti. Ses rivages, de médiocre élévation, se terminent brusquement en falaises blanches, crayeuses, usées, séparées de la mer par une étroite grève de sable. La côte dessine une foule de petites anses secondaires.

Nous passâmes au port de Girgenti, espèce de faubourg, lieu de rendez-vous des marchands et des pêcheurs, bâti sur la plage, à quatre milles de la ville. Girgenti, elle-même, est située dans l'intérieur des terres, sur une montagne haute environ de 1100 pieds; une route passable y conduit. Le roi Charles III de Bourbon a fait construire le môle et le fort, ou plutôt la grosse tour carrée du port de Girgenti, désigné généralement sous le nom d'*Emporio dei frumenti di Sicilia*. Il s'y fait un assez grand commerce en vin, en soude, en vases de terre fabriqués sur les lieux, et surtout en grains. On conserve ici le blé en le déposant dans des grottes naturelles, et en le préservant du contact de l'air extérieur au moyen de murs élevés aux entrées des cavernes. Les grains se maintiennent ainsi pendant plusieurs années.

La vente des céréales, quoique bien tombée, est de nos jours encore la branche la plus considérable du commerce de la Sicile. La culture du blé n'est générale qu'aux environs de Palerme, Girgenti, Catane et Termini; cependant, comme le nombre des habitants n'est point en rapport avec l'étendue du pays, et que beaucoup d'entre eux ne se nourrissent pas habituellement de pain, faute de pouvoir l'acheter, la récolte surpasse infiniment la consommation intérieure.

L'on exportait jadis du pays 500,000 salmes[1] de blé annuellement; mais les grandes affaires de la mer Noire ont porté un coup funeste à la Sicile. Souvent le ministère napolitain, jugeant l'exportation du blé suffisante, l'a arrêtée tout à coup et sans motif, sous prétexte de prévenir des disettes. Ainsi les négociants étrangers ont été privés des chargements sur lesquels ils avaient compté; craignant l'arrivée subite de ces ordres de Naples, ils ont pris l'habitude de s'approvisionner dans d'autres lieux, et ont peu à peu abandonné, en partie au moins, les ports de la Sicile.

---

[1] La salme pèse 2 quintaux et 64 rotoli à 100 rotoli le quintal. Le rotolo est de 1 ¾ livres de France.

Charles III a établi dans le royaume de grands dépôts de blé, afin d'y entasser des céréales destinées à être vendues à l'étranger, ou employées en cas de famine. Ces magasins existent encore, on les nomme *carricatori;* les principaux sont, outre celui de Girgenti, ceux de Sciacca, Alicata, Catane et Termini : il y en a de moins considérables à Cefalu, Marsalla, Terranuova, etc. L'institution des carricatori rend le gouvernement accapareur et maître du prix des grains ; de là une foule d'abus, par l'agiotage et les opérations des agents qui y sont intéressés. L'agriculteur, redoutant les accaparements qui gênent la liberté des marchés, et plus encore les prohibitions d'exportation, qui peuvent lui ôter la possibilité de profiter du produit de ses champs, s'est habitué à en laisser la moitié en friche.

A en croire les Siciliens, le gouvernement a souvent employé la plus odieuse tactique, pour tirer à lui seul l'avantage du commerce des grains, aux dépens des habitants du royaume, et lorsqu'il prévoyait de nombreuses demandes de blé de la part des étrangers, il arrêtait subitement l'exportation. Les spéculateurs particuliers n'achetaient alors rien aux cultivateurs ; ceux-ci étaient donc forcés d'abandonner la denrée à bas prix aux affidés du gouvernement. Après un certain laps de temps l'exportation était de nouveau permise, et les agents du fisc, seuls possesseurs de la marchandise, faisaient la loi aux étrangers et fixaient un prix sans contrôle.

La route commence à monter immédiatement après le port; elle conduit à un plateau charmant, couvert avec profusion d'oliviers et d'amandiers : des cyprès élancés paraissent au milieu de ces arbres. Girgenti domine la contrée entière; elle forme un grand cône de maisons et d'églises, dont la base s'abaisse doucement vers la mer, qui en est éloignée d'au moins trois milles. Avant d'arriver à la ville, le voyageur découvre, à deux milles sur la droite, les ruines de temples magnifiques; il traverse une vallée sauvage et un torrent, sur lequel est jetée l'arche gothique d'un vieux pont; enfin, après une dernière montée très-roide, il entre dans la cité moderne qui a remplacé l'antique Agrigente.

LETTRE XVI.

Girgenti.

Les grandes villes de la Sicile antique ont subi de sanglantes catastrophes : Agrigente, rivale de Syracuse, et nommée par Pindare la reine des cités, la plus belle ville du monde, a dû partager cette destinée commune. Il paraît qu'une cité très-ancienne florissait déjà sur les bords du fleuve Acragas[1], où Aristone et Pistile de Géla construisirent Agrigente, 580 ans avant l'ère vulgaire[2]. Quelques auteurs supposent que c'était Camique, résidence du roi Cocale : le nom de Monte Camico, conservé de nos jours encore à la montagne de Girgenti, donne quelque consistance à cette opinion. Agrigente s'éleva rapidement. Les fastes de son histoire sont enveloppés d'un chaos fabuleux, jusqu'aux temps où Phalaris, fils de Leodamante d'Astypalée, chargé par ses concitoyens de la construction du temple de Jupiter Polien, profita des sommes mises à sa disposition, pour

---

[1] Appelé aujourd'hui Drago.
[2] Thucydide, livre VI.

surprendre les Agrigentins pendant la célébration des fêtes de Cérès, et s'emparer du souverain pouvoir, que pendant trente et un ans il exerça avec la dernière rigueur. Les annales d'Agrigente nous montrent ensuite la ville passant alternativement du gouvernement républicain à la tyrannie; elles honorent la mémoire d'Alcamon, d'Alcandre et de Théron, princes dignes du trône qu'ils ont occupé; elles vouent à l'exécration publique le tyran Trasidée, fils de Théron, qui se tua après avoir perdu une bataille contre Hiéron. Les soixante-quatre années subséquentes à la mort de Théron forment la dernière époque brillante d'Agrigente. Après cet intervalle de repos commence pour elle une série de sanglants désastres: prise et ravagée à différentes reprises par les Athéniens, deux fois par les Carthaginois, et deux fois également par les Romains, elle se relève toujours de ses ruines, et, quoique bien éloignée de son antique prospérité, elle parvient encore à un assez haut degré de splendeur sous la domination des maîtres du monde. Cependant Agrigente était loin d'avoir parcouru la triste carrière de son abaissement : les Goths, les Sarrasins et les Normands la dévastent tour à tour, et la font descendre enfin jusqu'à son rang actuel de petite ville de province.

Agrigente, réduite de nos jours à une population de 13,000 âmes, comptait 800,000 habitants aux temps d'Empédocle; plusieurs auteurs même en font monter le nombre à 1,100,000, à l'époque de la plus grande prospérité de la république. Les historiens ont célébré à l'envi la puissance de cette ville, son luxe excessif, l'étendue de ses relations commerciales et son hospitalité. C'était surtout dans la construction des édifices publics que les Agrigentins déployaient leur magnificence; les reproches d'Empédocle à ses concitoyens étaient devenus proverbiaux dans l'antiquité : « ils bâtissent, disait-il, comme s'ils ne devaient jamais périr, et ils mangent comme s'ils devaient mourir le lendemain. »

Ardents disciples d'Épicure, et adonnés aux plaisirs des sens, ils se livraient aux extravagances qu'on retrouve plus tard dans les palais des empereurs romains. Leur mollesse les avait rendus l'objet de la risée des autres Siciliens. Au rapport de Diodore on publia, durant le siége de la ville par les Carthaginois, un décret pour défendre à chaque citoyen montant la garde à la citadelle, d'avoir plus d'un matelas, de deux oreillers, d'un chevet et d'une couverture. L'auteur ajoute que cette ordonnance fut trouvée très-dure.

La ville antique était bâtie sur des collines, et s'étendait jusqu'à la mer. Elle se divisait en cinq parties distinctes; aujourd'hui il est difficile de les désigner avec exactitude, vu l'insuffisance des relations à ce sujet; ces divers quartiers paraissent avoir été les suivants :

Camico ou l'acropole : elle s'élevait sur l'emplacement même de la ville moderne, et formait la partie la plus ancienne d'Agrigente, celle qui, d'après la tradition, existait depuis bien des siècles lors de l'arrivée des Géliens.

Le mont de Minerve ou Athénien, sur lequel était le grand temple de Cérès et celui de Minerve. Il n'en reste à peu près rien; c'était la portion la moins habitée d'Agrigente.

Acragas, la ville proprement dite, située sur une colline voisine de la mer.

La ville Agrigentine in Camico; elle paraît avoir été simplement une division de l'Acropolis.

Neapoli, sur un mamelon isolé en face d'Acragas. Ses débris consistent en quelques fragments de pierre. La circonférence totale de la ville antique est estimée à soixante-dix stades; ses murailles étaient en grande partie taillées dans le roc, et là où l'on avait été obligé de les bâtir, elles s'élevaient à cent cinq pieds, suivant Diodore de Sicile.

Il faut oublier les beaux souvenirs de l'antiquité, lorsqu'on parcourt la moderne Girgenti, ville sale, irrégulière, à rues tortueuses et ascendantes, qu'attriste encore la teinte rougeâtre de misérables maisons. Ces rues sont encombrées d'une population inactive, nue et hâlée, qu'on voit entassée sur le pavé, et qui actuellement lutte à la fois contre la faim et la fièvre épidémique, sans que le gouvernement songe à prendre des mesures pour arrêter la contagion ou soulager ceux qui en sont atteints. La vue de ces malades au teint jaune et livide, et qui dans leur détresse ont pour seul refuge un escalier public ou une borne, donne à divers quartiers de la ville l'apparence d'un bazar infect de l'Orient, dans lequel la peste commence à exercer ses ravages. La vie des gens du bas peuple reste pour moi une énigme. Malgré l'étendue et la fertilité du territoire de Girgenti, les denrées de première nécessité, sauf le vin, y sont d'une cherté excessive : la charité ne fait rien pour ces prolétaires si nombreux ; les gens du pays daignent à peine leur jeter un regard de commisération, et les étrangers font dans ces contrées de fort rares et courtes apparitions. Aussi rencontre-t-on à chaque pas des individus de tout âge ramassant dans les rues de sales aliments, que chez nous on hésiterait à donner aux animaux les plus immondes, et les dévorant pour essayer de tromper une faim qui ne doit jamais être complétement assouvie.

En traversant ces rues, en voyant des hommes si complétement insensibles aux souffrances de leurs semblables, je me rappelais en gémissant les paroles du Sauveur : « On reconnaîtra que vous êtes mes disciples à cela, que vous vous aimerez les uns les autres, » et je me demandais si je me trouvais dans un pays chrétien ?.... Combien d'entre nous, hélas, ne le sont que de nom !

La ville actuelle, bâtie sur la portion la plus ancienne d'Agrigente, renferme cependant peu de débris antiques : ils se réduisent à des traces d'égouts dans le faubourg de Rabatto, et à diverses portions de murs du temple de Jupiter Polien.

La cathédrale s'est élevée sur l'emplacement d'un temple célèbre, consacré à Jupiter Athabirien et à Minerve, et, sauf une tour mauresque assez élégante, elle, est tant à l'intérieur qu'à l'extérieur, du plus mauvais style. On y montre des monuments érigés à la mémoire de ses archevêques[1]. J'y remarquai cependant trois sarcophages antiques, en marbre blanc, déterrés parmi les ruines : le plus grand des trois sert de baptistère; il est placé entre quatre colonnes et décoré de sculptures sur chacune de ses faces. Deux de ces bas-reliefs sont beaux : l'on pourrait peut-être y désirer plus de caractère dans les têtes, et un style plus relevé; les deux autres sont au-dessous du médiocre, et ne peuvent être l'ouvrage du même artiste. Leur sujet est l'histoire de Phèdre et d'Hippolyte jusqu'à la mort de ce dernier. Les figures ont plus de deux pieds de hauteur. Ce sarcophage a été très-vanté; mais, sauf certaines belles parties, il ne justifie en rien, selon

---

[1] Girgenti est archevêché. Roger l'avait doté de grandes possessions, par une charte datée de 1093; elle fut confirmée en la même année par le pape Urbain, en faveur de l'évêque Gerlando.

mon opinion, l'éloge exagéré qu'en fait Riedesel dans ses lettres à Winkelmann.

L'on conserve à la sacristie des vases provenant des tombeaux d'Agrigente : l'un d'eux est d'une beauté remarquable.

Près du dôme est le séminaire, où l'on élève un assez grand nombre de jeunes gens destinés à l'état ecclésiastique. Les laïques peuvent assister aux leçons comme externes. La bibliothèque est belle pour une ville du second ordre; elle renferme des vases en bronze et en terre cuite, et une riche collection de médailles.

LETTRE XVII.

Girgenti.

Le premier objet qui frappe la vue lorsque l'on sort des murs de Girgenti, pour se rendre aux ruines de la ville antique, est la chapelle de S.ᵗ Blaise; on la croit bâtie sur l'emplacement du temple de Cérès et de Proserpine, où Phalaris surprit ses concitoyens et les soumit à sa tyrannie. Le chemin auprès de S.ᵗ Blaise est en partie taillé dans le roc, et garni d'une innombrable quantité de sepulcres de forme rectangulaire. Les eaux pluviales ont détérioré et rempli de sable la majeure partie de ces tombeaux.

Plus loin le sentier s'engage dans les jardins et les vignes, qui couvrent maintenant le sol d'Agrigente. L'on aperçoit devant soi les colonnades doriques des temples, autour desquelles se groupent des oliviers, des orangers, des amandiers, des pistachiers, des lentisques et d'immenses cyprès. Les petits murs de séparation des divers jardins sont composés de fragments antiques, au-dessus desquels des plantes grasses laissent retomber leurs feuilles épaisses. Le chemin moderne suit le tracé d'anciennes rues; on les reconnaît aux fondations alignées sur les deux côtés, et sur lesquelles croissent des touffes d'aloès et de lauriers-roses. Le terrain, formé de débris classiques, est d'une grande fertilité, et souvent à travers les ouvertures du sol on voit que la charrue sillonne la partie supérieure d'une excavation antique.

Les principaux temples d'Agrigente sont placés les uns derrière les autres, dans la direction de l'est à l'ouest et en longeant les murailles de la ville. Suivant l'usage grec ils avaient été construits sur la partie la plus élevée de la colline, de manière à dominer la cité : la mythologie étant une religion d'art et de poésie, faite pour l'imagination plutôt que pour le cœur, ses ministres ne négligeaient jamais d'augmenter par de semblables moyens l'impression qu'ils voulaient produire sur le peuple.

On s'est servi, pour la construction des temples, d'une pierre composée de corps marins et de divers coquillages liés ensemble; malgré la grossièreté de ces matériaux, ces monuments brillent par l'élégance et le fini habituels des œuvres de leur époque. Le temple de Junon Lucine, le plus éloigné de la ville moderne, plane en quelque sorte au-dessus d'un précipice taillé à pic. Le roi Ferdinand a fait restaurer en 1788 la partie nord de l'édifice; et sur ce profil il présente la colonnade complète, portant une partie considérable de l'architrave. On y voit également l'escalier du sanctuaire, un fragment du pavé antique et la muraille de la cella, dont la forme générale est très-reconnaissable.[1]

Placé au centre de cette ruine, on découvre du côté de l'occident, au milieu des aloès et et des nopals, la façade du temple de la Concorde, surmontée

---

[1] *Détails architecturaux.* — Ce temple, d'ordre dorique, a 114 pieds 3 pouces de long, sur 48 pieds 6 pouces de large. Il est placé sur un grand socle de 10 pieds de haut, et qui le dépasse de quinze pieds en tous sens. Il y avait 4 rangs de gradins sur le côté et 6 devant la façade. Un portique de colonnes cannelées, sans bases, entourait l'édifice; elles étaient au nombre de 13 de profil sur 6 de face, dont 4 franches; de plus il y avait 2 colonnes et 2 pilastres devant et derrière la cella, qui se terminait par un sanctuaire. Outre la colonnade du nord, qui est intacte, plusieurs colonnes restent de l'autre côté. A l'entrée du monument était un palier; au-dessous se trouvaient des souterrains, taillés dans le roc, et qui à présent sont obstrués en grande partie.

On a beaucoup disputé pour savoir si ce temple était effectivement celui consacré à Junon Lucine. Je lui ai conservé ce nom comme étant le plus généralement admis par les antiquaires. Brydone l'appelle Temple de Vénus.

On admirait jadis dans le temple de Junon Lucine un célèbre tableau, représentant la déesse, et peint par Zeuxis, élève de Démophile d'Himère. Aristotile et Pline (liv. XXXV, chap. 9) en font la description, et racontent que, pour peindre ce tableau, Zeuxis avait réuni les perfections des cinq plus belles filles d'Agrigente, qui lui servirent de modèles . . . .

. . . . . .

de son fronton couleur d'ocre; à sa droite la ville forme un amphithéâtre, dont les maisons blanches et rouges, frappées par un rayon de soleil, projettent quelques ombres très-articulées, et se détachent avec une admirable netteté sur les sommités anguleuses et bleuâtres qui les dominent. Au-dessous de la ville s'étendent, avec de douces ondulations, des collines et des ravins boisés, où les larges et vertes têtes des amandiers se groupent autour de vieux oliviers au feuillage découpé et grisâtre; vers la gauche paraît la haute mer, bornée par un long enchaînement de côtes pittoresques, dont les caps tracent une suite de lignes droites sur les ondes. Le regard enchanté se porte alternativement des temples, des pics immenses et des forêts du rivage, à la nappe azurée que parcourent de légers navires. Le spectacle de cette nature si pompeuse, si calme, et que jamais l'hiver ne blanchit de ses frimas, remplit l'âme d'un sentiment religieux. Il faudrait pouvoir peindre ce paysage d'un seul mot, comme on le saisit d'un coup d'œil; mais l'expression humaine est trop au-dessous du sublime que Dieu a imprimé à quelques-unes de ses œuvres. Et combien encore cet horizon devait être plus majestueux lorsque Agrigente, pleine de vie et décorée de tous ses édifices, était debout en face du spectateur; lorsque ces golfes, sillonnés aujourd'hui par des barques, étaient couverts de riches galères; lorsque les hauteurs, maintenant stériles, qui paraissent dans l'éloignement, étaient parées de verdure comme les collines voisines de la mer!

De la terrasse du temple de Junon l'on aperçoit également la hauteur sur laquelle existait le quartier de Neapoli ; on en est séparé par une vallée étroite, aride et d'un caractère triste et sauvage. Les restes de Neapoli consistent en pierres d'un grès clair, éparses au milieu des ronces et des chardons. L'édifice consacré à Junon touchait à l'enceinte de la ville. La nature avait donné à Agrigente une défense que jamais l'art n'aurait pu remplacer : une série de rochers immenses forme une suite presque continue de murailles, sur la crête même du col dont ils suivent les sinuosités, à un mille environ du rivage; du côté de la campagne ces murs présentent une pente roide et inaccessible : de celui de la ville, au contraire, les terres accumulées depuis des siècles, en facilitent l'approche : leur partie verticale intérieure est criblée d'une multitude de niches à bouches de four; ce sont des tombeaux dans lesquels on déposait les urnes funéraires des héros agrigentins, dont les mânes devaient effrayer les ennemis qui s'approcheraient de la cité. Ces excavations, ayant affaibli le rocher en bien des parties, ont occasionné plusieurs éboulements, à la suite desquels l'enceinte antique, très-ébréchée, a pris l'apparence d'un enchaînement de créneaux irréguliers, qui couronnent la montagne. D'autres sépulcres sont pratiqués au pied des murs et au-dessous du niveau du sol; j'en ai remarqué plusieurs dont la distribution est celle des colombaires[1] des environs de Rome ou de Naples.

A cinq cents pas du temple de Junon est celui de la Concorde, auquel on a donné ce nom d'après l'inscription suivante, trouvée dans son voisinage : « *Concordiæ Agrigentinorum sacrum, respublica libitanorum. Dedicantibus M. A. C., procos., et Lucio Cornelio Marcello, Q. Pr. Pr.* »

Cependant, la petitesse des caractères de l'inscription ne la rendant pas propre à occuper une place sur la partie apparente du temple, et l'édifice étant trop ancien pour que sa dédicace pût avoir été écrite en latin, plusieurs antiquaires ont prétendu qu'il n'y avait aucun rapport entre les deux choses.

Quoi qu'il en soit, ce temple est incontestablement un des mieux conservés de tous ceux qui existent.[2] On y a fait de légères restaurations en 1788; rien n'y

---

[1] Chambres sépulcrales antiques.

[2] *Détails architecturaux.* — Le péristyle est formé par 34 colonnes doriques, dont 13 de profil; leurs fûts ont 18 pieds 10 pouces de haut et 4 pieds 3 pouces de diamètre; ils se composent chacun de 4 pièces à tambour; la longueur de l'édifice est de 128 pieds; sa largeur, de 51 pieds 4 pouces. La cella est longue de 80 pieds et large de 26 pieds 2 pouces; 4 colonnes décorent l'entrée des portiques intérieurs; les entre-colonnements sont un peu plus larges au milieu des faces qu'ailleurs. L'entablement a sept pieds 2 pouces de hau-

manque, sauf la toiture et un des angles du frontispice de la façade. Les gradins, les colonnes cannelées sans bases, l'architrave, les frontispices, la cella, tout l'édifice, en un mot, est dans l'état de la plus parfaite conservation. Ce n'est point une ruine, c'est un monument complet, un ensemble harmonieux qu'instantanément l'on saisit dans sa perfection, tel que l'architecte l'avait conçu, et sans être obligé de forcer l'imagination à en recomposer péniblement le plan et la structure. C'est une belle pensée exprimée par la pierre, et qu'un seul regard peut embrasser et comprendre. Cependant, je dois l'avouer, ce temple, trop petit peut-être, ne renouvela pas en moi les impressions fortes que j'avais éprouvées en voyant les monuments de l'Égypte. Il me plut, parce que je le trouvais sans défauts ni altérations; mais il m'apparut plutôt comme un accessoire ravissant dans le paysage, que comme une œuvre destinée à servir de culte aux dieux et de témoignage aux siècles.

L'on monte à la cella par trois marches; ses murs sont éloignés du portique de la longueur d'un entre-colonnement sur les profils, et d'un espace double sur les faces. Les murs latéraux de la cella sont percés chacun de six portes cintrées, donnant sur le péristyle : ces ouvertures défigurent cette partie

---

teur. L'édifice était élevé sur 6 rangs de gradins, d'un pied et demi de haut chacun, et il y avait une esplanade de pierre tout à l'entour.

de l'édifice; elles datent de 1620, alors que le temple, converti en église chrétienne, fut dédié à San-Gregorio della Rupe, évêque de Girgenti. L'autel antique existait : l'évêque Beato Mattei le fit abattre. Dans le siècle dernier on a eu le bon esprit de rendre le monument à sa simplicité première, et, sauf les douze portes, il ne renferme plus rien de moderne : les dieux et leurs prêtres pourraient aujourd'hui y rentrer, ils trouveraient l'ancien édifice presque aussi complet que lorsqu'il sortit des mains de l'architecte.

Dans l'épaisseur des murs de la cella on remarque deux escaliers, dont l'un est parfaitement conservé ; il conduit aux combles, ainsi qu'à des chambres souterraines obstruées de débris, où se célébraient vraisemblablement les mystères.

Le temple d'Hercule, ruine méconnaissable, immense amas de pierres, dont les arêtes sont usées, et au milieu desquelles une seule colonne est restée debout, se voit à trois cents pas du précédent : il était du même ordre, mais plus vaste.[1]

---

[1] On voyait dans ce temple la belle statue en bronze d'Hercule, dont Cicéron dit : *Quo non facile dixerim quidquid vidisse pulchrius.* Verrès voulut s'en emparer; mais les Agrigentins, attachant de l'importance à la possession de ce chef-d'œuvre, se soulevèrent, et obligèrent à la retraite ceux qui avaient été chargés d'enlever l'image du dieu. On conservait également dans cet édifice une peinture de Zeuxis, d'un prix inestimable. Cet artiste la donna à la ville plutôt que de la

Le temple de Jupiter olympien, vulgairement appelé des Géants, est à côté de celui d'Hercule. Ce monument célèbre, dont les dimensions colossales ne furent jamais surpassées en Grèce, est maintenant un monceau de ruines; l'on n'en trouve, pour ainsi dire, pas pierre sur pierre; une grande étendue de terrain est couverte des masses de rochers employés à sa structure; et si, comme le dit Biscari, on n'avait découvert un triglyphe, on n'aurait plus su de quel ordre d'architecture il était. Les Agrigentins commencèrent à le construire au temps où leur puissance avait atteint son apogée. Le toit manquait seul lors de la conquête de la république par les Carthaginois, et Agrigente étant devenu trop pauvre pour achever le temple, il s'écroula sans avoir jamais été terminé. Polybe [1] et Diodore [2] en par-

---

vendre au-dessous de sa valeur. Le tableau représentait Hercule enfant, étouffant, en présence d'Alcmène et d'Amphitryon, les serpents envoyés par Junon pour le dévorer. Pline, livre XXXV, chap. 9.

[1] Livre IX, chap. 5. «Et par sa grandeur il n'est inférieur à aucun des monuments de la Grèce.»

[2] Diodore, dit, livre XIII, «Lorsque le temple olympien était prêt à être couvert d'un toit, les travaux furent arrêtés par la guerre.» Il ajoute les détails suivants : «Ce temple avait 340 pieds grecs de longueur, 160 de large et 120 de haut; deux bas-reliefs ornaient ses façades orientale et occidentale: le premier représentait le combat des géants; le deuxième, le siége de Troie, et l'on reconnaissait au milieu des per-

lent dans leurs écrits. Trois colosses restèrent seuls debout jusqu'au 9 décembre 1401[1] : alors un tremblement de terre les renversa. L'on a réuni, il y a peu d'années, les fragments de l'une de ces figures; elle a vingt-cinq à vingt-six pieds de haut, et les bras ployés au-dessus de la tête : ses contours sont très-frustes; les cariatides ont été revêtues de stuc et adossées à des pilastres.

---

sonnages nombreux de cette sculpture les héros les plus fameux de l'époque. » Cet auteur dit encore que l'édifice, différent des autres temples, n'était point entouré d'un péristyle, mais de demi-colonnes, engagées dans le mur, et qui correspondaient à l'intérieur à des pilastres carrés; elles étaient au nombre de 12 sur les profils et de 5 sur les faces : il n'y en avait point aux angles. Le périmètre de chacune de ces colonnes était de 20 pieds grecs. Les cannelures avaient 1 pied 6 pouces et six lignes de largeur; de sorte qu'un homme pouvait s'y cacher. Il y avait en dedans deux rangées de pilastres carrés, qui divisaient le temple en 3 parties. Si le toit eût été fait, le Pronaum et le Porticum seuls eussent été couverts, et la nef du milieu serait restée ouverte.

Des fouilles faites en 1801 ont mis à découvert le plan de l'édifice, et l'on voit encore plusieurs demi-chapiteaux, composés chacun de deux pierres. Leur rayon supérieur est de 9 pieds, par conséquent, s'il y avait eu un chapiteau entier, sa circonférence supérieure eût été de 54 pieds. Toutes les pierres du temple ont des entailles de cinq pouces de profondeur et de la forme d'un fer à cheval à branches alongées; elles servaient à hisser ces masses pour les mettre en place.

[1] Les armes de Girgenti représentent encore trois géants portant une tour.

Le temple de Jupiter olympien est, comme les précédents, voisin de l'enceinte de la ville; une route profonde, taillée dans la pierre vive, le sépare de l'édifice consacré à Hercule, passe sous la porte *aurea*, et conduit à une voie sépulcrale. Annibal a dévasté les tombeaux de ce côté lors du siége d'Agrigente; il respecta le seul sépulcre du tyran Théron, ayant été effrayé par un violent coup de tonnerre, au moment où il voulait le détruire. La peste ravagea alors le camp carthaginois, et les soldats épouvantés se croyaient poursuivis par les spectres des morts dont ils avaient profané les tombes.

Quelques oliviers ombragent le tombeau appelé aujourd'hui de Théron : il est à deux étages. Sur un massif carré, décoré d'une corniche, s'élève une pyramide tronquée, ornée aux angles de pilastres ioniques, inclinés et cannelés, les seuls de cet ordre que j'aye vus en Sicile; ces pilastres sont surmontés d'un entablement dorique. Chaque face de la pyramide porte une fausse fenêtre, plus large du bas que du haut. La partie supérieure du monument est détruite[1]. Ce tombeau, au total, est assez mesquin; et si en effet, ce dont je doute fort, c'est celui de Théron[2], qui, au dire de Diodore, était

---

[1] Ce qui en reste a 23 pieds 6 pouces d'élévation.
[2] Je suis tenté de croire, avec le prince Biscari, que

riche et magnifique; il a été postérieurement dépouillé de ses ornements.

Entre ce monument funèbre et la mer s'élève, au milieu d'un jardin rustique, une cassine, dans les murs de laquelle sont enchâssées les deux dernières colonnes du temple d'Esculape [1]. Le terrain voisin de la cassine est appelé *Campo romano;* il paraîtrait en effet, d'après les écrits de Polybe, que la moitié de l'armée romaine campait dans ces lieux durant la première guerre punique : le reste de leurs forces occupait les environs de la route d'Héraclée. Les Carthaginois s'étaient retranchés sur une colline située entre Girgenti et la mer, actuellement nommée *Monte toro.*

Les débris des aqueducs, appelés d'après le nom de leur auteur *conductus Phæacii*, des temples de Vulcain et de Castor et Pollux, et ceux de la piscine creusée par les prisonniers carthaginois dans la vallée d'Acragas, sont trop insignifiants pour que je m'arrête a en faire la description.

Un sentier serpentant au milieu de bocages touf-

---

ce tombeau était simplement celui d'un cheval. Les Agrigentins, au dire de Diodore, de Pline et de Timée, avaient coutume d'élever à leurs montures des sépulcres somptueux, de forme pyramidale.

[1] Plusieurs antiquaires regardent cette désignation comme très-apocryphe, et prétendent que le temple du dieu de la médecine était plus près de la mer.

fus, conduit des temples à la vieille église et au couvent de Saint-Nicolas, situés, dit-on, sur l'emplacement de l'ancien théâtre, près du lieu où était le cirque destiné aux exercices gymnastiques. Dans le jardin du monastère est une assez élégante construction carrée, portée sur un soubassement, et ornée de quatre pilastres; les gens du pays donnent à ce petit édifice le nom d'*oratoire de Phalaris* : il a été converti en chapelle dans le moyen âge. Je vis dans un autre jardin du voisinage plusieurs statues très-mutilées et un grand fragment d'une magnifique corniche en marbre blanc, richement sculptée.

Après nous être arrêtés trois jours à Girgenti, nous en sortîmes de grand matin pour aller à la *Macaluba* ou *Majaruca*, volcan de vase, s'il m'est permis de m'exprimer ainsi, qui en est à sept milles sur le chemin direct de Palerme.

Le sentier traverse auprès de Girgenti un joli pays de collines cultivées en blé et parsemées de beaux bouquets d'oliviers et d'amandiers; alors arrivent les pâturages : les formes des coteaux restent les mêmes, mais ils sont incultes et brûlés par le soleil. Dans le lointain se montrent de hautes montagnes terminées en crêtes de rochers, et dont les flancs portent plusieurs villages et plantations.

Sur le plateau le plus élevé des collines est un espace boueux ayant au plus deux ou trois arpents d'étendue, et dont l'apparence est celle d'une argile grise très-épaisse, séchée et gercée par la chaleur. Cette surface ne résonne point sous les pas; elle porte une quantité de cônes, dont la hauteur varie depuis un demi-pied jusqu'à deux pieds et demi. Chacun de ces cônes a un petit cratère, duquel s'échappent de moment en moment des bulles d'air, qui crèvent en donnant issue à des coulées d'une argile délayée, très-froide et salée. C'est en miniature et en boue le travail d'un volcan en matières ardentes. Les cratères sont alternativement en repos et en éruption, et il en est de plus ou moins chargés de parties terreuses. J'ai inutilement essayé d'en boucher un; il n'avait guère que trois pouces de diamètre : c'était un des plus petits; cependant il se délivrait des grosses pierres dont j'avais couvert son orifice, et je voyais surgir du fond de l'entonnoir la bulle grise qui éclatait et se répandait au dehors comme une traînée de lave. Ce phénomène provient, dit-on, du développement des gaz hydrogène et acide carbonique d'un terrain marneux imprégné d'eau salée; l'action du feu lui est étrangère.

Des mares fangeuses remplacent souvent les cônes en hiver. La Macaluba a eu des éruptions assez violentes pour lancer des colonnes de boue à la hauteur de cent ou cent cinquante pieds; elles étaient accompagnées de secousses senties à trois milles à la ronde. Les mêmes phénomènes se représentent à Bissama, à deux lieues et demie de Girgenti. Ces salses étaient connues dans l'antiquité : Strabon et Solin en parlent. Leur nom actuel dérive de l'arabe et signifie *bouleversé*.

Nous revînmes à Girgenti dans la soirée; je retournai encore une dernière fois aux temples. Les étoiles se détachaient peu à peu du firmament qui couvrait la terre de son voile perlé; la lune s'élevait à l'horizon, elle éclairait les restes de la cité antique; sa pâle lumière effaçait une partie des ravages du temps : l'édifice de la Concorde, précieux vestige des siècles passés, et revêtu de toute la gloire de l'art grec, prenait un caractère solennel; le calme profond de la nature, la fraîcheur de l'atmosphère, le sourd bruissement des vagues qu'on entendait dans le lointain, mettaient nos sentiments à l'unisson de la douce et mélancolique harmonie de la création. Enfin les heures de la nuit, qui s'écoulaient, nous obligèrent à reprendre le chemin du Monte Camico.

LETTRE XVIII.

Caltanisette.

Deux routes conduisent de Girgenti à Syracuse la première passe à Alicata, Terra-Nuova et Noto, l'ancienne Nea; elle est la plus courte, mais la moins intéressante des deux. Nous nous décidâmes à suivre la seconde, celle de Castro-Giovanni, l'antique Enna, appelée autrefois *umbilicus Siciliæ;* elle pénètre au cœur de la Sicile et traverse les villes principales de l'intérieur du pays.

Nous quittâmes Girgenti dans l'après-dîner. Je jetai un coup d'œil d'adieu sur ces ruines pompeuses, sur ces collines parées de bosquets d'oliviers et d'amandiers, ceinture verdoyante de l'immense nappe qui s'étend jusqu'aux rivages africains. Le soleil, déjà assez bas, couvrait de ses teintes dorées et purpurines ce sublime paysage, lorsque nous descendîmes dans la vallée sauvage que nous avions aperçue du haut de la ruine de Junon Lucine; ses rayons jouaient autour du temple, et des torrents de feu s'élançaient à travers les fûts de ses colonnes: **vues de ce point,** elles me rappelaient les restes de l'édifice consacré à Minerve Suniade. Le sol de la vallée est jonché de pierres roulées, et les sommités de la plupart des collines sont garnies de crêtes de rochers aigus. Ayant gravi une montagne aride, du haut de laquelle nous dominions une grande étendue de pays et de mer, un brusque coude nous fit entrer dans une campagne belle et cultivée à l'égal de celle de Girgenti ; elle s'étendait vers une chaîne imposante, dont les sommités anguleuses reflétaient encore les derniers feux du soleil couchant. Un nuage, s'arrêtant au-dessus de nos têtes, laissa échapper une de ces ondées douces qui caractérisent le printemps; mais elle ne dura point, et alors la fraîcheur répandue dans la nature, le gazouillement des oiseaux et la pureté de l'air, nous plongèrent dans cette vague sensation de bonheur que fait éprouver le crépuscule d'une belle soirée. Craignant d'arriver de nuit à Favara, où nous voulions coucher, je demandai l'heure à un paysan que nous rencontrâmes; il me regarda d'un air très-étonné; je répétai ma question ; alors il éclata de rire, en s'écriant : « Êtes-vous aveugle? ne voyez-vous pas qu'il est vingt-quatre heures? » — « Bien ! mais à quelle heure est-il midi ? » — « Midi ? ma foi je n'en sais rien, et à quoi me servirait-il de le savoir ? »

Nous nous arrêtâmes très-tard à la porte du fondaco de Favara, ville assez considérable, bâtie dans une vallée, auprès d'une petite rivière du même nom.

Abîmés de fatigue, nous nous jetâmes sans examen préalable sur deux mauvais matelas, et le lendemain matin seulement, nous vîmes, à la clarté du jour, le hideux réduit dans lequel nous nous trouvions; il était décoré du titre de *salon des étrangers* et habité par une quantité de rats, de souris et d'insectes; les murs et le plancher étaient couverts d'ordures ; heureusement le manque de plafond, de portes et de fenêtres permettait à l'air de circuler librement, et d'emporter les miasmes qui, sans cela, auraient pu devenir funestes à ceux qui se seraient livrés au sommeil dans ce repaire.

Nous adressâmes des reproches à l'hôtesse; elle les reçut de l'air du monde le plus étonné, ne concevant rien à l'absurdité de nos prétentions, et trouvant la pièce très-propre et confortable. Sa seule réponse fut: « mon salon est comme tous ceux *del paëse* (de la ville), et quand on veut voyager, il faut savoir vivre comme les gens chez lesquels on est. » A cela il n'y avait rien à objecter, et je vis le moment où nous lui ferions des excuses.

Les Siciliens ne tiennent guère à la propreté; j'ai souvent eu occasion de le remarquer. Plusieurs fois il m'est arrivé d'entrer dans les demeures de familles de la dernière classe du peuple: elles sont sales, humides et infectes; on couche, on mange, on travaille, tout à la fois dans un même réduit, qui sert encore de magasin, de grenier à foin, de cuisine, et parfois de fosse à fumier. Cette saleté est dans le genre oriental plutôt que dans le genre napolitain. En général, je suis frappé de plus en plus des nombreuses analogies de mœurs du Sicilien avec l'habitant des contrées arabes; mêmes expressions de visage et de geste, mêmes attitudes, même manière d'implorer la charité, et je puis ajouter encore à l'honneur des deux nations, même penchant à pratiquer l'hospitalité; la vertu des patriarches, suivant les uns, des barbares, d'après les autres. La dévotion du Sicilien catholique tient un peu de celle de l'Arabe mahométan; comme les Orientaux, il accompagne ses prières de génuflexions et de mouvements expressifs; il se livre à une foule de pratiques minutieuses, et tout annonce qu'il est plus préoccupé de la forme que du fond.

S'il y a de la ressemblance entre le Sicilien et le Musulman, il y en a plus encore entre l'état statistique et politique de la Sicile et celui du Levant. Le degré de civilisation est le même dans les campagnes des deux pays; les basses classes y sont condamnées à un complet ilotisme et éloignées des idées propres au développement intellectuel moderne : l'aspect des villes du second ordre est triste et délabré dans les deux contrées; elles sont toutes deux dépourvues de bonnes routes; la campagne est inculte, ici comme en Orient; enfin, l'apparence de la plus profonde misère existe dans l'un et l'autre pays en dépit d'une nature prodigue et d'un sol fertile.

LETTRE XVIII.

Au sortir de Favara, que domine un castel bâti en 1270 par Fréderic de Chiaramonte, nous longeâmes la vallée du même nom; elle est située fort haut relativement au niveau de la mer, et serrée entre de jolis coteaux bien cultivés. Passé la vallée, nous entrâmes dans une campagne charmante, parsemée de grands bouquets de figuiers. De hautes montagnes ferment le tableau; leurs masses coniques et irrégulières dominent la contrée, et à travers les échancrures de celles du sud on aperçoit la mer. Salvador qualifiait ces lieux de plaine; cependant le sol est accidenté par une quantité de petites collines, de manière à former une surface ondoyante. Les plaines proprement dites sont fort rares en Sicile; j'en ai vu au bord de la mer seulement, à Palerme, Partenigo et Castel-Veterano. Les plateaux élevés du pays sont entourés d'un amphithéâtre de hauteurs, derrière lequel on en aperçoit un second, un troisième, jusqu'à ce qu'enfin l'œil s'arrête à la chaîne principale qui se dessine sur l'horizon.

Je passe rapidement sur les détails de notre voyage d'ici à Caltanisette; la contrée n'est intéressante ni par son état actuel ni par ses souvenirs. Après la première descente le paysage présente des mamelons de pâturages alternant avec des coteaux plantés en céréales. Nous suivions une vieille route pavée et complétement délabrée, qui aboutit à *Castro-Filippo*, gros village bâti sur une éminence, au milieu d'oliviers et de nopals. Je m'arrêtai avant d'y entrer, pour empêcher un mendiant septuagénaire et à peu près nu, d'assommer à coups de bâton une pauvre vieille femme, plus décrépite encore que lui; elle le conjurait à genoux et dans les termes les plus pathétiques de la laisser tranquille : nous étions, sans nous en douter, la cause du démêlé; il voulait la forcer, disait-il, de s'éloigner du chemin, où il prétendait avoir seul le droit de mendier!

Après Castro-Filippo, le sentier serpente pendant plusieurs heures sur des collines agrestes, où la culture est beaucoup plus générale que dans les diverses parties de la Sicile dont j'ai eu occasion de parler : la vue porte sur des chaînes de montagnes, variées de formes et de hauteurs; elles se coupent et se croisent en fuyant les unes derrière les autres : entre leurs cimes inégales on aperçoit divers villages; des masses de rochers pittoresques, dont les formes rappellent nos ruines vosgiennes, sont répandues au milieu des prairies; la campagne est peuplée de masseries.[1]

Après avoir laissé Naro[2] sur une hauteur à notre

---

[1] Fermes isolées.

[2] Naro, bâtie par les Sarrasins, compte 12,000 âmes. On la croit voisine de l'emplacement de Motyum; et en effet, la montagne de Vito Soldano, qui en dépend, est couverte de ruines. Les environs de Naro abondent en ossements fossiles.

droite, nous traversâmes Canicati, ville de treize mille âmes, à laquelle des maisons assez propres donnent un air d'aisance. Nous apercevions à travers leurs portes ouvertes un grand nombre de métiers à tisser le lin et le chanvre; ils prouvent qu'on essaye au moins d'y combattre la misère par quelque industrie.

Au delà de Canicati la campagne change d'aspect; elle est couverte de pâturages, de champs de blé et de débris de rochers, mais absolument dépourvue d'arbres.

Une pluie abondante nous obligea à demander l'hospitalité dans une masserie bien bâtie; ses bons habitants nous accueillirent avec une politesse et une bienveillance extrêmes; ils s'empressèrent de nous offrir leur chambre, et nous portèrent du pain, du vin, des œufs, du fromage et des légumes, en un mot, toutes leurs provisions.

Un étranger trouverait-il dans nos contrées plus civilisées cette réception cordiale, simple et patriarcale comme celle des Orientaux? Y a-t-il autant de bonté et de vertus réelles parmi nos nations si fières de leur liberté, qu'il y en a chez ces peuples pauvres ou soumis à l'esclavage? Serait-il donc vrai que le développement des facultés intellectuelles favorise peu l'essor des qualités du cœur qui semblent plus naturelles à l'homme? Je n'ose me hasarder à résoudre ces questions; elles avaient laissé, je l'avoue, un doute pénible dans mon esprit.

Le fermier me fit remarquer le travail immense, entrepris pour la destruction des œufs de sauterelles. On a enlevé la surface entière des champs sur lesquels ces animaux avaient déposé leur ponte l'année dernière : on a tassé ce terrain comme si c'étaient autant de grandes meules de foin; de cette manière le germe est étouffé, et au printemps prochain on pourra de nouveau étendre la terre sans aucun inconvénient. Les sauterelles privent souvent les agriculteurs siciliens du fruit de leurs peines : les vents brûlants de l'Afrique les portent dans l'île, réunies en gros nuages; en tombant elles couvrent les plus vastes propriétés.

J'ai questionné le fermier sur le genre de culture usité dans le pays : on n'y connaît point les prairies artificielles; les pommes de terre et les racines fourragères sont peu cultivées ; la terre porte presque exclusivement du froment ou de l'orge, avec une ou deux années de jachère morte entre les récoltes. Il arrive, mais rarement, qu'au lieu de laisser les champs en friche, on y sème des fèves et des pois. Le sol, quoiqu'il ne soit à peu près jamais fumé, rend huit, seize et même trente pour un.

En sortant de la ferme, nous gravîmes un col assez escarpé; devant nous s'étendait un grand bassin de prairies, borné par diverses chaînes de montagnes. Arrivés au sommet de la colline, Salvador nous montra dans le lointain un grand cône couvert de neige, du sommet duquel s'échappait une colonne de fumée, et nous saluâmes d'un cri de joie le majestueux Etna, dont la première vue renouvela presque en moi l'émotion que me fit éprouver le reiss arabe qui dirigeait ma cange sur le Nil, lorsqu'il s'écria : « voici les Pyramides ! »

Le fermier nous avait accompagnés, ainsi qu'un moine, qui, sans être de la maison, se trouvait à la masserie lors de notre arrivée, et nous en avait fait les honneurs. Ils prirent affectueusement congé de nous, et Salvador baisa la main du serviteur des autels avec beaucoup de dévotion.

Après avoir fait quelques milles dans des collines couvertes de maigres herbages et hérissées de rochers, nous entrâmes dans une vallée large et riante; elle se parait à mesure que nous avancions, et devint enfin ravissante. Un chemin passable, garni de ces haies naturelles si riches et si fourrées, propres à la Sicile, traverse d'immenses plantations d'oliviers, véritable forêt, dont les hauteurs voisines sont tapissées également. Au pied des arbres croissent des légumes et des grains; des clairières y sont ménagées pour servir de pâturages.

Caltanisette, bâtie en amphithéâtre sur une colline, s'étend vers cette vallée; elle est dominée par un grand couvent, et domine à son tour un vaste et magnifique bassin. Une masse d'arbres fruitiers enveloppe la ville; ils sont enlacés de vignes comme aux environs de Naples, et de longues guirlandes de feuillage se balancent d'une branche à l'autre. Une foule de maisons isolées, répandues dans la campagne, paraissent çà et là sur le fonds de la verdure de ces bois.

En approchant de Caltanisette, son aspect me frappa agréablement : près de la porte s'élève une charmante villa; un peu plus loin j'aperçus un fort joli jardin public, et dans la ville, un bon pavé, plusieurs belles maisons, une sorte de mouvement qui prouve du commerce, un café bien tenu, une grande place, une large rue, décorée de deux médiocres statues, représentant les derniers rois de Naples, des églises richement ornées, et des gens proprement vêtus, ce qui n'est pas la moindre merveille en Sicile. Des boutiques, des fenêtres garnies de vitres, des lanternes destinées à éclairer les rues, et enfin des voituriers venant nous offrir leurs services, provoquèrent également en nous une surprise d'un genre nouveau.

Caltanisette a fait construire, il y a deux ans, une route de voitures sur une étendue de quatorze milles, pour communiquer avec celle de Palerme à Messine. Son activité commerciale en a ressenti les plus heureux effets. Ce fait est une preuve de plus de la nécessité d'établir des voies publiques en Sicile; c'est la première condition pour rendre à ce pays une partie de son antique prospérité.

La plupart des maisons de la ville sont rebâties à

neuf; on en voit d'autres, abandonnées depuis 1820. Cette circonstance se rattache aux dissensions civiles de la Sicile. Le souvenir des événements si récents, dont Caltanisette a été le théâtre, est encore vivant dans la mémoire de ses habitants, et nous y trouvons un de ces traits qui caractérisent une époque et un pays.

Le 10 août 1820, les habitants de Caltanisette s'étaient rendus à l'heure ordinaire à la place du marché, lorsqu'ils virent accourir vers eux un paysan dont les traits et les gestes respiraient la terreur. La populace se presse autour de lui et l'interroge. Cet homme s'était rendu de grand matin dans les champs et avait vu descendre dans la vallée une nombreuse troupe armée, traînant des canons après elle et s'avançant dans des intentions évidemment hostiles.

L'alarme se répand aussitôt, on sonne le tocsin, les campagnards rentrent en foule dans la cité avec leurs bestiaux; les portes sont barricadées, chacun s'arme à la hâte, et bientôt Caltanisette semble un camp retranché. Ses habitants montent sur les toits et suivent des yeux une troupe de deux mille Palermitains qui s'approche des murs de leur ville. Le but avoué de cette expédition était la propagation des nouveaux principes de gouvernement; son véritable motif était de rançonner les communes hostiles. Elle venait d'être repoussée de Trapani. Le prince San-Cataldo, son chef, résolut de s'en venger sur Caltanisette.

Les citoyens s'empressent d'occuper la hauteur de Babaurra qui les domine; les Palermitains enlèvent cette position après une vigoureuse résistance. Une nouvelle troupe d'indépendants, commandée par le colonel Orlando et le major Palmiéri, les renforce.

Cependant, la nuit étant arrivée, les gens de Caltanisette, réunis sur la place publique, délibèrent sur les mesures à prendre pour réparer l'échec de Babaurra. La terreur des nouveaux principes agite surtout le clergé. Un moine de l'ordre de S. Dominique, que son érudition et l'austérité de ses mœurs avaient rendu cher au peuple, se lève, et propose de s'emparer de nouveau de ce poste important, par ruse ou par force. Il offre d'aller lui-même parlementer avec les chefs de la troupe assiégeante, et de les occuper de plusieurs propositions spécieuses, pendant qu'un corps armé se jettera à l'improviste sur les Palermitains endormis. De longues salves d'applaudissements accueillent ce discours. Le moine célèbre la messe au point du jour, et part, avec cette ferveur de dévouement que l'on rencontre surtout chez les hommes séparés du monde et étrangers à ses plaisirs.

Le prince San-Cataldo fait un accueil honorable à l'envoyé de la ville, et accepte la soumission de Caltanisette, à condition de lui livrer les autorités, ennemies acharnées de la constitution, et de payer une somme de 16,000 onces. On discute longuement ces propositions; cependant des coups de fusil et des cris d'alerte se font entendre; le général apprend que quatre cents hommes se sont jetés à l'improviste sur Babaurra. On crie à la trahison dans le camp des Palermitains, et c'est avec peine qu'on dérobe le moine à leur vengeance; des officiers le sauvent, en s'écriant que ce serait un crime odieux de porter la main sur la personne sacrée d'un serviteur des autels, qui d'ailleurs a peut-être été de bonne foi.

Les hommes de Caltanisette reprennent Babaurra, mais le combat s'engage de nouveau; le colonel Orlando et le major Palmiéri restent enfin maîtres de la position après des efforts inouïs; ceux des citadins qui avaient échappé à la mort, se retirent dans la ville.

Le corps des indépendants, formant deux colonnes, se rapproche de Caltanisette, et occupe les hauteurs environnantes. On vit alors sortir des portes un homme aux formes athlétiques, vraie figure homérique, dont les gestes indiquaient qu'il était chargé d'un message. Arrivé à portée de voix, il s'écrie : « Me garantissez-vous la vie sauve, si mes paroles vous offensent? »

Nous le jurons sur les ossements de nos morts, répondent à la fois tous les indépendants.

« Eh bien, que le plus brave d'entre vous s'avance, et s'il ose se mesurer avec moi, je lui plongerai mon couteau dans le ventre. » En disant ces mots, il brandissait en l'air un immense coutelas.

Les assiégeants, silencieux un moment, élèvent leurs voix pour charger d'imprécations l'insolent provocateur; les chefs ordonnent qu'on s'empare de lui, mais personne n'ose l'approcher; il promène ses regards méprisants sur la troupe furibonde, et lui en impose par sa seule contenance.

Bientôt cependant la scène change : un jeune milicien, de vingt ans, se glisse inaperçu derrière les buissons et ajuste à bout portant le gigantesque orateur; il tombe, mais rassemblant ses dernières forces, il attache ses regards sur son adversaire et lui lance au visage son énorme coutelas. Alors la foule des Palermitains se déborde; ils se précipitent sur le héros de Caltanisette, le déchirent en lambeaux, et portent ses restes palpitants à la bouche de leurs canons.

Une vive attaque contre la ville succède à ce sanglant épisode; malgré sa résistance elle est prise d'assaut dans la soirée. Le premier acte des Palermitains est de la piller; le second, d'y mettre le feu et d'en massacrer les habitants. Vainement le prince San-Cataldo s'efforce de contenir ces furieux; une troupe d'hommes des villages voisins, attirés par la soif du butin et du sang, se joint aux insurgés, et Caltanisette devient le théâtre de scènes de carnage, telles qu'on n'en avait plus vu en Sicile depuis la chute de Syracuse et de Sélinonte. Les habitants échappés au massacre se répandent dans la campagne, et vont demander l'hospitalité à leurs voisins de Castro-Giovanni. L'esprit de parti la leur refuse, et ces malheureux se trouvent sans asile. Une affreuse chaleur, qui avait tari les sources et desséché l'herbe des champs, décime encore le reste des hommes de Caltanisette.

Toutefois les indépendants exaltèrent leur odieuse victoire : on publia à Palerme des bulletins en leur honneur ; on les compara aux Grecs et aux Romains ; on décréta qu'ils avaient bien mérité de la patrie.[1]

---

[1] Caltanisette s'est relevée depuis les désastres de 1820, et compte à présent 16,500 habitants. Son vaste territoire abonde en grains, orge, vin, huile, amandes et pistaches ; elle en exporte en quantité. Le sol est volcanique en partie ; il renferme des sources thermales et des mines de sel et de soufre exploitées avec succès. On y recueille également une argile très-fine, employée à la fabrication de divers ustensiles.

Les auteurs ne sont pas d'accord sur l'origine de cette ville : Cluvier la regarde comme l'antique Petiliana ; Torremuzza, se fondant sur deux inscriptions, l'une grecque et l'autre latine, conservées au château de Pietra rossa, croit qu'elle s'est élevée aux lieux où florissait Nissa. D'après Fazelli, enfin, elle doit son origine à un fort bâti par les Sarrasins, et dont on voit encore les ruines.

Caltanisette a vu naître plusieurs hommes de mérite, entre autres le jésuite *Jérome Gravina*, missionnaire en Chine, où il mourut en 1661.

LETTRE XIX.

Castro-Giovanni.

L'auberge de Caltanisette était loin d'harmoniser avec l'apparence civilisée de la ville, apparence qui peut-être m'aurait frappé en sens inverse, si j'y étais arrivé dans un autre pays. La vermine nous força à quitter nos misérables grabats avant le point du jour, et dès quatre heures et demie du matin nous étions en route.

Je m'arrêtai, après une heure de marche, pour pénétrer dans une mine de soufre très-riche; vaste souterrain, exploité par un particulier. On y a déjà ouvert une dizaine de grottes; le soufre s'extrait à coups de pioche, pour être ensuite fondu et réduit en pains de forme trapézoïdale, destinés au commerce. Guidé par des ouvriers presque nus, qui portaient en main de petites lampes de fer, j'examinai la mine en grand détail, et j'y admirai plusieurs beaux échantillons de strontiane cristallisée.

Au delà de cette solfatare le pays reprend son aspect habituel avec un caractère encore plus âpre. Le niveau du sol est généralement plus élevé; les montagnes s'enchaînent les unes aux autres, laissant entre elles des gorges étroites et profondes, obstruées de rochers; rongées par les eaux, elles présentent souvent des masses arides, dépouillées de terre et de verdure. Dans les vallées larges, les pâturages sont moins nombreux que du côté de la mer; la culture y domine. Les villages et les masseries seules présentent l'ombrage d'un petit nombre d'arbres.

Après une multitude de montées et de descentes, après le passage à gué d'une foule de ruisseaux, nous rejoignîmes la grande route de Messine à Palerme. Elle traverse *Villa Rosa*, joli village, entouré d'une campagne riante : c'est là que commence la montée de Castro-Giovanni.

Cette ville, l'antique Enna, placée exactement au centre de la Sicile et au sommet d'un cône isolé très-élevé[1], ainsi que sa voisine, Calatascibetta[2], n'a pas l'avantage d'être sur la grande route; elle en est éloignée d'une demi-lieue; nous eûmes une peine infinie à escalader la montagne. Castro-Giovanni tient annuellement plusieurs petits marchés secondaires, outre sa grande foire du mois de mai, qui y attire aujourd'hui une affluence extraordinaire de tous

---

1 Ciceron, 7.ᵉ livre de la *Secunda actio in Verrem*. Tite-Live, 4.ᵉ liv., 3.ᵉ décade.

2 Calatascibetta était un château bâti par les Sarrasins. Roger, comte de Sicile, en augmenta les fortifications, pour assiéger la ville d'Enna.

les points de la Sicile. On y fait un commerce considérable en bestiaux, en objets d'orfévrerie, draperies, étoffes de soie, lin et coton. C'est une idée encore bien empreinte des méfiances du moyen âge, d'établir le marché principal du pays sur le sommet d'une montagne fortifiée et presque inaccessible. Nous montions à Castro-Giovanni, au moment où une grande foule en descendait. Le sentier très-escarpé était obstrué de paysans, de mules parées de torsades et de rubans, de bœufs au poil roux, à la tête mince et élégante, et aux longues cornes presque perpendiculaires, d'ânes, de chevaux, de cochons et de chèvres; tout cela passait à la fois : nous avions à lutter contre un torrent.

Les paysans étaient vêtus proprement et avec recherche; costume complet en castorine brune, ou en velours bleu, bottes ou hautes guêtres en laine, bonnet brun phrygien, au-dessous duquel s'échappaient de longs cheveux, bouclés sur les épaules. Les femmes étaient enveloppées dans des voiles noirs. Cette mise paraît extraordinaire dans un pays méridional et durant la belle saison.

Nous nous arrêtâmes un instant à une vieille tour octogone marquant la fin de la montée, et bâtie, ainsi que les murs actuels de la ville, par Fréderic II, roi de Sicile. A côté de la tour s'étendait une vaste place au sol inégal; de grands troupeaux de bestiaux, encore à vendre, y étaient parqués; chaque animal avait une clochette attachée au cou; un effroyable tintamarre régnait sur cette esplanade : ici c'étaient des bêtes à cornes; plus loin, de longues files de mules rangées les unes à côté des autres, et vers lesquelles se dirigeait principalement l'activité des acheteurs; il y en avait dans le nombre dont la beauté, l'élégance et la légèreté me réconciliaient avec cette race bâtarde, pour laquelle j'ai toujours eu de l'antipathie : une quantité de fermiers marchandaient ces animaux, les faisaient marcher et galopper, et examinaient leurs membres avec la plus scrupuleuse attention. Des groupes nombreux d'oisifs parcouraient les avenues du marché, et le bourdonnement animé des conversations de ce monde était dominé par le cri aigu de l'aquajolo, du marchand de frittata et de maccaroni, et des vendeuses d'oranges.

Après que nous eûmes traversé la foire, Castro-Giovanni prit à nos yeux un nouvel aspect : une quantité de ravins, plus ou moins profonds, entrecoupent le plateau que dessine le sommet de la montagne. La ville, bâtie au milieu de ces gorges, présente un bizarre mélange de rues et de sentiers serpentant parmi les rochers; des habitations sont semées dans les lieux les plus inaccessibles en apparence, soit au fond d'entonnoirs pittoresques, soit sur des saillies de la montagne, avancées en corniches au-dessus de précipices profonds.

Nous éprouvâmes beaucoup de difficultés à nous loger; l'affluence des étrangers est telle dans ce moment, que les auberges et la plupart des maisons particulières sont encombrées. Fatigués de notre course matinale, très-affamés et couchés sur le dos de nos mules, nous attendions impatiemment le retour de Salvador; il était allé aux informations, et dans sa détresse il s'était même adressé au signor syndaco de la ville. Celui-ci, très-embarrassé pour trouver un abri convenable à des *signori forestieri di tanto riguardo*, fit courir de maison en maison, mais inutilement. Nous songions déjà à partir, lorsqu'un brave tisserand nous accosta; touché de notre situation, il nous offrit son modeste réduit. Nous acceptâmes avec reconnaissance, et aussitôt cet excellent homme, aidé de sa famille et d'un voisin, fit nettoyer sa chambre avec un soin extrême, et nous arrangea deux lits, dont la propreté me charma.

Les maisons de Castro-Giovanni sont pour la plupart de tristes masures, mal bâties et où rien ne ferme; le climat cependant exigerait quelques précautions; la grande élévation de la ville y rend les hivers rigoureux, on y a de la neige et de la glace pendant plusieurs mois. Les églises et les couvents sont assez beaux. Il y a neuf monastères d'hommes et huit de femmes.

J'aperçus dans les rues une quantité de grottes artificielles; elles sont en général spacieuses et divisées en plusieurs pièces. Les plafonds y sont soutenus par des piliers; et dans les parois des diverses chambres j'observai des niches de différentes formes. Ces demeures ont sans doute été celles des premiers habitants de la Sicile; elles ont été faites à une époque antérieure aux traditions connues. Il y en a de semblables en grand nombre dans le val de Noto, et principalement dans la vallée d'Ipsica [1]. Les gens du pays leur donnent le nom de grottes grecques. Plusieurs familles de la dernière classe du peuple les habitent encore; elles en ferment les entrées au moyen de murailles bâties en pierres et percées de fenêtres.

Ces grottes sont le seul vestige ancien visible à Enna, *la riche colonie de Syracuse;* il n'existe aucune trace du célèbre temple de Cérès [2], ni des autres monuments antiques : ils ont été renversés durant les guerres serviles et pendant celles de Marius et Pompée. Castro-Giovanni est actuellement une cité

---

1 On a écrit une foule de fables au sujet des habitants des grottes de ce genre, qui sont en Sicile. La curiosité du monde savant a été excitée par les prétendues découvertes d'ossements de géants dans cette île, découvertes auxquelles plusieurs auteurs, entre autres Fazelli, ont ajouté foi. Dorville combat leur opinion dans son ouvrage sur la Sicile.

2 Ce temple de Cérès était le plus célèbre de ceux élevés à la déesse. Il avait été bâti par Gélon, tyran de Syracuse. Strabon, Pomponius Méla, Ovide et Cicéron en parlent. Enna renfermait encore un magnifique temple de Proserpine. Celui de Bellone, commencé par Gélon, ne fut jamais achevé.

portant l'empreinte du temps où la féodalité dominait en Sicile.

Nous nous sommes rendus au vieux château; grande ruine flanquée de tours, divisée en plusieurs cours, et dont la fondation est due à Fréderic II : ce prince y résida longtemps. Le fort était jadis réputé inexpugnable. Un homme de bonne mine, en costume de fermier sicilien, vint nous ouvrir la porte du castel, et nous indiquer la tour d'où l'on découvre la vue la plus complète des environs.

Parvenus à la plate-forme, nous vîmes la Sicile presque entière déroulée à nos pieds. Elle présente un labyrinthe de montagnes et de vallées, peuplée d'un assez grand nombre de villes et de villages, et dominée par les grandes chaînes des monts Pélore ou neptuniens et de Madonia, qui se touchent et s'étendent de Messine à Trapani. Ce dont on est frappé d'abord, c'est que les grandes montagnes sont au nord; vers le sud, la surface entière de l'île s'abaisse insensiblement : d'ici cependant on ne voit pas une seule plaine. Les hauteurs principales sont généralement des crêtes de rochers très-anguleuses : les chaînes secondaires, servant de liaison aux autres, sont ondoyantes et couvertes de pâturages. On aperçoit aussi sur leurs flancs des mines de soufre ou de sel gemme. Le petit lac de Castro-Giovanni, l'antique Perguse, célèbre par l'enlèvement de Proserpine, est le seul que l'on découvre dans ce panorama.

Le regard plonge au fond de mille vallons qui s'ouvrent entre les collines, et dans lesquels serpentent des torrents ou des ruisseaux, qui, grâce à leur célébrité historique, portent aujourd'hui, comme dans l'antiquité, le nom de fleuves; on poursuit leurs sinuosités jusqu'à ce que l'éloignement laisse apercevoir les seules cimes des hautes montagnes.

L'Etna, immense pyramide, reste couvert de neiges pendant l'été, et de légers nuages enveloppent son sommet. Castro-Giovanni occupe le centre du tableau; ses églises, ses couvents et ses vieux murs crénelés se groupent de la manière la plus pittoresque autour du château, sur un plateau inégal et sur des rochers taillés à pic.

La ville de Calatascibetta, masse compacte de maisons, de tours et de murailles, jetée sur une cime rocailleuse, dont on est séparé par une profonde vallée, rappelle également les mœurs du moyen âge. D'autres bourgades, plus ou moins éloignées, se montrent dans des positions semblables. Cette situation des lieux habités porte la pensée sur l'anarchie et les dissensions auxquelles la Sicile fut si longtemps en proie; les désordres et les guerres font monter les villes dans les lieux les plus inaccessibles; la sécurité, au contraire, les fait descendre dans les plaines et les vallées.

Le paysage était parfaitement éclairé; vers le midi un ciel pur reflétait ses teintes azurées sur les montagnes et la mer; vers le nord et l'orient s'étaient assemblés les éléments d'un violent orage; les crêtes des hauteurs se perdaient dans des nuages d'un gris rougeâtre, et un rayon de soleil, déchirant ces sombres vapeurs, jetait des flots d'une lumière éblouissante sur la contrée voisine de Palerme.

Étant descendus de la tour, nous retrouvâmes notre premier introducteur; il faisait paître des vaches dans la cour du château, en tressant des cordes avec des feuilles de palmier. Il nous montra les oubliettes et les anciennes prisons, dans lesquelles on avait imaginé de placer les détenus à califourchon sur une poutre au-dessus d'un grand puits. Ensuite il nous accompagna à vingt pas au delà du castel, et nous salua poliment, disant qu'il ne pouvait aller plus loin en sa qualité de prisonnier. Je crus d'abord qu'il plaisantait, mais en effet il était prisonnier depuis huit mois et avait encore quatre mois de détention à subir, pour une rixe suivie de coups de couteau. Le geolier du château s'était absenté et lui avait confié la garde et les clefs de la prison, où d'ailleurs il demeurait seul, mais il n'était nullement tenté d'en profiter pour s'évader. « Si je me sauvais, disait-il, je ne pourrais aller chez moi, où l'on me reprendrait de suite; mieux vaut rester encore en prison que de renoncer à mes enfants et à ma maison. »

Je rencontrai, en rentrant, un homme garrotté,

que des sbirres menaient au château pour avoir volé dans les rues. Notre guide nous assura qu'il ne paraîtrait point au tribunal; le délit, ajouta-t-il, n'en vaut point la peine; il restera enfermé comme coupeur de bourses pendant la durée de la foire, puis on le relâchera, et en attendant le prisonnier du château aura un compagnon.

LETTRE XX.

Castro-Giovanni.

Ayant prolongé notre séjour à Castro-Giovanni, je me suis mêlé aux gens du peuple, momentanément réunis dans cette grande bourgade, et je crois devoir saisir cette occasion pour transcrire les observations générales que j'ai été à même de faire sur le caractère des Siciliens, depuis le moment où j'ai débarqué dans leur île.

Il est difficile de saisir les différentes nuances qui donnent à un peuple sa physionomie particulière, et le distinguent des autres nations. Il faut avoir vécu avec lui, et s'être identifié en quelque sorte avec la masse des individus, pour le juger impartialement et ne point se laisser aller à considérer uniquement les qualités ou les défauts les plus saillants.

La civilisation est très-arriérée en Sicile; le grand mobile de perfectionnement social, la communication intellectuelle, a manqué depuis long-temps au peuple de ce pays, qui a presque toujours été soumis à un joug étranger. Il en est résulté une sorte d'apathie morale, ou plutôt de stagnation, qui l'empêchait de s'écarter de ses préjugés, de ses mœurs et de ses habitudes, et d'adopter des innovations d'un intérêt réel. Cette stagnation avait une autre cause encore : le Sicilien, gouverné successivement par différentes puissances étrangères, a presque constamment détesté ses maîtres et les changements qu'ils ont voulu introduire chez lui. Il était esclave, mais animé d'un esprit d'indépendance; cet esprit se manifeste encore aujourd'hui, même chez l'homme des basses classes, par une sorte de chaleur et de vivacité énergique dans les actes auxquels il se porte de son propre mouvement.

Les mœurs de cette population ont un caractère pittoresque : étranger aux lois communes, capricieux, on y trouve du mauresque, de l'italien, de l'espagnol, et un mélange de civilisation et de hardiesse sauvage, poussée quelquefois jusqu'à la férocité.

L'on jugerait mal les Siciliens, si l'on voulait adopter sur leur compte l'opinion de leurs voisins, les Napolitains; ce sont deux nationalités tranchées, et précisément parce qu'elles sont réunies sous un même sceptre, elles se détestent et se méprisent foncièrement. A en croire les Napolitains, les Siciliens sont un peuple faux et cruel, dont le pays est inhabitable et ne présente aucune sécurité au voyageur.

Dans l'île, l'insulte la plus grave qu'un homme du peuple puisse faire à un de ses pareils, est de le qualifier de Napolitain. Ce mot est pour eux synonyme de lâche et d'homme sans énergie.

Le sang me paraît plus beau en Sicile que dans le royaume de Naples. Les tailles sont médiocres, mais bien prises; souvent, je le répète, il y a de l'arabe dans ces visages basanés, aux yeux vifs et noirs, aux dents blanches, et dont l'expression est originale et spirituelle, malgré l'empreinte de la misère.

Le Sicilien a plus de courage et de bravoure que ses voisins; sa tête et son cœur appartiennent à l'Afrique, bien plus qu'à l'Europe; sa colère ne s'exhale point en cris, comme celle des gens du peuple à Naples; il la renferme dans son sein jusqu'au moment où il peut se venger. Agité par la passion, il est terrible et impétueux : le sang demande du sang; la loi du talion est pour lui la loi naturelle : en proie à la jalousie ou à la haine, il n'est arrêté par rien pour l'assouvir, et n'a pas plus d'égard pour la vie de son semblable que pour celle de l'insecte qu'il écrase. L'on cite des traits épouvantables de la *vendetta* des Siciliens et de l'impunité des crimes, qui sont plus fréquents parmi eux que dans le reste de l'Italie.

En dépit de la défense de porter des couteaux, on assassine dans les rues de Palerme même; les coupables évitent le châtiment, quand ils ne sont pas pris sur le fait; personne ne veut témoigner contre eux, craignant la vengeance de leurs familles. Autrefois on se défaisait d'un ennemi dans les grandes villes du royaume, pour trois ou quatre pièces d'or : c'était le prix fait d'un assassinat.[1]

Aujourd'hui encore, les inimitiés se transmettent d'une génération à l'autre, comme un héritage; la vengeance non satisfaite, pèse sur les descendants de l'ennemi, ou attend qu'ils ayent atteint l'âge viril pour les faire mourir, parce qu'alors ils sont censés pouvoir se défendre, et l'on appelle cela tuer *honorabilmente*.

Il ne faudrait pas cependant inférer de là que les Siciliens sont féroces par instinct; hors le moment où la passion les domine, ils ont une obligeance et une cordialité qui n'existent point au même degré chez les autres Italiens.

Les Siciliens, doués d'une sorte de fierté sauvage, poussent jusqu'à la frénésie l'attachement à leur patrie.

Les villes de la côte orientale, si souvent dévastées, ont toujours été relevées; leurs habitants déployaient au milieu de leur infortune une admirable force morale, un courage qui ne s'est jamais

---

[1] Sous Charles V, une confrérie s'établit à Trapani sous le nom de *Confraternita di San-Paolo*; elle agissait d'après les principes du terrible *Vehm-Gericht* de l'empire d'Allemagne. Ce tribunal jugeait les actions et la conduite des magistrats et des citoyens. Quiconque était condamné par lui, était perdu sans ressource. L'un des membres de l'association chargé de l'assassiner, obéissait sans réplique.

laissé abattre. Ce patriotisme, bien dirigé, rendrait le peuple capable de grandes choses, et le tirerait de la hideuse misère dans laquelle il croupit.

Cette nation offre d'ailleurs de singuliers contrastes; elle est ou active ou indolente, suivant qu'une chose lui plaît ou lui déplaît: dans le premier cas son activité est excessive, souvent même pour des choses frivoles. Cette énergie se déploie principalement lorsqu'il s'agit de fêtes religieuses; elle les aime avec passion, et se livre pour les préparer aux travaux les plus longs et les plus difficiles.

Lorsque le Sicilien n'est plus excité, il retombe dans l'apathie, et alors il regarde le repos comme une partie essentielle de son bonheur; il est sous ce rapport comme les Orientaux et les peuples méridionaux en général; il ressent l'influence d'un climat brûlant, dont l'effet est à la fois d'exciter les passions, d'en porter l'expression et les saillies à la dernière violence, et de disposer à une nonchalance apathique lorsque rien ne vient les réveiller.

Les Siciliens sont sobres, avides de nouveautés et d'amusements; ils sont fins, railleurs, dissimulés comme la plupart des opprimés, et adonnés à la volupté.

Leur imagination est brillante, leur geste vif, et leurs physionomies mobiles peuvent souvent se passer de la parole pour la communication des idées.

J'ai eu occasion de parler de leur hospitalité, vertu

qu'ils ont peut-être héritée des Musulmans et qu'ils exercent avec la plus grande simplicité et une admirable bonhomie. Ils sont très-braves, et accoutumés de bonne heure à manier les armes; aussi font-ils de beaucoup meilleurs soldats que les Napolitains.

LETTRE XXI.

Calatagirone.

En quittant Castro-Giovanni, notre route, toujours montueuse et dépouillée d'arbres, suit la direction plein sud; elle parcourt des collines généralement cultivées en vignobles, et du haut desquelles l'on domine la portion de la Sicile comprise entre Castro-Giovanni et l'Etna : cette montagne, désignée dans le pays sous le nom arabe de *Ghebel*, élève au fond du tableau sa masse immense, maintenant dépouillée de nuages.

Nous passons auprès du lac Perguse; il forme un ovale oblong, d'environ cinq milles de circonférence; ses rivages, jadis couverts d'arbres, sont à présent dépouillés de végétation, sauf au nord-est et au nord-ouest. Il ne reste plus aucune trace de la ville antique « *qui c'era la chiesa di Santa-Proserpina.* » Ici était l'église de Sainte-Proserpine, nous dit Salvador d'un ton docte et capable en nous montrant l'emplacement de l'ancienne cité, dans laquelle se célébrait la grande fête de l'enlèvement de la déesse, destinée à représenter le travail des cultivateurs, qui ensevelissent dans leurs sillons le grain, fruit de la terre ou de Cérès. Les Siciliens honoraient cette divinité d'un culte pompeux aux époques importantes pour l'agriculture. On découvre des traces de ces solennités dans les jeux populaires encore en usage après la moisson.

Ayant laissé derrière nous deux mines de soufre, nous faisons plusieurs milles avant de trouver un lieu ombragé où nous pussions prendre quelque repos. Rien ne nous rappelait dans ce trajet les scènes que Théocrite a chantées. Les gardiens de troupeaux, dispersés sur d'arides pâturages, ne ressemblaient guère à ces pâtres dont la vie s'écoulait au milieu des plaisirs.

Enfin nous voyons un charmant bosquet de peupliers et une fontaine abondante; nous y restons, et bientôt un profond sommeil s'empare de nous.

Notre sieste ne dure cependant pas longtemps, un furieux orage nous réveille en sursaut, il éclate soudainement avec une telle violence et une pluie si forte, qu'avant d'avoir eu le temps de nous envelopper de nos manteaux, nous sommes percés jusqu'aux os. Nous gagnons avec peine la masserie voisine, et y arrivons trempés comme si nous sortions d'une rivière.

Le maître de la ferme étant absent, ses garçons nous reçoivent dans une grande salle basse servant de buanderie, de magasin, de remise, et dont le plafond, construit en joncs et en méchantes tuiles, est un pauvre abri contre une véritable tempête.

En même temps que nous, arrivent des muletiers et une mendiante, à laquelle la pluie et le froid arrachent des larmes et des cris; elle gémit à la manière des animaux, sans sujet de peine, sinon que la sensation du moment lui est désagréable. Les gens de la ferme allument au milieu de la pièce un tas de fagots, et comme elle est sans cheminée, conformément à l'usage du pays, une fumée épaisse la remplit en un instant; malgré cet inconvénient, nous nous asseyons en rond, une douzaine d'individus, autour du brasier, et nous nous dépouillons successivement de nos vêtements, afin de les faire sécher. La vue du feu produit un effet immédiat sur la mendiante; autant l'expression de sa douleur avait été bruyante, autant sa joie est expansive; elle saute autour de la flamme en riant et en battant des mains; ses longs cheveux gris flottent autour de sa tête, on dirait une des sorcières de Macbeth.

Un grand bruit de grelots se fait entendre, et nous voyons entrer dans la cour de la masserie le nouvel archevêque de Palerme avec un cortége d'ecclésiastiques et de laïques. Le prélat et les personnes de sa suite voyagent en portantines, cependant la caravane, presque aussi trempée que nous, paraît enchantée à la vue de nos fagots allumés. Un moment plus tard, arrivent encore des voyageurs avec leurs domestiques.

Hobbes prétend que l'homme, enfant de la nature, qui verrait pour la première fois un de ses semblables, se jetterait sur lui et l'assommerait; je suis persuadé du contraire, et fort souvent, peut-être, les raffinements d'une civilisation factice étouffent en nous les germes des vertus déposés dans nos cœurs : j'en ai vu la preuve dans cette masserie. A mesure qu'on y entrait, les muletiers, sans se connaître, se recevaient avec d'évidentes marques de bienveillance et d'intérêt, la conversation s'engageait entre eux et les paysans; après quelques moments, ils se traitaient de frères et d'amis. Nous autres, désignés par le terme de *gens comme il faut*, formions trois groupes séparés autour du feu ; notre position réciproque avait une apparence à peu près hostile, et chacun de nous avait l'air d'attendre les premières avances des autres; aussi étions-nous réunis pendant deux ou trois heures avant de prononcer une syllabe. Enfin nous nous mîmes à manger, tirant de nos couffes une collation plus ou moins mauvaise; personne ne songeait à la vieille femme, cependant elle était accidentellement des nôtres : elle avait faim, et voyait avec chagrin qu'aucune miette du repas du riche ne lui tombât en partage. Un muletier fut le premier qui levât les yeux sur l'infortunée; il n'avait qu'un morceau de pain et une laitue et paraissait de fort bon appétit; malgré cela, il lui en donna généreusement la moitié, en disant:

« pauvre créature, il faut que tout le monde vive. » Une larme de reconnaissance mouilla le visage de la mendiante, et me prouva que le bienfait n'était pas perdu.

Il pleuvait encore un peu lorsque nous partîmes; nos hôtes de la ferme ne voulurent recevoir aucune gratification, et s'excusèrent de ne pas nous avoir mieux traités.

Nous cheminions sur les sommets de collines arides. Notre vue portait sur des hauteurs dont les formes tourmentées ont de l'analogie avec celles que prendraient des vagues immenses et furieuses pendant un déluge universel. Le gigantesque Etna, image de la grandeur morale, qui reste impassible au milieu de l'agitation des choses terrestres, s'élevait seul au-dessus de cet océan de montagnes, et se détachant sur le ciel, il se montrait au regard avec le calme majestueux de sa forme régulière.

Après deux heures de marche, nous retrouvâmes une nature moins grandiose, mais riante et gracieuse, et nous entrâmes dans la belle vallée de Piazza. Des plantations d'arbres et un sol richement cultivé, charmante oasis jetée au milieu des déserts de la Sicile, annoncent la proximité de la ville. La campagne de Piazza est fertile et magnifique; c'est un immense verger d'orangers, de citronniers, de noisetiers et d'arbres fruitiers de toute espèce, très-arrosé et protégé par l'ombrage tutélaire de groupes de cyprès et de pins d'Italie. Au centre de la vallée s'élève la ville, elle en occupe la largeur entière et est dominée par la grande coupole de l'église cathédrale, bâtie sur une éminence.

Nous approchions de Piazza; ses maisons blanches se groupent sur des collines entre les oliviers et les vignes; divers édifices entourés de pins ombellifères et construits dans le style romain, lui donnent de la ressemblance avec les villes de l'Italie centrale.

Piazza compte de 16 à 17,000 âmes; ses rues sont d'assez bonne apparence, et ses maisons belles pour la Sicile. Nous traversâmes la grande place; on y tenait une foire, qui nous donna de l'inquiétude pour notre logement; en effet, les deux seules auberges de la ville étaient entièrement occupées.

Contrariés et fatigués, nous suivîmes l'une des rues par lesquelles on monte vers la cathédrale, pour nous rendre au couvent des Dominicains, et y demander l'hospitalité. Le prieur était sorti, et nous n'avions point de lettres de recommandation; on ne pouvait donc nous recevoir sans son ordre exprès. Nous attendîmes pendant une heure, enfin il arriva. C'était un homme jeune encore, gai et bienveillant; il nous accueillit à merveille, et nous fit préparer aussitôt une chambre. Les religieux nous tinrent compagnie jusqu'à dix heures du soir; ils nous questionnaient curieusement sur les institutions des divers pays de l'Europe. L'étonnement que leur causaient nos réponses faisait la satire du gouvernement sicilien.

Piazza[1] est une des villes riches de l'intérieur de la Sicile; depuis quatre ans elle a cependant beaucoup souffert du fléau des sauterelles; son territoire est très-fertile[2], et elle compte beaucoup de petits propriétaires ruraux; aussi la mendicité y est rare, comparativement au reste de la Sicile. Des familles aisées et nobles s'y sont établies, et les couvents, qui sont nombreux et possèdent de grands fonds de terre, occupent beaucoup de bras.

Cette ville a été la patrie du célèbre jésuite Prosper Intorietta, envoyé en Chine par la cour de France, et qui publia, de concert avec Rougemont et Couplet, la traduction de la morale de Confucius. On y parle un dialecte à part, appelé *il kiakiese*, et à peine compris dans le reste de la Sicile.

La vallée de Piazza s'étend à cinq ou six milles au

---

[1] Piazza remonte à une haute antiquité; elle fut fondée, suivant divers auteurs, par les Grecs de Platée; d'après les autres, par les habitants de Gelentium. Son premier nom était *Plutia*, auquel on ajouta l'épithète d'*opulentissima*. Les Lombards et les Normands y établirent une de leurs places d'armes. Guillaume le Mauvais détruisit la ville ancienne, en 1163, en punition d'une révolte. Guillaume le Bon la fit rebâtir à trois milles de son premier emplacement.

[2] On en exporte beaucoup d'huile, de grains, de châtaignes, de noisettes, de fruits et un vin blanc très-estimé.

delà de cette ville; elle est également belle dans toute sa longueur. Le sentier, après l'avoir quittée, traverse un vaste plateau entouré de montagnes plus ou moins élevées, entrecoupées de vallons, où les points de vue les plus variés et les plus gracieux se succèdent sans interruption. Un chaînon de hauteurs arides sépare vers le sud ce plateau de la plaine de Syracuse; plus on s'éloigne de Castro-Giovanni et plus le niveau général du sol s'abaisse, plus aussi la nature et la végétation reprennent leur aspect méridional. Nous n'avons point vu aujourd'hui ces tristes coteaux de pâturages où l'on manque d'ombre et de fraîcheur. A un petit nombre de mauvais passages près, notre route a été constamment agréable; à chaque pas, pour ainsi dire, des bocages touffus nous invitaient au repos, et nos yeux, fatigués de landes et de misère, se reposaient avec délices sur de magnifiques horizons.

Après une marche d'environ quinze milles, nous vîmes s'ouvrir à notre droite une vallée très-large et longue de six lieues à peu près; elle aboutit à Terra-Nuova, dont les principaux édifices se dessinaient dans le lointain.

Bientôt après commence la montée de Calatagirone, grande et assez belle ville, d'une vingtaine de mille âmes, bâtie sur le sommet le plus élevé d'une montagne conique, et où l'on voit presque autant d'églises et de couvents que de maisons. Elle doit servir de point de départ à une route qui finirait à Syracuse. Dieu sait toutefois quand cet utile projet sera exécuté [1] !

La ville ne renfermant rien d'intéressant, nous employâmes l'après-dîner à aller au Lago Naftia, le célèbre lac des Palices; il en est à deux lieues environ dans la direction nord-est. [2]

Le lac a 460 pieds de tour sur 15 de profondeur; il est rond, ses eaux sont constamment bouillonnantes; le gaz acide carbonique, cause première de cette fermentation, fait élever à la surface des ondes divers jets, dont les deux plus considérables étaient

---

[1] Calatagirone est évêché, et dépend de l'intendance de Catane. Les antiquaires ne sont pas d'accord sur son origine; il en est qui la regardent comme très-ancienne, en attribuent la fondation à Hiéron, et font dériver son nom de Calata, mot sarrasin (*montée*), et de Hierone. D'autres la croient bâtie par les Sarrasins. Fazelli partage cette dernière opinion. D'après cet auteur, la ville dut sa prospérité à Roger le Normand, qui l'enrichit des dépouilles de Zotica. Les Gênois, ajoute Fazelli, prirent Calatagirone aux Musulmans, et y bâtirent l'église de Saint-George, leur patron.

[2] Biscari place le lac des Palices dans le voisinage de Paterno, où se trouvent, près de la grotte appelée del Fracasso, des phénomènes à peu près semblables à ceux qu'on observe ici.

Les anciens lui donnaient également le nom de la nymphe Thalie, mère des dieux Palices.

appelés *déli* dans l'antiquité. Un petit brouillard plane constamment au-dessus du lac et répand une odeur bitumineuse.

En été, lorsque les eaux baissent, le lac forme des bassins séparés, dont le fond est très-mou. Un homme de Calatagirone nous accompagnait; il nous assura avec un grand sérieux, que ces lieux servaient d'habitation à une sorcière, et que la prudence nous obligeait à nous en éloigner avant la fin du jour.

Près du lac s'élevait la ville de Palica[1]; elle était située sur la colline actuellement appelée Roca. Cette cité renfermait un temple d'asile, ouvert aux malheureux et aux esclaves[2]. Il reste de Palica un escalier taillé dans le roc et un amas de débris informes. La contrée environnante est nue et triste.

Nous retournâmes à Calatagirone, accablés de fatigue; le sirocco, vent du sud-ouest, a soufflé aujourd'hui; des nuages blancs et légers l'ont annoncé: il a fait monter en peu d'heures le thermomètre à 34°;

---

[1] Fondée par Ducetius, chef des Sicules, la première année de la 81.ᵉ Olympiade.

[2] Diodore de Sicile en fait la description; il attribue les merveilles du lac aux dieux Palices, et ajoute que les prêtres faisaient subir des épreuves aux accusés dans ses eaux, avant d'en prononcer la condamnation.

des tourbillons de poussière embrasée s'élevaient, et rendaient plus insupportable encore cette chaleur déjà si étouffante; la nature entière souffrait, les plantes se fanaient, les animaux cherchaient un refuge dans les lieux abrités, les paysans se retiraient dans leurs demeures, Salvador même paraissait ce soir sous l'influence d'un mauvais génie; cet homme ordinairement si gai, si infatigable, nous a suppliés de le dispenser de nous accompagner. Au moment où j'écris, une ondée termine le sirocco; elle rend leur vigueur et leur élasticité à ceux que ce vent brûlant avait accablés.

LETTRE XXII.

Palazzuolo.

Ayant à faire une très-longue course, nous avons quitté Calatagirone dès le point du jour.

Après avoir traversé diverses chaînes et coteaux, nous arrivâmes à une plate-forme fort étendue en tous sens, et qui se déroulait devant nous avec les suaves ondulations de ses collines. Son sol est couvert de champs et de vignobles, parmi lesquels croissent en grande abondance de vieux oliviers, des figuiers au large feuillage et de longues haies de cactus. Les arbres, plantés symétriquement, se coupent, se croisent, et couvrent la contrée d'un immense réseau de verdure. Une multitude de fermes, entourées de bosquets, ajoute l'attrait du pittoresque à ces tableaux charmants.

Après deux heures et demie de marche, nous passâmes à *Gran Michele*, ville de 8000 âmes, qu'on suppose être l'antique *Echetla*, et dans le voisinage de laquelle sont de belles carrières de marbre. Les rues de cette ville sont larges, et on y a bâti plusieurs belles maisons depuis le terrible tremblement de terre de 1693. Mais ici encore les habitations des gens du bas peuple sont de misérables réduits, élevés à hauteur de rez-de-chaussée seulement, ayant une porte pour unique ouverture. Ces tristes maisons sont bâties en général au-dessous du niveau du sol. On descend pour y entrer, et nécessairement les immondices des rues y trouvent un facile écoulement. Leur humidité contribue aux fièvres épidémiques qui désolent souvent la Sicile.

Au delà de Gran Michele viennent divers bassins, plus ou moins vastes, en partie semés en blé; puis des coteaux uniformes, couverts d'herbages desséchés et de rochers.

Nous laissâmes à notre droite Vizzini[1], ville de 10,000 âmes, située au sommet d'une hauteur entourée de deux ruisseaux, dont la réunion forme le fleuve *Agates*, appelé de nos jours Dirille; elle plonge sur une profonde vallée, cultivée depuis sa base jusqu'à la crête des collines, et ombragée par des arbres magnifiques. De jolis villages sont comme suspendus sur les versants des montagnes, au-dessus de cet entonnoir. Ces hauteurs interrompent à cha-

---

[1] Suivant plusieurs auteurs, Vizzini a succédé à Bidenum, patrie de Daphnis, l'inventeur de la poésie bucolique; du riche Épicrate, victime des injustices de Verrès, et de Lucius Marineus, littérateur du seizième siècle, distingué par Ferdinand le Catholique et Isabelle de Castille.

que instant aux yeux le cours de la rivière et la divisent en une foule de tronçons brillants.

Le pays entre Vizzini et Palazzuolo est la portion la plus élevée de la partie méridionale du Val de Noto, à l'exception toutefois des montagnes isolées; les rivières les plus fortes de la contrée tirent leur origine de ces environs.

Notre sentier ne descendait point dans la vallée du Dirille; il serpentait sur des collines pierreuses, tristes, désertes et abandonnées; nous foulions un sol calciné, sans végétation et jonché de pierres et de rochers de création volcanique. De distance en distance nous passions à côté de cratères éteints depuis une longue suite de siècles; leurs formes sont altérées par les eaux, et sur leurs sommités des éruptions, dont le souvenir est perdu, ont accumulé des laves, du tuf et des scories, parmi lesquels nos mules cherchaient à grands efforts une place pour poser leurs pieds. On se serait cru dans les ruines d'une ville de douze ou quinze lieues d'étendue. A de rares intervalles nous passions auprès d'un maigre champ de blé, triste conquête faite par l'industrie sur une terre ingrate. Le temps, devenant très-menaçant, ajouta aux ennuis du voyage; d'immenses nuages s'élevaient perpendiculairement dans la direction de l'Etna, et en peu de minutes le ciel, tout à l'heure parfaitement serein, se couvrit de vagues ténébreuses, chassées par la bise et entrecoupées de longues traînées de feu. Un chemin impraticable nous empêchait de hâter le pas, et nous étions loin de toute demeure; cependant l'orage se borna à passer sur nos têtes avec grand fracas, mais sans pluie. Nous arrivâmes enfin à Buccheri, gros village, situé à mi-côte dans une gorge sauvage et entourée d'une forêt de vieux noyers. La foule rassemblée sur la place publique, à l'occasion d'un marché de bêtes à cornes, nous salua et nous assigna l'auberge du lieu, où nous trouverions, disait-elle, une *camera stupenda*. Nous nous défiâmes un peu de cet éloge, cependant nous mîmes pied à terre, et après avoir traversé une cuisine fort enfumée, nous entrâmes dans la chambre qui nous avait été si pompeusement annoncée. Les murs n'étaient pas recrépis, mais couverts d'images de saints; on avait pratiqué des rigoles, destinées à emmener les ordures, dans un parquet composé de terre glaise battue, et au fond d'une vaste alcove on voyait un grand lit à rideau, au-dessus duquel pendaient une quantité de carabines et d'escopettes. Étant très-fatigués, nous nous y jetâmes pour essayer de dormir; mais il y avait dans la même pièce une basse-cour si complète, qu'il nous fut impossible de fermer l'œil; les meubles étaient couverts de poules et de pigeons; une grosse truie, avec ses huit ou dix petits, avait établi son gîte sous le lit : tout cela gloussait, roucoulait et grognait à la fois.

A l'heure du dîner, l'hôtesse voulut, suivant son expression, nous traiter, *selon nos mérites*, en nous donnant une nappe; elle la tira d'un coffre, du milieu d'un fouillis de linge sale. Salvador nous ayant porté notre repas, nous nous assîmes à une petite table aux pieds inégaux, et nous commencions à manger, lorsque la porte qu'on avait laissée entre-bâillée, s'ouvrit tout à coup avec un grand fracas pour livrer passage à trois énormes cochons, qui se précipitèrent dans la chambre en faisant assaut de vitesse; ils vinrent d'un bond s'accroupir à côté de nous en jouant de la queue et des oreilles, et en nous regardant avec la confiance et l'abandon de chiens favoris. La truie, domiciliée dans la pièce, s'élança en même temps de l'alcove et se posa comme convive au quatrième coin de la table, tandis que ses petits se jetaient entre nos jambes en grognonant. La surprise que nous causa cette invasion inattendue, nous rendit un moment immobiles; bientôt cependant nous nous débarrassâmes des importuns à grands coups de pieds et de bâton : mais ils ne se tinrent pas pour battus, et ils revenaient d'autant plus aisément que la porte n'avait ni loquet ni serrure; j'en fis des reproches à l'hôtesse, qui s'était montrée fort surprise de notre manière d'agir envers les habitants de la maison. «*Ah, signor,*» me dit-elle, d'un ton pénétré, presque fâché, et en suivant de l'œil ces aimables animaux, «*anche questi son fatti da Dio,*» et ceux-là aussi sont l'œuvre de Dieu! force nous fut donc de tolérer leur société et d'abréger notre repas pour en être délivrés plus vite.

Nous gagnâmes au delà du village le sommet d'une colline, d'où l'on découvre la côte orientale de la Sicile jusqu'au cap Passero, le plus méridional de l'île. Cette portion du royaume en est la plus fertile, la mieux cultivée et la plus habitée, bien qu'elle soit très-montueuse. Le sentier est plus détestable encore que celui qui précède Buccheri; il passe au pied de la masse de rochers sur le faîte de laquelle s'élève Ochera; elle est percée d'une infinité de ces grottes antiques, demeures des premiers habitants de la Sicile, comme celles de Castro-Giovanni. Il en est dans le nombre d'un accès très-difficile; elles ont, sans doute, été choisies comme devant offrir un asile sûr contre les agressions hostiles. Enfin, exposés au danger de chutes continuelles, nous commençâmes à descendre, et nous aperçûmes le fond de la vallée que nous dominions depuis plusieurs heures. L'Attellaro[1], le Hélore des anciens, coule doucement dans ses profondeurs. De magnifiques chênes et peupliers le couvrent de leur ombre et dérobent son cours au regard. On traverse la rivière à gué; ses eaux, débor-

---

[1] Il prend, à son embouchure, le nom d'Abisso.

dant à peu près périodiquement, fécondent les campagnes environnantes.[1]

Les flancs de la montagne opposée sont couverts de chênes et d'oliviers. Au sommet de cette hauteur volcanique s'élève une crête isolée de rochers, terminée en plate-forme. La ville de Palazzuolo y est située; elle compte 9000 habitants, et a remplacé Acre, première colonie de Syracuse[2]. Nous étant installés dans une maison particulière très-propre, nous profitâmes de la soirée peu avancée, pour aller voir le musée, créé, par le baron de Judica, du produit de fouilles faites dans l'emplacement de la cité antique. Il possède beaucoup d'inscriptions sépulcrales grecques, romaines et chrétiennes des premiers temps, et une nombreuse collection de vases phéniciens et siciliens (étrusques); des lampes et des idoles en terre cuite, et les moules antiques de ces mêmes objets; des petits bronzes, tels qu'aiguilles, agrafes, etc.; enfin, des vases funéraires. Parmi ces derniers il en est d'incrustés dans une pierre aujourd'hui très-dure et formée depuis que les vases ont été déposés dans les tombeaux.

On fait dériver le nom moderne de Palazzuolo,

---

[1] Elle a été illustrée dans l'antiquité par la victoire de Chronius, gendre de Gélon, sur les Carthaginois; c'est près de cette même rivière qu'Hippocrate vainquit les Syracusains.

[2] Thucydide, livre VI.

du palais d'Hiéron, tyran de Syracuse. Acre était située au-dessus de la ville actuelle, sur le sommet de la montagne. Nous nous rendîmes aux ruines dès le point du jour, en suivant un sentier solitaire, qui serpente au milieu des rochers et conduit maintenant à cette cité morte et silencieuse. L'obligeant baron de Judica voulut bien nous y servir de guide. Éloigné du mouvement de la vie sociale, qui ferait paraître sa retraite triste et insipide aux courtisans de la fortune et de l'ambition, ce gentilhomme consacre son existence et ses moyens pécuniaires à déterrer la ville antique, devenue l'objet de toutes ses affections. Depuis plus de vingt ans il s'occupe des fouilles; elles ont eu un plein succès. Avant cette époque les débris d'Acre, couverts par des champs que sillonnait la charrue, n'avaient laissé aucune trace apparente et dormaient sous le sol. Le baron nous fit monter d'abord au sommet des rochers où était le célèbre temple de Diane. On y découvre le pays environnant jusqu'à Syracuse; quant au temple même, il n'en reste aucun vestige.

De là nous passâmes au théâtre; il est à peu près de la dimension du théâtre comique de Pompéii et d'une conservation remarquable sous certains rapports. La scène et la partie supérieure de l'édifice n'existent plus; mais l'orchestre, la rampe et onze rangs de gradins, divisés entre eux par huit petits escaliers, sont intacts. Les siéges des spectateurs sont en face du cône de l'Etna, qui s'élève au-dessus d'une chaîne de montagnes plus rapprochée. On a découvert le théâtre en voulant déblayer, il y a six ans, les fondations d'une église chrétienne des temps primitifs. Une portion de la scène avait été convertie en magasin à grains ou à vin. J'y vis enchâssées en terre, au moyen de forts massifs de maçonnerie, des amphores pareilles à celles des boutiques des marchands d'huile à Pompéii; mais celles de Palazzuolo sont beaucoup plus grandes. Divers débris de statues, de frises, de corniches et de moulins à blé, couvrent le sol.

Traversant le théâtre dans la direction nord, on arrive à un grand bassin, taillé dans la pierre et presque comblé actuellement.[1]

Au delà de ce bassin est le petit théâtre, désigné par le baron sous le nom d'Odéon; il a servi de substruction à plusieurs édifices antiques également, mais moins anciens. Sa scène est fort vaste; ses gradins au contraire sont peu nombreux et de petite dimension.

Près de l'Odéon existait le palais d'Hiéron, dont les ruines, cédées au quinzième siècle à une confrérie religieuse, ont été employées, dit-on, à la construction d'un couvent. Ses seuls vestiges consistent en deux puits creusés dans le roc vif, à une pro-

---

[1] Il avait 11 mètres de large sur 27 de long.

fondeur extraordinaire. L'eau en est encore excellente. L'on remarque dans l'une et l'autre de ces excavations, et fort au-dessous du niveau du sol, des galeries souterraines; peut-être servaient-elles d'issues secrètes aux habitants du palais.

Les différentes phases de l'existence d'Acre rendent très-intéressants les cimetières qu'on y trouve et où des populations d'origine et de croyances diverses ont déposé leurs morts. Les Romains y ont succédé aux Grecs, et la ville subsista longtemps après que le christianisme se fut introduit en Sicile. La connaissance de ce fait a guidé le baron dans ses recherches; il a découvert, à cinq stades de la cité, les tombeaux de la population grecque; à deux stades ceux des Romains, et enfin, dans l'enceinte même de la ville, au milieu des anciennes latomies d'Acre, les catacombes chrétiennes, qui, inférieures, à la vérité, à celles de Rome et de Naples, ont cependant un aspect fort original. Les chambres sépulcrales y sont vastes et entourées de niches funéraires, faites sur le modèle des couchettes d'un navire. Des piliers carrés énormes ont été ménagés dans ces grottes artificielles, et en soutiennent les plafonds; ils sont percés à hauteur d'appui de deux très-larges branches, à ouvertures semi-circulaires, qui se coupent en croix, et sont divisés intérieurement en divers compartiments carrés; chacun desquels a exactement les dimensions nécessaires à un cadavre.

Au delà des tombeaux s'étend une campagne aride, sans végétation ni vestiges antiques. L'inspection de ces tristes lieux me rappelait les réflexions de Buffon sur l'histoire de notre globe. L'homme, comme le dit ce grand écrivain, règne par le droit de conquête, et ne conserve que par des soins toujours renouvelés ; lorsqu'ils cessent, tout languit, tout s'altère, et rentre dans les mains de la nature. En effet, nous la voyons en Sicile effacer peu à peu les ouvrages de l'antiquité et ensevelir ses plus pompeux monuments sous leurs propres débris. Les guerres ont préparé cette époque de décadence; il est dans notre nature, après avoir éclairé et orné une contrée, de la ravager et de la replonger dans la barbarie. L'ambition et l'avidité nous portent trop souvent à tourner nos forces contre nous-mêmes, et de là les bouleversements des peuples, la dévastation de la terre, la dégradation des arts et l'extinction de toute civilisation.

Au bas de la montagne de Palazzuolo, près de la fontaine d'Aqua santa, sont de grossiers bas-reliefs très-mutilés, taillés dans le roc et représentant des hommes et des animaux, dont les uns sont de grandeur naturelle et les autres très-petits, bien que placés dans la même niche. Impossible d'en expliquer les sujets ou de déterminer, d'après les costumes, l'époque à laquelle ils ont été faits.

LETTRE XXIII.

Syracuse.

Le vaste plateau de Palazzuolo est entièrement pierreux et nu, sauf quelques misérables bouquets de bois. Un très-mauvais sentier le traverse; de profonds ravins de rochers, taillés à pic, le sillonnent; diverses petites rivières, citées par les auteurs anciens, l'arrosent. La vue s'étend sur le district de Syracuse; de ce côté la Sicile se termine vers le rivage en une plaine admirablement cultivée.

La descente de Palazzuolo finit à l'entrée d'une gorge sauvage d'environ cinq milles de long, et dont les sinuosités, produites par le travail des eaux, sont riches en points de vue pittoresques. Des parois perpendiculaires de roches grisâtres, hautes de 150 à 200 pieds, se dressent à droite et à gauche du sentier; un grand nombre de fragments, détachés de ces murailles naturelles, ont roulé au fond de la vallée et en jonchent le sol. Au milieu de cette scène de dévastation s'élèvent des groupes de figuiers, de pistachiers et d'oliviers; ces derniers arbres, bien différents des chétifs oliviers du midi de la France, et même de ceux de l'Italie, présentent ici des masses immenses de feuillage s'élevant à la hauteur des plus beaux chênes de nos pays, pour retomber ensuite vers la terre avec leur branchage élégant, qui supporte avec peine le poids de l'ample verdure dont il est chargé.

Les rochers de ce vallon sont percés de mille grottes, les unes naturelles, les autres taillées de main d'homme; ils sont tapissés de fougères, de bruyères, d'énormes touffes de lauriers-roses, de vignes, de cactus et de lianes qui s'accrochent dans les moindres fentes. On ne peut concevoir comment toute cette végétation tire sa substance d'une base aussi aride; il est impossible de se figurer un paysage à la fois plus alpestre et plus gracieux dans ses détails.

Cette vallée charmante s'ouvre sur la plaine de Syracuse, qui s'étend vers la mer et est entrecoupée de coteaux. La culture y est belle comme aux environs de Partenico; les champs de blé, de fèves, et les vignes, sont couverts par une forêt d'oliviers et d'amandiers, à travers laquelle on aperçoit les tons violacés des montagnes et le bleu foncé de la Méditerranée.

Nous nous arrêtâmes vers midi à Floridia ou Fiorella, bâti sur une légère éminence au milieu des arbres. Ce village passe en Sicile pour un phénomène de propreté et d'industrie : chez nous on accuserait les propriétaires de ses maisons de manquer de soins, ou bien on plaindrait leur peu d'aisance.[1]

Au delà de Floridia le terrain s'abaisse insensiblement, et l'on aperçoit Syracuse; comme Gaëte, elle semble surgir du sein des flots.

Divers ruisseaux, très-encaissés, arrosent la plaine; le sol, devenant de plus en plus bas, se confond enfin avec le niveau de la mer, et se termine vers la baie en prairie marécageuse; des collines pierreuses et monotones, dont les lignes n'ont rien de varié ni de grandiose, et sur le sommet de l'une desquelles on aperçoit les arceaux d'un aqueduc moderne, bornent la vue à droite et à gauche.

Le golfe de Syracuse est profond, fermé d'un côté par un cap élevé, de l'autre, par une île voisine du rivage. Syracuse a pris naissance sur cette île, celle d'Ortygia; c'est sur elle également que s'élève la ville moderne, qui est rentrée au berceau de Syracuse primitive. Syracuse actuelle, ville forte[2], entourée de larges fossés, et où l'on entre en passant successivement sous sept portes, n'a rien de pittoresque dans son abord. Les flots viennent battre ses murs, bâtis aux dépens de monuments ruinés, et d'indolents Napolitains remplacent les Grecs, auxquels la garde de la cité était jadis confiée. L'intérieur en est assez

---

[1] Floridia, jadis fief des princes de Partanna, compte 4500 habitants, et fait un commerce assez considérable en huile, vin et amandes.

[2] Elle compte 16,000 habitants.

sale, les rues sont étroites et mal alignées; cependant on y voit du mouvement, des équipages, d'assez belles maisons et églises; enfin, on y trouve une bonne auberge, ce qui n'est pas son moindre mérite aux yeux de pauvres voyageurs, sevrés depuis longtemps des conforts de la vie.

Le nom seul de Syracuse évoque de brillants souvenirs; il rappelle ceux du Corinthien Archias, son fondateur, de Gélon, Denys, Agathocle et Hiéron, qui l'opprimèrent en l'embellissant; de Timoléon, son libérateur, qui, pouvant y être roi, préféra rester simple citoyen de la république; de Théocrite, peintre fidèle de la nature et des mœurs siciliennes; d'une foule d'orateurs, de poëtes, de philosophes et d'historiens célèbres; du grand Archimède, enfin, l'honneur de la Sicile et la gloire de l'esprit humain.

L'histoire la plus ancienne de Syracuse est enveloppée de fables; à en croire les légendes, cette ville aurait été fondée, 2000 ans avant notre ère, par une colonie d'Étoliens, sous le nom d'*Omothermon* ou *Naxoson*. Les Sicules s'étant rendus maîtres de la Sicile, d'après les mêmes traditions, chassèrent les Étoliens, et bâtirent une ville dans l'île d'Ortygia; ils l'appelèrent Syracuse, d'après le marais voisin de Syraca: partageant plus tard le sort des peuples barbares de l'antiquité, ils furent eux-mêmes repoussés dans l'intérieur des montagnes, par les colonies grecques, qui s'établirent principalement sur les côtes.

La première date positive de l'histoire syracusaine remonte à l'établissement de ces colonies.

Archias débarqua en Sicile, et s'établit à Ortygia aux dépens de ses premiers habitants, cinq années avant la fondation de Rome[1]. Plusieurs Héraclides accompagnaient le chef corinthien, et devinrent les auteurs d'une étroite alliance entre les Syracusains et les Spartiates.

La ville d'Archias ne dépassa pas d'abord le quartier d'Ortygia; mais bientôt cet espace resserré ne suffit plus aux nombreux habitants de la colonie. L'Acradine, Tyca et Neapoli s'élèvent successivement. Syracuse est divisée en quatre quartiers immenses, auxquels on réunit encore celui d'*Épipoli*[2], qui en est le plus élevé, et dans l'enceinte duquel sont compris les forts de l'Euriale, de Labdale et de l'Exapile. Olympo, ville séparée de Syracuse, est bâtie sur le côté du port opposé à Ortygia.

Peu de cités grecques de l'antiquité pouvaient entrer alors en comparaison avec Syracuse; Athènes seule l'emportait sur elle. La moitié de la Sicile se

---

[1] Thucydide, livre VI; Cluvier, livre I.er, chap. 12.

[2] En sortant d'Ortygia, on entrait dans l'Acradine, bâtie en grande partie le long de la mer. Tyca était du côté du nord dans la direction de Catane; Neapoli au midi, du côté du grand port. A l'extrémité de ces deux quartiers, et dans la direction N.-O., se trouvait l'Épipoli. Cette division fit donner à Syracuse l'épithète de Pentapole.

soumit à sa domination; elle acquit des richesses immenses.

L'histoire grecque et celle de Carthage se lient à celle des révolutions de cette ville; seule, elle entrave les progrès des Carthaginois dans l'île; elle détruit les flottes et les armées des Athéniens à l'époque où cette nation fait trembler la Grèce entière; elle résiste au pouvoir de Rome, et peut-être Syracuse eût-elle conservé son indépendance, si des dissensions intestines, causes premières de la guerre avec les Romains, n'eussent favorisé les desseins de Marcellus, qui se ligue avec les hommes les plus marquants de la cité, et parvient ainsi à s'en rendre maître.

Les arts[1] et les sciences atteignent à Syracuse un développement extraordinaire. Alliée des républiques de la Grèce, son commerce fleurit et ses navires parcourent la Méditerranée; si parfois elle est gouvernée tyranniquement, on la voit soumise en d'autres temps à des princes doués de vertus et de talents remarquables.

---

1 Myron de Syracuse, fils de Nicomaque, fut un des sculpteurs les plus célèbres de la Sicile. On trouverait sans doute encore beaucoup de statues et bas-reliefs à Syracuse, sans les déprédations de Verrès, qui la dépouilla de ses ornements. Déjà Marcellus en avait beaucoup envoyé à Rome, pour décorer les temples. Les chapiteaux du péristyle du Panthéon proviennent de Syracuse.

Les colonies grecques en Italie et en Sicile étaient considérées comme des portions de la Grèce elle-même; il en est ainsi de Syracuse : une quantité d'Hellènes illustres viennent s'y établir. Platon la visite à diverses reprises; il veut compter Denys au nombre de ses disciples, et le tyran, flatté de la présence du philosophe à sa cour, lui fait un accueil plein de distinction.

Marcellus ne peut empêcher le pillage d'une partie de la ville par ses soldats, qu'une longue résistance avait irrités; cependant les édifices publics sont respectés. [1]

Les troubles postérieurs, les vengeances de Sextus

---

[1] Cicéron, en rendant compte des déprédations de Verrès, décrit Syracuse, qu'il avait parcourue, et qui, encore après sa conquête par les Romains, était une ville magnifique, quoique déchue de son ancienne prospérité. Voici la peinture qu'il en fait :

«Syracuse est dans une situation également forte et agréable. On peut y aborder de toutes parts, soit par terre, soit par mer; ses ports, renfermés pour ainsi dire dans l'enceinte des murailles, ont plusieurs entrées : mais se joignent l'un à l'autre..

«La partie qui est séparée par cette jonction forme une île, et cette ville est si vaste, qu'on peut la dire composée de quatre grandes villes.

«On voit dans l'île le palais d'Acron, dont les préteurs se servent. Parmi ses temples, ceux de Diane et de Minerve sont les plus remarquables. A l'extrémité de cette île est une fontaine d'eau douce, appelée Aréthuse, d'une grandeur surpre-

Pompée, les assauts des barbares, et les ravages des Sarrasins, réduisent Syracuse à son état actuel. Ces derniers lui font essuyer en 828 un siége dont l'horreur a été telle que son souvenir est inscrit dans les fastes des calamités publiques. Pour la première fois, peut-être, on y voit des hommes dévorer leurs enfants et moudre les os des morts afin d'en faire du pain. Prise d'assaut et saccagée de fond en comble, Syracuse cesse dès lors d'être la ville la plus importante de la Sicile. Il ne reste pas pierre sur pierre de ses principaux quartiers. Les tremblements de terre des années 1100, 1542, 1693 et 1735, renversent ce qu'épargnent les vainqueurs.

---

nante, abondante en poissons, et qui serait recouverte des eaux de la mer, sans une digue qui l'en garantit.

«La seconde ville est l'Acradine, où l'on voit une grande place publique, de beaux portiques, un prytanée très-orné, un très-grand édifice, lieu d'assemblée pour traiter des affaires publiques, et un fort beau temple de Jupiter olympien.

«La troisième est Tyca, ainsi nommée d'un temple de la Fortune, qui y existait autrefois. On y trouve un lieu très-vaste pour les exercices du corps et plusieurs temples. Cette portion de Syracuse est très-peuplée.

«Enfin, la quatrième ville est nommée Neapolis. Au haut de cette ville est un très-grand théâtre (*maximum*); outre cela il y a deux beaux temples, l'un de Cérès et l'autre de Proserpine, et la statue d'Apollon, qui est fort belle et grande.»

Cicéron, en parlant du temple de Jupiter olympien dans l'Acradine, ne dit rien de ceux de Junon, de la Concorde, d'Esculape et de Bacchus, qui étaient également dans ce quartier.

LETTRE XXIV.

Syracuse.

Lorsqu'on parcourt Syracuse moderne, réduite à une misérable population de 15,000 âmes, on a peine à concevoir que l'antique cité en contînt plus de 800,000, ou même de 1,500,000 suivant plusieurs auteurs [1]. Strabon estime le circuit total de la ville à 180 stades. Ortygia, la Syracuse primitive, destinée à survivre aux autres quartiers, se rattachait à la terre ferme par une digue et un pont; elle laissait au nord entre elle et l'Acradine la communication du petit au grand port, et au midi elle dominait

---

[1] La population excessive de Syracuse l'obligea à fonder plusieurs colonies.

1.° Acre, soixante-dix ans après qu'Archias eut expulsé les Sicules;

2.° Casmène, vingt ans plus tard;

3.° Camérine, au bord de la mer, cent dix ans après la fondation de Syracuse;

4.° Enna.

Les Syracusains qui s'expatrièrent pour échapper à la tyrannie de Denys le Jeune; fondèrent Amone.

l'entrée de ce dernier. Lorsque Syracuse prit son immense extension, l'île devint sa principale forteresse, citadelle destinée à défendre le côté de la mer, et où étaient le palais des rois, des temples et les tombeaux des princes.

On avait entouré séparément de fortes murailles les diverses parties de Syracuse situées sur terre ferme. L'Épipoli en fut muni plus tard; il était ouvert au temps des guerres avec les Carthaginois, et devint le théâtre des plus sanglants combats entre les deux nations. Suivant Diodore, Denys l'Ancien fit élever en vingt jours, par 60,000 ouvriers, les murs de l'Épipoli, qui s'étendaient jusqu'au rivage de la mer. La ville entière se trouvant ainsi protégée, on abattit l'enceinte entre Tyca et Néapoli; l'Acradine seule conserva ses murailles particulières.

Les ports de Syracuse étaient commodes et sûrs, et d'un accès facile. La position de la ville avait été admirablement choisie pour fonder une puissance maritime, à une époque où les navires se construisaient dans de petites proportions. Le grand port, appelé par Virgile, *Sicaniæ sinus*, a une lieue et demie de tour; c'est une espèce de lac, où des flottes, immenses pour l'antiquité, pouvaient se tenir en sûreté. Toute la puissance navale de Carthage et celle d'Athènes s'y mesurèrent avec celle de Syracuse. Cent cinquante bâtiments y ont été rangés en bataille. Maintenant il est fort ensablé par l'action des vagues et par les travaux entrepris dans le but d'en rendre la défense plus facile. Ortygia protége d'un côté son entrée, large de cinq cents toises; sur le rivage opposé elle était défendue par le fort de Plemmirium, dont les derniers vestiges ont disparu.[1] Les Syracusains fermèrent ce port durant leurs guerres, au moyen de grandes barques liées ensemble.

Le petit port, le joyau de Syracuse, appelé aussi Port de marbre d'après la somptuosité des édifices qui en décoraient le rivage, baignait d'un côté Ortygia, et l'Acradine de l'autre. Aujourd'hui, les fortifications de la ville et une plage sablonneuse le bordent. Il servait d'arsenal et de chantier à Syracuse; la flotte de la république y stationnait, à l'abri des surprises. Xénagore y construisit le premier bâtiment à six rangs de rames. De ce port sortit également la merveilleuse barque d'Archimède, envoyée à Ptolémée par Hiéron II. Athénée la dépeint comme ayant vingt rangs de rameurs et contenant une salle de festin, des thermes, une bibliothèque, des jardins, un temple et une piscine. Le port Trogile, plage aride au

---

[1] Sur ce fort on voyait, dans l'antiquité, quatre animaux en bronze : un taureau, un lion, une chèvre et un aigle, tournés vers les quatre points cardinaux. Lorsqu'il faisait du vent, l'animal tourné du côté d'où il venait, poussait le cri qui lui est propre. Ce monument était de l'invention d'Archimède.

nord du petit port, est nommé actuellement Porto Stentino.

Retournons à Ortygia. Les temples de Diane et de Minerve étaient les plus remarquables de ce quartier de Syracuse : l'on reconnaît les débris de ces deux édifices. Ceux du temple de Diane, qu'on croit le monument grec le plus ancien de la Sicile, se réduisent à deux colonnes très-enterrées, et enchâssées dans un mur mitoyen de la rue Trabochetto. Ces colonnes sont d'ordre dorique, très-pesantes et rapprochées; leurs chapiteaux se touchent et m'ont paru aussi énormes que ceux du temple de Jupiter olympien à Girgenti.

Diane était considérée comme la divinité protectrice d'Ortygia; ce quartier de Syracuse prit même ce nom, suivant les traditions, en vertu d'un ordre transmis par un oracle. Diane était née dans le bois d'Ortygia à Délos. On célébrait annuellement une fête de trois jours à Syracuse, en mémoire de l'intervention bienfaisante de la déesse dans une guerre civile; les gens de la campagne portaient leurs offrandes au temple et chantaient les louanges de la sœur d'Apollon. Cette solennité devint plus tard fatale à Syracuse; Marcellus surprit la ville pendant que les habitants enivrés et fatigués des plaisirs de la fête se livraient au sommeil.

Le temple de Minerve, le principal d'Ortygia, fut converti en église cathédrale dans le douzième siècle.

Les colonnes doriques cannelées du péristyle, enchâssées maintenant dans de gros murs, sont restées debout de chaque côté de l'édifice avec leurs chapiteaux, portant la frise ornée de triglyphes, l'architrave, etc. Elles sont très-saillantes à l'intérieur et à l'extérieur de la muraille qui les réunit; plusieurs d'entre elles penchent considérablement d'un côté depuis le tremblement de terre de 1542; on les a soutenues au moyen d'un fort contre-mur. Le niveau du sol de Syracuse s'étant exhaussé, la base du monument est enterrée, et l'on arrive à la cathédrale par deux marches, tandis que l'on montait au moins cinq degrés pour parvenir au temple.

L'intérieur de l'édifice a subi les changements nécessaires à sa métamorphose. Les piliers de la nef et leurs arceaux ont été taillés dans les murs de la cella antique et revêtus de plâtre; on n'y réconnaîtrait rien, si on ne les examinait de l'ancien portique, converti en bas côtés de la cathédrale. La grande porte est soutenue par deux colonnes, qui ne sont en correspondance ni de position, ni de hauteur avec les autres; probablement elles ont été trouvées renversées et maladroitement employées dans la construction moderne. Le mauvais goût a hâté ainsi la destruction de bien des monuments en Sicile.

Ce temple était sur le modèle de ceux d'Agrigente et de Pestum, à six colonnes de face sur quatorze de profil. Le haut, la partie orientale du monument, a été détruit et remplacé par le chœur; le bas a été fermé pour y élever un lourd portique soi-disant corinthien.[1]

Cicéron a dépeint la magnificence de cet édifice sacré. Des bas-reliefs en ivoire, au nombre desquels on remarquait une tête de Méduse du fini le plus précieux, couvraient ses portes énormes. Les gonds et les clous étaient d'or masif. Un grand tableau, représentant la bataille d'Agathocle contre la cavalerie carthaginoise, ornait les murs de la cella. « Rien n'était plus noble que cette peinture, » dit l'orateur romain, qui la cite comme un chef-d'œuvre. On conservait également dans le temple les portraits de divers rois. Il était décoré extérieurement de nombreuses statues. Sur le faîte de l'édifice s'élevait la colossale image de Minerve en bronze doré, armée d'une brillante égide; elle servait de signal aux navires, et avant de quitter le port, les nochers jetaient dans la mer, en l'honneur de la déesse et de Neptune, un vase consacré rempli de miel. Verrès enleva la plupart de ces sculptures.

Les rues de Syracuse, le devant des églises et des maisons, les escaliers et les portiques, sont parsemés

---

[1] Sur chaque extrémité de ce temple il y avait une ouverture que traversait le soleil à son lever au temps de l'équinoxe, et qui correspondait à des jours semblables au temple de Jupiter, situé de l'autre côté du port.

de fragments de colonnes, de morceaux de marbre ou de granit, de débris d'ornements ou d'inscriptions, employés comme matériaux dans leur construction. Mais ces restes précieux sont tellement mêlés et confondus que, loin de fournir à l'esprit des images de grandeur, ils rappellent des souvenirs de désolation.

Nous traversions la ville, lorsque nous fûmes arrêtés par des gémissements partant de l'intérieur d'une maison dans laquelle une porte ouverte nous permit de regarder. La scène pathétique qui s'y passait, nous engagea à nous arrêter. Nous plongions dans une pièce dont les meubles indiquaient qu'elle servait de demeure à une famille peu fortunée. Le cadavre d'un beau jeune homme était étendu sur un lit, en face de la fenêtre, et les rayons du soleil tombaient sur son visage livide et sur ses longues boucles de cheveux noirs. Il portait le costume habituel des paysans siciliens. A côté du lit était assise une femme, la tête couverte de son tablier, se tordant les mains, poussant de temps en temps des cris plaintifs, auxquels succédait un profond silence ; alors l'agitation de sa poitrine indiquait la torture morale à laquelle elle était en proie. D'autres femmes, groupées autour d'elle, mêlaient leurs larmes aux siennes, et cherchaient à consoler une affliction qui ne pouvait recevoir d'adoucissement. Un peu plus loin était un homme d'un âge mûr, sans doute le père du défunt; son front ridé, couvert de cheveux gris, son air morne et haineux, et ses bras convulsivement croisés, prouvaient qu'il sentait son malheur avec une énergie concentrée : il attachait sur le corps mort des regards qui peignaient l'agonie du désespoir; de temps à autre je voyais aussi ses yeux brillants, d'une expression féroce, lancer des éclairs dans la direction des murs où étaient suspendus des armes. Dans un coin de la chambre pleuraient des enfants, groupés autour d'une vieille femme.

J'interrogeai un homme, arrêté comme moi près de la porte.—C'est une vengeance, me dit-il, en accompagnant ces paroles d'un geste et d'un coup d'œil dans lesquels se manifestait la violence des passions méridionales.... Un seul coup de couteau,— on n'en donne pas souvent de semblables... Anniello, pauvre garçon, a parlé trop souvent à l'amie de Tommaso, et comme il était beau, il lui a plu. Alors.... puis, sans achever la phrase, il fit le geste d'un coup de stilet...; mais cela n'en restera pas là, quand même Tommaso échapperait à la justice; Anniello laisse son père, et ses jeunes frères deviendront grands à leur tour !

Cette explication fut interrompue par l'arrivée d'une confrérie de pénitents blancs, la tête couverte de sacs et portant des cierges en main. Ils placèrent devant la porte une civière de velours, richement brodée en or; on y déposa le corps du défunt à visage découvert, une fleur en main. Alors de longs cris de douleur retentirent dans la maison; je m'éloignai, et bientôt après je vis le cortége se mettre silencieusement en marche, et se perdre sous la nef obscure d'une église voisine, où l'on entonna le chant des morts......

Nous étions pressés de voir la fontaine Aréthuse, si célèbre dans l'antiquité, et décrite tour à tour par les historiens et les poëtes. Elle est d'une abondance extraordinaire, et d'après la tradition grecque, elle avait une communication sous-marine avec une autre fontaine, située dans le Péloponnèse. « Aréthuse, dit la fable, était une des nymphes d'Élos; Diane la changea en fontaine pour la faire échapper aux persécutions du fleuve Alphée. Aréthuse prit alors son cours à travers la Méditerranée et reparut dans l'île d'Ortygia; mais Alphée l'y poursuivit et, s'engouffrant près d'Olympie, il ressortit de terre dans le grand port de Syracuse.

L'eau de l'Aréthuse est claire et légèrement saumâtre, cependant on s'en sert pour les usages domestiques.

Cette fontaine a été jadis très-ornée, maintenant c'est un grand et sale réservoir triangulaire, entouré de hautes murailles à moitié ruinées, et là tous les souvenirs solennels ne tiennent pas contre le vacarme assourdissant d'une centaine de blanchisseuses, vêtues sans pudeur comme sans poésie. L'âme ne se recueillerait que pour sentir plus vivement le contraste d'un passé glorieux et d'un présent ignoble.

On observe dans le port même de Syracuse, à trois cents pas de l'Aréthuse, une source douce appelée *Occhio della Cilica*; elle s'élève à la surface de la mer et ses eaux ne perdent point leur goût.

L'eau de l'Aréthuse a été douce aux temps des anciens; les témoignages à ce sujet sont nombreux et authentiques [1]. Virgile la prie dans sa dixième églogue de toujours conserver sa virginité; mais ce vœu n'a point été exaucé. Les tremblements de terre et les fossés qui ont été creusés afin d'unir les deux ports, ont facilité les infiltrations des eaux de la mer.

La source étant d'un niveau fort bas, les anciens élevèrent une digue pour empêcher le mélange des eaux du port avec les siennes. On aperçoit, au delà du bastion qui entoure actuellement la fontaine, les derniers débris de ces constructions.

Les magasins publics où se conservaient les grains, étaient situés à la pointe méridionale d'Ortygia, près de l'Aréthuse. En ce lieu également existait le palais, théâtre des orgies de Verrès. Un fort, bâti dans le

---

[1] Athénée seul affirme, livre II, que les eaux d'Aréthuse sont malsaines et rendent malades ceux qui en boivent. Archiloque, au contraire, attribue à leur excellence les nobles qualités des Syracusains.

onzième siècle, a remplacé ces édifices; beaucoup de fragments antiques ont été employés à sa construction. Un castel occupe le lieu où était le palais connu sous le nom de Roche de Denys, et rasé par Timoléon.

Ortygia est riche en bains souterrains. Nous visitâmes d'abord ceux placés au-dessous de la maison d'un signor Bianca. Cinquante-deux marches, en majeure partie prises sur le roc, aboutissent à une pièce carrée, dont quatre gros pilastres soutiennent le plafond. Elle a deux ouvertures; l'une servait à l'écoulement des eaux, l'autre conduit à un cabinet, au milieu duquel est une source abondante douée de propriétés minérales. Ce lieu paraît avoir fait partie des bains dits de Daphné. D'autres excavations du même genre se voient dans la maison du signor Catalano, au vieux château de la ville et à l'église San-Filippo : la dernière est connue sous le nom de *Bagni della Regina*.

Le musée de Syracuse est pauvre; il date de vingt-six ans. Ce qu'il possède de mieux, est une statue de Vénus trouvée dans le pays; elle est sans tête ni bras droit; une draperie, tombant assez maladroitement en coquille, est liée au-dessous de la naissance des cuisses. Le bras gauche et les jambes de la statue sont mal rajustés; ses pieds, à moitié modernes, sont mauvais, mais la partie supérieure en est admirable, pleine de grâce et de finesse.

Outre cette Vénus, on montre un Esculape, trois ou quatre statues mutilées, bien drapées, de beaux vases siciliens, de jolies terres cuites, des inscriptions dénuées d'intérêt, et de vieux tableaux détestables.

LETTRE XXV.

.Syracuse.

L'Acradine, le quartier le plus voisin d'Ortygia, y était réunie par un pont; elle s'étendait entre les deux ports, et formait un magnifique amphithéâtre.[1] Olympia commençait là où finissait l'Acradine. Ainsi, le grand port était entièrement ceint de fabriques jusqu'à sa pointe extrême, où s'élevait le fort de Plemmirium. Près de la dernière porte de la ville moderne gisent des fragments de murs et de colonnes, débris des ornements du petit port du côté de l'Acradine. Le sol sur lequel était bâtie la Syracuse de terre ferme, se composait de rochers, qui s'élevaient insensiblement de la mer au sommet de

---

[1] Cicéron dit : «Entrer dans le port de Syracuse, c'est entrer dans la ville même; car la ville n'est point bornée par le port; ses murs extérieurs ne sont point baignés par la mer; mais le port pénètre jusque dans le sein de la ville.

l'Épipoli. Cette base de pierres est couverte de terrain végétal dans l'Acradine et dans une partie de Neapoli. A Tica et dans l'Épipoli, elle se montre à peu près à nu.

Les palais et les temples de Syracuse ont disparu. Les seuls monuments que l'on y trouve encore faisaient corps avec le roc même et ont dû participer à sa durée; mais au moins l'on peut voir les vastes carrières d'où les Syracusains ont tiré les pierres pour la construction de leur ville : elles donnent la preuve la plus convaincante de son immensité.

Ces latomies sont au nombre de sept; elles étaient ouvertes au milieu même des faubourgs de Syracuse. Les carrières de l'Acradine servirent pendant huit mois de prison à 7000 Athéniens, qui, après avoir perdu leurs chefs Nicias et Démosthènes, se rendirent aux Syracusains et aux Spartiates réunis. Les captifs y furent livrés aux plus affreux tourments; on les y laissa en proie à la faim, à la soif, à la malpropreté la plus révoltante et encombrés de cadavres tombés en putréfaction.

Les latomies consistent en énormes grottes ouvertes du haut, taillées perpendiculairement et sans aucune symétrie. Ces parois, hautes de cent à cent cinquante pieds, et composées de corps marins mêlés ensemble, ceignent de vastes espaces, au milieu desquels s'élèvent des masses grêles et isolées, semblables à des tours en ruines.

La plus belle des latomies de l'Acradine dépend d'un couvent de capucins, bâti à petite distance de la mer, en face des remparts, du haut desquels, au rapport de quelques historiens, les prétendus miroirs d'Archimède brûlaient les vaisseaux de la flotte ennemie. Les vagues ont bouleversé la côte, et comme dans le golfe de Pouzzoles, on y voit des ruines aujourd'hui sous-marines.

Le couvent est construit sur le sommet de la carrière. Le père portier était sorti, nous entrâmes d'assaut, à l'aide de cordes et d'échelles, et, grâce à l'assistance de deux jeunes capucins, nous pénétrâmes ainsi dans le jardin le plus bizarre, le plus extraordinaire, le plus beau, le plus imposant qui existe. D'abord nous vîmes s'étendre autour de nous un labyrinthe de grottes immenses, servant de tombeaux; plus loin se retrouvent des espaces ouverts du haut, mais emprisonnés entre des murailles colossales, tantôt taillées à pic et tantôt ornées de pilastres gigantesques, dont les formes fantastiques retracent l'immense et informe idole d'un peuple sauvage, ou bien produisent encore ces étranges figures que fait naître le cauchemar.

Au milieu de ces rochers, de ces vastes et grossiers portiques, dans ces salles qu'on dirait destinées à l'habitation des Titans, le sol est couvert de grandes plantes au large et gras feuillage, de fleurs charmantes et de légumes, cultivés par les pères du couvent; des bosquets de citronniers et d'orangers, des oliviers, des lauriers, des cyprès et des figuiers, croissent en masses énormes accrochés aux parois de la carrière; des lierres, des vignes et des nopals, entassés et mêlés de tous côtés avec un admirable désordre, forment, lorsque le vent s'y joue, des cataractes de verdure; des mousses, auxquelles l'humidité donne l'éclat de l'émeraude, tapissent les flancs dorés des rochers; ici le soleil frappe de ses rayons un bouquet d'arbres, dont la brise agite le feuillage avec un bruit harmonieux; là s'étend une ténébreuse galerie, où jamais le jour ne pénètre; à chaque pas, en un mot, c'est un nouveau spectacle attachant, et lorsqu'enfin nous arrivâmes au point où nous vîmes au-dessus de nos têtes le paisible monastère, qui se détachait brillant sur le ciel et dominait ce chaos de pierres et de plantes, nous restâmes muets d'admiration [1] !

Plusieurs autres couvents avoisinent celui des capucins. Près du cloître de Sainte-Lucie s'élève le

---

[1] On observe dans la carrière les diverses méthodes usitées par les anciens pour détacher les pierres. La première consistait à creuser de longues voûtes, dont les parois allaient se rétrécissant du haut; d'après la seconde, on ménageait des piliers épais pour soutenir les plafonds des grottes; la troisième, enfin, celle qui se pratique encore, est la plus aisée : on se borne à faire des excavations en ligne sinueuse, sans grande profondeur ni élévation.

tombeau de cette sainte, fait en petit sur le modèle du baptistère de Constantin à Rome.

Je m'arrêtai à l'église de Saint-Jean, devant laquelle est un portique découvert, formé de trois arceaux gothiques. Dans ses murs sont enchâssés les fragments de trois colonnes doriques, ayant fait partie d'un temple. Au-dessous de l'église est une seconde chapelle, datant des premiers temps du christianisme. J'y remarquai quatre chapiteaux très-singuliers, composés des attributs des quatre évangélistes.

L'entrée des célèbres catacombes de Syracuse, les plus vastes et les plus régulières qui existent, est à côté de cette église. Elles sont appelées grottes de Saint-Jean, et l'on n'y pénètre qu'avec l'un des capucins chargés de garder les clefs de ces hypogées, dont on ne connaît pas toutes les parties, et dans lesquelles il serait facile de s'égarer. Leur fondation est attribuée au tyran Hiéron II. Aucune tradition historique, cependant, n'appuie cette croyance; elles sont bien supérieures à celles de Rome et de Naples, en élévation, et en étendue, et me paraissent avoir été faites en différents temps, suivant le besoin qu'on en avait pour les sépultures.

Ces catacombes sont, à proprement parler, une immense ville souterraine, creusée dans le roc vif et habitée par des morts. Les voies y sont larges, bordées des deux côtés de niches, devant servir de tombe, soit à un enfant, soit à une personne adulte, ou à une famille entière. Les niches de ces dernières, dont l'entrée est fort étroite, sont très-profondes et ont de l'analogie avec des fours à pain, dont le sol serait divisé en une foule de compartiments creux, trapézoïdaux. Quelquefois on arrive à de petites salles, distribuées comme les colombaires des Romains, et l'on passe auprès de grands sarcophages, placés au milieu des rues; c'étaient sans doute les sépulcres de personnages de distinction. Les rues aboutissent à de vastes rotondes de construction élégante, dont les plafonds voûtés prennent jour du haut, de même que la coupole du Panthéon à Rome. Ces rotondes encore sont garnies de tombeaux, divisés par familles, diversement arrangés, selon le goût des propriétaires, et contenant un certain nombre de compartiments, taillés chacun d'après la grandeur du mort. Des rotondes partent cinq ou six rues semblables aux précédentes et aboutissant à de nouveaux carrefours. Les plafonds sont percés, de distance en distance, de larges ouvertures, de manière à recevoir la lumière du dehors; des branches de figuiers ou des lianes, dont l'éclairage brille au milieu des ténèbres, garnissent ces soupiraux. Les entrées des catacombes, autres que celle voisine du couvent, ont été fermées, comme offrant des facilités aux voleurs.

Divers antiquaires ont fait ouvrir un grand nombre de tombeaux; ils contenaient des ossements et des lampes, mais point d'urnes funéraires. La portion des excavations située au-dessous de l'église Saint-Jean, servait de lieu de refuge et de cimetière aux premiers chrétiens persécutés, qui se cachaient parmi les ossements de ces mêmes païens, dont plus tard ils devaient renverser les sanctuaires, pour élever la croix sur leurs ruines.

On montre près des catacombes un bain antique, où l'on a découvert, il y a vingt-six ans, les statues de Vénus et d'Esculape, conservées maintenant au musée.[1]

L'Acradine se sous-divisait en deux quartiers: l'un était bâti en plaine, au bord de la mer, et l'autre sur la colline de rochers calcaires qui portait également Tyca et une portion de Neapoli. L'enceinte des tombeaux qui existait outre les catacombes, était probablement un terrain commun à ces trois divisions de Syracuse. Cicéron en parle dans ses Tusculanes, au livre V. On y voit une quantité de sépulcres taillés dans la pierre, au-dessus du niveau du sol, et plus ou moins bien conservés. Les uns renferment des sarcophages; les autres sont construits en forme de colombaires. Chaque chambre a

---

[1] Une rampe assez roide aboutit à une salle carrée, taillée dans le roc, ouverte du haut et ayant sur ses quatre faces de grandes niches, avec des enfoncements propres à recevoir de l'eau. La rampe donne entrée à deux cabinets latéraux.

son entrée, qui, probablement, était hermétiquement fermée au moyen de grandes dalles. Aucune d'elles ne dépasse quatre ou cinq brasses en longueur et en profondeur. Maintenant ces tombeaux sont ouverts. Le plus remarquable est celui connu sous le nom de sépulcre d'Archimède, quoiqu'il ne ressemble nullement à la description qu'en fait Cicéron. Cet orateur le retrouva après des peines infinies, et reprocha aux Syracusains d'avoir laissé tomber dans l'oubli le monument élevé à la mémoire de ce grand homme, que Marcellus appelait le géant des géomètres. L'entrée de la tombe en question se compose d'un petit portique, surmonté d'un fronton triangulaire et décoré d'un débris de colonne cannelée. La chambre funéraire est petite et contient dix niches sépulcrales.

Les rochers de ce cimetière antique sont couverts extérieurement de trous carrés, peu profonds, destinés peut-être à recevoir des épitaphes. Un grand nombre de sépulcres a depuis longtemps changé de destination. Les uns sont convertis en étables, et la niche funéraire y sert d'auge; les autres en fours à pain ou en ruchers; cependant je n'en ai point vu d'assez grands pour être habités par de pauvres familles, comme ceux des environs de Baya ou de Pouzzoles.

Le sol de l'Acradine est criblé d'une quantité de citernes, d'aqueducs et de bains, taillés dans le roc, et l'on me montra le lieu où existait la maison de Dion entre ce quartier et Ortygia.[1]

Dans l'Acradine était également le palais d'Agathocle, dont les derniers débris ont conservé leur nom antique de *Maison des soixante lits*. Les ruines consistent en trois chambres voûtées, très-délabrées; sans doute elles ont fait partie des bains. On y descend péniblement au travers des broussailles et des décombres. L'intérieur de ces voûtes est tapissé de tuyaux en terre cuite, engrenés les uns dans les autres et remplis d'un mortier blanc qu'on croirait indestructible.

La soirée était très-avancée lorsque nous songeâmes à regagner notre gîte. Passant sur une place déserte, nous entendîmes, à petite distance, des pleurs étouffés et des gémissements arrachés par la souffrance. Je me dirigeai avec mon frère du côté d'où ils partaient, et après avoir cherché assez longtemps, nous vîmes accroupi, derrière une borne, un enfant de huit ans environ, entièrement nu, et qui poussait ces cris plaintifs. Après l'avoir relevé doucement, nous lui demandâmes s'il souffrait : d'abord nous n'obtînmes point de réponse; je répétai plusieurs fois mes questions. « J'ai froid, j'ai faim, » dit-il enfin

---

[1] Fazelli rapporte qu'en 1553 on retrouva intacte l'une des portes de l'Acradine, près de l'écueil des deux frères. Histoire de Sicile, décade I.re, livre IV, chap. 1.er

d'une voix timide. — « Pourquoi donc es-tu seul ; où sont tes parents ? » — « Je ne sais pas. » — « Où demeurent-ils ? » Il hésita un instant ; puis me répondit : « Nulle part ; souvent à la porte du Dôme, et d'autres fois à un autre endroit ; c'est suivant le temps.... « Pourquoi es-tu nu ; il fait froid ce soir ? » — « Je n'ai jamais eu d'habits. » Nous marchions tout en parlant. Arrivés chez nous, nous choisîmes des hardes pour le petit malheureux, et nous lui portâmes du pain et de la viande. Il dévora le pain ; puis il jeta un regard de convoitise sur la viande ; il alongea la main ; la retira de nouveau, et dit en soupirant : « Je ne dois pas en manger, c'est samedi aujourd'hui. » Pauvre petit ! il avait les larmes aux yeux en renonçant courageusement à ce régal extraordinaire. Je lui enveloppai le morceau dans un papier, l'engageant à le garder pour le dimanche matin. Le lendemain, je sortis au point du jour ; l'enfant était à la porte de l'auberge ; il y avait passé la nuit et était vêtu. En nous voyant paraître, il nous montra son morceau de viande encore enveloppé, et s'écria : « A présent je vais aller le partager avec ma mère ! »

LETTRE XXVI.

Syracuse.

Neapoli était le quartier le plus moderne de Syracuse; son nom primitif fut Temnites. La portion de Neapoli voisine de Tyca était située sur la colline de rochers qui, de ce côté, domine la baie. Le reste de la ville s'étendait dans la plaine, jusqu'au marais de *Pantanela*, ou *Lisimelia* suivant Thucydide, et avait deux portes du côté du fleuve Anape.

Des champs et des jardins occupent de nos jours ce dernier espace; là croissent avec un désordre pittoresque, de vieux oliviers et des figuiers dont les branches sont entrelacées de festons de vignes; rien ne montre dans ces plantations la main des hommes: de petits ruisseaux y entretiennent la vie et la fraîcheur, on dirait qu'une nature libérale y prodigue spontanément ses dons les plus précieux.

Les principaux monuments encore existants de ce quartier, sont les latomies, l'amphithéâtre, appuyé sur les murailles élevées entre l'Acradine et Neapoli, et le théâtre, auquel Cicéron donne l'épithète de *maximum*.

Un chemin charmant conduit à l'amphithéâtre.

Nous marchions au milieu de jardins rustiques, découvrant à notre gauche le golfe, qui entre dans les terres en dessinant une courbe profonde. L'amphithéâtre, nommé actuellement *Fossa dei granati*, est fort enterré; il est en partie bâti, en partie sculpté; sa forme générale est très-reconnaissable[1]; on retrouve les vomitoires et un corridor construit en pierres de taille. La plupart des gradins sont pris sur le rocher.

Ce monument, d'ailleurs, n'était ni très-grand ni très-beau, et ne saurait être comparé à ceux du même genre que l'on voit en Italie. Il est de construction romaine, et ne date point de l'époque florissante de la république. Les Grecs ne connaissaient point les arènes : ces spectacles cruels ne convenaient point à leur goût délicat.

Passons au théâtre. Suivant l'usage grec, celui de Syracuse était d'une grande magnificence. Ces édifices étant destinés non-seulement aux représentations,

---

[1] Le grand diamètre de l'arène est de 225 pieds, et le petit de 138; elle est plantée maintenant en blé et en arbres fruitiers. Le sol s'est considérablement exhaussé; on a fait un petit déblayement à sa partie méridionale : c'est là seulement qu'on aperçoit le dernier gradin et le mur destiné à protéger les spectateurs. La portion orientale de l'amphithéâtre était celle où le rocher présentait le moins de hauteur, et où l'on a été obligé d'y suppléer en bâtissant; elle est, sans contredit, la plus détériorée de l'édifice.

mais encore aux réunions du peuple et aux assemblées où l'on délibérait sur les intérêts de la république, on attachait une haute importance à leur construction. Ils étaient ordinairement situés dans les lieux les plus accessibles aux habitants des divers quartiers; chacun y avait son poste fixe.

Le théâtre de Syracuse est à trois étages; le plus élevé avait plus de gradins que les deux autres, et celui du milieu moins que le plus bas. Ces gradins subsistent en majeure partie, étant taillés dans le roc. Ils sont assez larges pour que le spectateur, commodément assis, n'éprouvât aucune gêne de la part de celui placé au-dessus de lui.[1]

---

[1] *Détails architecturaux.* — La circonférence intérieure du théâtre est de 531 pieds 4 pouces, et sa forme dépasse le demi-cercle parfait de 45 pieds 10 pouces 8 lignes.

Les diasomes, corridors qui séparent les étages, sont fort vastes; on voit à chacun de ces corridors des trous placés de distance en distance, et destinés à recevoir des balustrades. Les petits escaliers qui débouchent sur les gradins et qui communiquent d'un étage à l'autre, existent en grande partie; leurs marches ont la moitié de la hauteur des gradins, et par conséquent il y en a le double dans le même espace.

Ces escaliers sont convergents au centre du parterre; celui-ci est comblé en grande partie, surtout du côté de l'orchestre, dont on ne voit plus rien, non plus que de la scène. Les côtés des escaliers sont également convergents, de façon à ce que leurs deux lignes, disposées en forme de coins, se réuniraient avec toutes les autres si elles étaient prolongées. A chaque escalier se remarque un entaillement pour l'écoulement des eaux.

LETTRE XXVI.

Les corridors étaient de plain-pied avec le sol par leurs extrémités; chaque citoyen entrait, peut-être, à tel ou tel étage, suivant la division de la ville à laquelle il appartenait.

Le rocher manquait en diverses parties lors de la construction de cet édifice; on y a suppléé par de la maçonnerie; elle est d'une solidité telle qu'on a de la peine à la distinguer du bloc.

On ignore l'époque à laquelle le monument fut élevé, mais il date positivement de la plus haute antiquité. Gélon y réunit le peuple en armes, et vint seul, désarmé, y rendre compte de son administration; Agathocle y assembla les Syracusains après le meurtre des hommes les plus notables de la ville; Timoléon, devenu vieux et aveugle, y fut souvent conduit par des concitoyens qui voulaient avoir les avis de leur libérateur[1]. On aime à évoquer de pareils souvenirs; les lieux où un grand homme a vécu vous rapprochent de lui; on croit y retrouver une émanation de ses pensées et un écho de ses paroles.

L'inscription ΒΑΣΙΛΙΣΣΑΕ ΦΙΛΙΣΤΙΔΩΣ, gravée sur une plinthe, a fait supposer que le théâtre avait été bâti par une reine philistide dont l'histoire ne fait point mention. Le mot Héracléos, à moitié effacé, est tracé sur une autre plinthe.

Les Syracusains avaient la passion des représenta-

---

[1] Plutarque, Vie de Timoléon.

tions théâtrales, comme la plupart des peuples d'origine grecque. Ces nations écoutaient les œuvres des poëtes, transmises de génération en génération, avec une sorte de respect religieux, elles les enflammaient et les poussaient aux grandes actions, et cet enthousiasme des auditeurs donnait aux chantres de l'antiquité une puissante énergie, et leur inspirait les accents les plus passionnés. Diodore raconte à ce sujet, que plusieurs des prisonniers athéniens furent remis en liberté pour avoir déclamé les plus beaux morceaux des tragédies d'Euripide.

Les Syracusains modernes ont fait aboutir dans le monument même les eaux limpides de l'ancien aqueduc de Neapoli, désigné maintenant sous le nom sarrasin de Garelmo ou Galermi. Elles sortent avec fracas de trois vastes arceaux, tombent en gerbes d'écume sur les deux premiers étages du théâtre, et font tourner la roue d'un moulin sur le troisième. Le propriétaire de cette habitation rustique a creusé dans les gradins un sentier serpentant pour les mules qui portent les moutures. Le trop plein de l'eau s'échappe librement à travers l'édifice antique, et y forme mille cascatelles charmantes.

Des arbres magnifiques ombragent la scène, où le temps a accumulé de la terre végétale; plus loin on découvre la plaine entière de Syracuse, le golfe, la ville moderne, qui pyramide sur les eaux, enveloppée d'une vapeur bleuâtre, enfin la haute mer, servant de cadre immense a ce magique tableau.

Les carrières de Neapoli ou de Denys sont à cent pas du théâtre : on les nomme actuellement Latomies des cordiers, parce qu'on y travaille le chanvre; leur beauté les a fait appeler également *paradiso;* celles des capucins cependant sont infiniment plus pittoresques.

Passant au-dessous d'un aqueduc moderne, j'arrivai à un grand espace entouré d'un demi-cintre de rochers, hauts de plusieurs centaines de pieds et taillés à pic : ils sont percés de grottes profondes. D'énormes débris de pierre, des petits jardins, et des arbres, au milieu desquels s'élève un grand pilier, portant à son sommet des constructions ruinées[1], occupent l'espace central.

Nous entrâmes dans plusieurs des grottes; d'immenses colonnes, grossièrement ciselées, y servent de soutien à des plafonds de hauteurs inégales, et forment de vastes salles ou d'obscurs cabinets; des fragments de rochers suspendus à leurs parois supérieures comme des lustres à dimensions colos-

---

[1] On a longtemps discuté sur l'origine et l'usage de cette roche isolée. Les uns ont voulu y voir la demeure du garde de la carrière; d'autres supposent qu'elle est restée simplement parce qu'on n'eût pas eu de point d'appui pour l'enlever, et que la ruine qui la surmonte date de la plus haute antiquité. Il y en a de semblables dans la plupart des carrières de Syracuse.

sales, semblent prêts à écraser les passants. Le coloris de ces masses, noir, rose ou jaune clair, et les singuliers effets produits par la lumière extérieure, ajoutent à la beauté de l'ensemble.

Outre les corderies, il s'est établi ici des fabriques de salpêtre; la terre nitreuse provient des décombres de la carrière même, et la matière y est fort abondante.

La fameuse excavation connue sous le nom d'Oreille de Denys, est à l'un des angles de la carrière dont je viens de parler; sa voûte, haute en ligne perpendiculaire d'au moins soixante à soixante-dix pieds, est longue de cent soixante-quinze, et large de vingt pieds à l'entrée. Elle va s'élargissant vers le milieu et se rétrécissant de nouveau au fond, où elle a quinze pieds au plus. Ses côtés sont elliptiques, l'espace diminue graduellement, depuis la base jusqu'au sommet de la voûte, qui se termine en rainure. Sa forme générale a de l'analogie avec celle d'un S. Il y règne un effet d'acoustique fort remarquable, le moindre son prend de l'éclat dans cette grotte sonore; elle communique avec une petite cellule, pratiquée plus haut dans le rocher, et où l'on entre en se hissant à l'aide d'une corde.

On a fait circuler pendant longtemps une fable d'après laquelle Denys l'Ancien aurait construit cette caverne pour y surprendre les secrets de ses prisonniers, et l'on ajoutait, que les ouvriers employés à ce travail avaient été mis à mort, afin que ce mystère ne fût point trahi. Suivant plusieurs voyageurs, Michel-Ange de Carravage fut le premier qui lui donna le nom d'Oreille de Denys; mais ce peintre n'a jamais été en Sicile. Quoi qu'il en soit, cette grotte n'a évidemment pas été faite au hasard comme ses voisines; ses murs sont parfaitement lisses : elle a dû être d'une exécution difficile et avait nécessairement une destination particulière, ignorée actuellement : c'est un secret que le temps a scellé. Des morceaux de fer enfoncés dans les parois de l'excavation, ont été pris pendant longtemps pour des restes de chaînes destinées à attacher des captifs; mais l'abbé Capodieci a démontré que ces pitons sont modernes, et datent du temps où ce lieu fut transformé en écurie. Toutefois cette caverne a indubitablement servi de prison dans l'antiquité, comme la plupart des latomies de Syracuse.[1]

Une piscine antique, longue de soixante pieds, large de vingt-cinq et haute de vingt, existe à l'un des angles de la carrière des cordiers. Deux rangées

---

[1] Cicéron parle des latomies de Syracuse dans les termes suivants : *Opus est ingens, magnificum regum et tyrannorum; totum est ex saxo in mirandam altitudinem depresso et multorum operum penitùs excisso, nihil tam clausum ad exitus, nihil tam septum undique, nihil tam tutum ad custodias nec fieri nec cogitari potest.*

In has latomias, siqui publice custodiendi sunt, etiam ex cæteris oppidis Siciliæ deduci imperantur.

de sept piliers carrés la divisent; le plafond est en maçonnerie; les parois, au contraire, sont taillées dans la pierre vive. On a bâti au-dessus de ce réservoir une petite église consacrée à S. Nicolas.

Les débris des murs d'enceinte de Neapoli, et des escaliers des boulevards supérieurs, se réduisent à peu de chose. Diverses fouilles ont été faites en ces lieux; on y a déterré des idoles, des lampes, des vases en terre cuite, et une quantité de monnaies en cuivre et en argent. Les orfèvres ont fondu ces dernières en majeure partie. Les types en sont variés et souvent d'un dessin pur et correct.

Un escalier commençant au plain-pied du théâtre, conduisait à Tyca, et servait de communication entre ce quartier et Neapoli. L'on se rendait également à Tyca au moyen d'une rue creusée dans le rocher et garnie des deux côtés de cellules funéraires, semblables à celles de Girgenti.

Tyca, quatrième quartier de Syracuse, était situé sur une éminence au-dessus de Neapoli [1], et s'étendait jusqu'au château de l'Exapile où commençait l'Épipoli. Son nom lui venait, d'après Cicéron, de celui d'un temple consacré à la Fortune, et qui, au rapport de Plutarque, avait été bâti par Timoléon après l'expulsion des tyrans.

Tyca est à présent un plateau stérile, où les ves-

---

[1] On donne à présent à ce col le nom de Terracati.

tiges de la cité antique se réduisent à ceux qui font corps avec un sol indestructible. La roche y est criblée d'excavations plus ou moins considérables, faisant partie des catacombes, des citernes, des bains, des cloaques et des aqueducs. Ces derniers se divisaient en une foule de bras, et étaient construits de façon à ce que l'eau ne pût manquer dans aucun des quartiers de Syracuse[1]. Ils servent encore, et ne sont point construits en arceaux comme ceux de Rome; ils coulent dans des lits de rochers, les uns sous terre, les autres à ciel ouvert, et alimentent les charmantes cascades de la fontaine de Garelmo.

Le sol de Tyca étant entièrement nu, on y observe les traces des maisons antiques; elles étaient petites et assises sur la pierre sans fondations. La direction des rues est également reconnaissable; elles paraissent avoir eu peu de largeur, il en est plusieurs où les ornières des chars étroits dont se servaient les anciens sont très-marquées.

L'habitation décernée par le sénat et le peuple au vieux Timoléon, libérateur de Syracuse, existait dans la partie basse de Tyca, près des portes agregariennes. La vue est plus belle encore à Tyca qu'à Neapoli; mais cette colline, sur laquelle se pressait

---

[1] Thucydide rapporte, au livre VI, que dans le temps de la guerre avec les Athéniens, ceux-ci rompirent un grand nombre d'aqueducs, afin de priver la ville d'eau, et qu'alors les fontaines se déchargèrent dans l'Anape.

une population innombrable, avide de gloire et de plaisirs, présente aujourd'hui la plus profonde solitude. Cet abandon complet d'un lieu où tant de passions diverses se sont agitées, a quelque chose de solennel. On foule ici le tombeau d'une nation entière. La mémoire se plaît à repeupler cette roche si pleine du passé; elle se rappelle les noms illustres qui ont autrefois retenti dans ce désert. J'éprouvais un charme indéfinissable à contempler ce théâtre silencieux des plus grands faits historiques; ces pierres muettes parlent plus à l'âme que les récits eux-mêmes, et la transportent matériellement, pour ainsi dire, dans l'antiquité la plus reculée.

Nous restâmes longtemps au milieu des ruines. Leur vue porta mes réflexions sur la bizarre loi de ce monde, d'après laquelle il semblerait que toujours le premier éclair de la civilisation doive partir du midi, pour s'y éteindre ensuite peu à peu. Cette loi se retrouve dans l'histoire ancienne et moderne. Toujours la lumière va du midi au nord, se conserve, se développe et augmente sa masse dans les régions tempérées, et disparaît, au contraire, dans les pays où elle est née, et qui peu à peu rentrent dans l'ignorance. Que sont aujourd'hui les provinces asiatiques, la Grèce, l'Italie même, auprès des pays que Rome qualifiait de barbares et qui lui durent leurs premiers progrès dans la civilisation?

LETTRE XXVII.

Syracuse.

Une chaussée traversait jadis les marais de l'Anape et communiquait, au moyen d'un pont, de Neapoli à Olympie, située de l'autre côté du fleuve. La chaussée n'existe plus, et les marais sont très-fangeux : j'ai préféré me rendre en bateau à l'embouchure de l'Anape.

Arrivé au fond du grand port, je pénétrai dans la rivière malgré les difficultés d'un banc de sable dont elle est obstruée.

L'Anape, célèbre dans l'histoire par des victoires et des désastres, et décoré du titre de fleuve, est un ruisseau peu large, à bords plats et à peine navigable, vu la quantité de joncs qui y croissent; on y a construit un pont en pierre d'une seule arche. Son cours est d'environ quatorze milles italiens; il naît près du fort de Buscemi, sous le nom de rivière cardinale, et après s'être plongé dans un gouffre, il reparaît à quatre ou cinq milles de son embouchure.

Peu après avoir passé sous le pont de l'Anape,

on remarque près du chemin dit des Pantanelli, deux colonnes cannelées d'ancien ordre dorique, seuls débris de la cité d'Olympie. Ces colonnes ont appartenu au temple de Jupiter, construit par Gélon, et enrichi de tout le butin fait par les Syracusains sur les Carthaginois; il renfermait la fameuse statue de Jupiter Urius, l'une des trois plus belles connues dans l'antiquité. Marcellus l'avait respectée : Verrès la fit enlever et transporter à Rome. Urius était couvert d'un manteau d'or massif, enrichi de pierreries; Denys s'en empara et lui substitua un vêtement en laine, sous prétexte que l'or était trop lourd en été et trop froid en hiver.

Mirabella, auteur sicilien, mort en 1624, a vu encore sept des colonnes de l'édifice; elles avaient vingt-cinq palmes de hauteur et étaient d'une seule pièce.

Olympie dut sa fondation à ce temple : elle fut bâtie et fortifiée pour veiller à la sûreté du monument consacré au père des dieux. Les deux colonnes encore existantes, semblables à des jalons plantés sur le chemin des siècles, sont mutilées, sans chapiteaux, et assez éloignées l'une de l'autre pour indiquer qu'il en manque entre elles. Les autres débris du temple ne se voient plus, son sol est rendu à la culture, et la charrue le sillonne autour de la base des deux derniers piliers; à fleur de terre paraît simplement un reste de gradin. Cette disparition complète du monument rappelle l'acharnement des hommes à détruire les travaux de leurs devanciers, et elle attriste plus encore que le bouleversement de Sélinonte et de plusieurs des anciens édifices d'Agrigente.[1]

En me plaçant au lieu où a dû être la cella, j'étais précisément vis-à-vis le centre du port, sur une colline doucement inclinée, ayant la ville actuelle en face de moi, sur la rive opposée de ce superbe bassin. De chaque côté, mon regard portait sur une vaste portion de mer entre Syracuse et les coteaux: ceux-ci font, à une distance de plusieurs milles et sur les trois quarts de l'horizon, un circuit autour du temple. La campagne est d'une fertilité et d'une variété de productions admirables; la vigne et les arbres fruitiers y croissent en abondance. La hauteur de Tyca se voit au nord, couronnée par l'Etna, dont le sommet, couvert de neige, était enveloppé d'une légère fumée blanchâtre, qui se déroulait mollement sur le ciel.

Nous retournâmes à notre barque. Les bords de la rivière s'élèvent avec la plaine; bientôt nous arrivâmes au lieu actuellement appelé les deux bras, et où la source de Cyane se réunit à l'Anape, dans lequel elle se jette par la rive droite.[2]

---

[1] Entre ce temple et la source de Cyane s'élevait le fort d'Acarnanie, dont Cicéron fait mention dans ses discours contre Verrès.

[2] Ce ruisseau est connu dans la Mythologie : sa source

Le ruisseau de Cyane est plus étroit encore que l'Anape, et ses bords sont très-élevés; les joncs y atteignent la hauteur des arbres, ils sont réunis par des vignes sauvages et par des plantes élégantes, dont les fleurs brillantes sèment de cloches de toutes couleurs les pieds des saules et des arbustes, qui laissent retomber sur la nappe des eaux leurs riches branchages. Au-dessus des joncs s'élèvent les tiges élancées du papyrus jadis propre à l'Égypte, et que les seuls rivages de Cyane produisent spontanément en Europe. Elles balancent avec grâce leurs têtes chevelues au moindre souffle du vent [1]. Ces diverses

---

était sacrée, et les anciens y faisaient de grands sacrifices en l'honneur de Proserpine. La nymphe Cyane, dit la fable, ayant voulu s'opposer à l'enlèvement de cette déesse, Pluton frappa la terre en ce lieu, afin d'ouvrir le Tartare. Cyane pleura de cette violence, et fut changée en fontaine. D'après une autre tradition, Cyane, vierge syracusaine, inspira une passion violente à son père Cyanippe, qui la déshonora. Cyane le frappa à mort, et se tua ensuite. Le peuple de Syracuse, touché de la vertu de cette jeune fille, donna son nom à la source la plus pure du voisinage.

[1] Les paysans leur donnent ici le nom de *parruca* ou *pamphera*.

Le papyrus est un jonc triangulaire de 10 à 15 pieds de haut. Pline nous apprend qu'en Égypte on faisait le papier avec la moelle spongieuse dont la tige de cette plante est remplie; on la coupait par lames, et en en collant deux l'une sur l'autre, elles présentaient assez de densité pour pouvoir y écrire. Les Egyptiens employaient même le papyrus pour faire

plantes sont entrelacées de lianes innombrables, qui en font ainsi une épaisse muraille de verdure.

Les eaux du ruisseau sont très-profondes et couvertes d'îles flottantes composées de belles plantes aquatiques; elles en rendent la navigation lente et difficile. Son cours est excessivement sinueux; Cyane reçoit deux autres sources. Après avoir franchi une distance d'environ cinq milles, nous arrivâmes à la fontaine, grand bassin circulaire ayant vingt-cinq pieds de profondeur, et dont les magnifiques eaux, semblables à du cristal de roche, claires et transparentes, laissent voir les plantes et les cailloux de son lit: on l'appelle à présent Pisma Cerini. J'y remarquai une quantité de très-gros poissons. La source est entourée d'immenses touffes de papyrus. Autrefois un temple consacré à Cyane s'élevait en ces lieux, où Hercule, traversant la Sicile, avait institué une fête, célébrée tous les ans avec grande pompe par les Syracusains. Ce bassin, qui ailleurs peut-être n'exciterait pas une grande attention malgré la limpidité de ses eaux, devient intéressant par la teinte poétique que répandent sur lui les fictions de la mythologie; un souvenir doux et gracieux semble se rattacher à ces

---

des étoffes grossières, et ils mangeaient la partie inférieure du jonc. L'on ignore si les anciens ont jamais employé le papyrus de Sicile. Un savant Syracusain, le chevalier Landolina, réussit, en 1780, après bien des essais infructueux, à fabriquer du papier avec les joncs de la rivière de Cyane.

cultes primitifs, symboles de l'enfance de l'humanité, qui, dans chaque arbre et chaque fontaine, trouvait un sanctuaire, avant que des idées plus augustes de la divinité lui eussent été révélées.

Le niveau de Cyane est sujet à des variations, attribuées à des intermittences dans son cours souterrain.

Nous quittâmes notre barque après avoir franchi les marais du voisinage; nous prîmes des chevaux et traversâmes dans la direction nord-ouest la plaine de Syracuse, afin de gagner la roche d'Euryale, partie la plus haute de la colline dont l'extrémité opposée portait le quartier de Tyca.

Une jeune femme et deux enfants s'approchèrent de nous pour nous demander l'aumône; leur accoutrement annonçait la plus profonde misère. Ayez pitié d'eux, nous dit un des bateliers qui nous avait suivis; une vipère a piqué, il y a six mois, le mari de cette femme; ils ont dépensé leur argent dans l'espoir de le faire guérir, mais cela n'a servi qu'à prolonger son mal: il est mort, sa femme n'a plus de ressource qu'en la charité des passants et des étrangers; sans eux, ces pauvres petits chrétiens auraient déjà péri de faim. Notre modeste aumône fut comblée des bénédictions de la mère.

Peu de minutes après, je vis une vipère se glisser dans l'eau, à deux pas du sentier, et j'en aperçus plusieurs autres dans les joncs; le batelier était nu-pieds.

Comment, lui dis-je, vous ne craignez pas les serpents, ayant sous les yeux l'exemple du mari de cette femme? « Oh, » me répondit-il avec un sourire de supériorité; « je porte une amulette, ils ne peuvent pas me toucher. » Mais, supposé que vous n'eussiez pas d'amulette, y aurait-il un moyen de vous guérir, si vous étiez piqué? « Oui, » répliqua-t-il avec le plus grand sérieux du monde; « je ferais prononcer aussitôt un charme par quelqu'un qui sait les dire, sinon, il faudrait bien mourir. »

Le Sicilien, ignorant et crédule en matière religieuse, reçoit ainsi comme autant de vérités les fables qui l'amusent ou l'épouvantent.

Je le répète, sa religion est celle du moyen âge, avec ses couleurs et ses formes puériles, avec ses observances bizarres et ses traditions confuses, ses bons génies et ses pactes avec les esprits infernaux; sans parler des usages profanes, des traditions et des mœurs païennes qui se sont conservés et confondus avec le christianisme. D'antiques superstitions, une sorte de penchant à l'idolâtrie, subsistent encore de nos jours, et les préjugés les plus absurdes entourent l'habitant de ce pays, depuis le moment de sa naissance jusqu'à celui de sa mort. Il se soumet dans les occasions importantes de la vie à une foule de pratiques ridicules pour détourner les génies malfaisants et appeler le bonheur sur sa tête. L'énumération des actes de ce genre auxquels il se livre serait longue et fastidieuse : il est persuadé de l'influence du mauvais œil (gettatur), il ajoute foi aux divinations, aux prestiges du sortilége, à la fatalité de certains nombres, aux jours fastes et néfastes. Ces superstitions le conduisent au fanatisme, et l'hébètent au lieu de le rendre meilleur et de l'éclairer.

Ayant traversé l'Anape, nous arrivâmes à la colline du nord-ouest; elle est plus pierreuse qu'auprès de la ville, cependant on y voit des plantations d'oliviers. Sur cette colline s'étendait le cinquième quartier de Syracuse, l'Épipoli, qui finissait là où commençait celui de Tyca. Son nom grec se rend par les mots, *lieu élevé au-dessus de la ville.* L'Épipoli renfermait l'Euryale, le Labdale et l'Exapile; ces forts pouvaient contenir ensemble une garnison de 50,000 hommes; ils portent de nos jours les noms de *Belvedere*, *Castellacci* ou *Mongibellisi* et *Buffalaro*.[1] De grands faits d'armes y ont eu lieu; l'orgueil et la puissance d'Athènes y furent humiliés.

Nous gravîmes la partie la plus occidentale et la plus haute de la colline; elle se termine en mamelon, et est séparée par une large vallée de la chaîne de montagnes qui ceint le district. Sur cette pointe de rochers existait le fort d'Euryale, principal poste

---

[1] Suivant Fazelli, décade I, livre IV, chap. 1.er, p. 247, le Labdale et l'Exapile étaient un seul et même fort, auquel Thucydide donnait le premier de ces deux noms, et Tite-Live, le second.

d'observation des Syracusains du côté de la mer et de celui de terre. De cette hauteur ils apercevaient les navires ennemis sur la mer Ionique; ils dominaient du côté du sud la belle campagne de Syracuse, qui descend vers la mer en longues vagues de verdure, et au nord s'étendait la plaine aujourd'hui inculte, où campa Marcellus.

Le rocher d'Euryale porte maintenant un télégraphe, des fragments de murs ruinés et une citerne antique; le canal de l'un des aqueducs de Neapoli serpente à sa base, autour de laquelle se groupe le village de Belvedere avec ses longues plantations de nopals.[1]

Un chemin détestable conduit au château de Labdale où les Syracusains enfermaient leur trésor. La colline de l'Épipoli est très-étroite au point où s'élevait cette forteresse; ses murs étaient bâtis en gros moellons carrés, tirés d'une carrière voisine, servant de fossé et augmentant les moyens de défense.[2]

---

[1] L'Euryale avait été bâti par le général athénien Nicias après qu'il se fut emparé du Labdale; les Syracusains l'en expulsèrent.

[2] L'époque de sa fondation est incertaine : il existait dans les temps de la guerre du Péloponnèse. Les Athéniens s'en emparèrent sous le commandement de Nicias, et y mirent leurs magasins; mais ils en furent chassés par les Spartiates. Dion s'en rendit maître lors de l'expulsion des tyrans, et y ajouta de nouvelles constructions; peut-être sont-ce celles dont on voit les débris.

Près de ce lieu, nous entrâmes dans les célèbres voies souterraines de l'Épipoli; elles sont en partie taillées dans le roc, en partie construites d'énormes quartiers de pierre et divisées en couloirs, dont l'un est assez large pour livrer passage à quatre hommes à cheval rangés de front. Ces excavations sont immenses; la chute d'une partie des plafonds les a obstruées; Mirabella affirme qu'il a vu fixés dans les parois du rocher des anneaux destinés à attacher les chevaux, dont l'écurie était souterraine, et communiquait, au moyen d'une rampe facile, avec l'intérieur de la forteresse. Mes guides m'assurèrent que d'autres corridors existent au-dessous de ceux où nous marchions, et à en juger par le bruit de nos pas, je suis tenté de croire qu'ils ne se trompaient point. Suivant une tradition, les voies de l'Épipoli avaient des issues dans les différents quartiers de Syracuse et servaient de refuge aux rois, en cas d'émeute populaire.

Nous trouvâmes ici également les principaux débris des murailles de Denys. Elles sont composées de gros blocs de pierre comme le Labdale; les ruines du mur nord s'étendent vers la tonnare de *San Bonacia* à la distance de plusieurs milles, en suivant la ligne très-sinueuse de la base de rochers sur laquelle elles s'élèvent.

On donne maintenant le nom de Buffalaro aux latomies de l'Épipoli, où Denys le Jeune faisait enfermer ses prisonniers, et près desquelles on suppose qu'existait le fort de l'Exapile. Ces carrières sont les moins grandioses de Syracuse. Le poëte Philoxène y fut retenu, pour avoir osé déclarer à Denys qu'il faisait de mauvais vers; on se rappelle sa courageuse réponse : « Qu'on me ramène aux latomies. » Philoxène y composa son plus bel ouvrage : le *Cyclope*, satire dirigée contre le tyran.

Continuant notre longue promenade, nous arrivâmes à Tyca et regagnâmes Syracuse en passant auprès du théâtre.

La ville moderne est la place forte la plus importante de la Sicile; ses remparts sont très-étendus, et sa rade est défendue par le fort de Maniacci, bâti sur la pointe extrême d'Ortygie.

Syracuse est pauvre, dépourvue d'industrie, et la plupart de ses familles distinguées vont vivre à Palerme, où il y a plus de ressources et de plaisirs. Les principaux objets du faible commerce de cette ville, sont le vin, l'huile, le blé qu'elle envoie à Malte et à Messine, les oranges, le chanvre, le coton et le miel.

Le vin est fort, agréable au goût, et très-estimé comme vin ordinaire ou d'entremets, suivant la qualité. Le miel de Syracuse, connu dans l'antiquité sous le nom de *mel hybleum*, était recherché à l'égal de celui de l'Attique. L'Hybla parva, située à petite distance au nord de la ville sur la côte, est couverte de plantes aromatiques où les abeilles vont ramasser leur butin. Les ruches employées dans ce district sont carrées, longues de trois pieds, larges et hautes de dix pouces, et composées de morceaux de cannes de roseaux, enchâssés aux angles et enduits extérieurement de terre glaise. On les range comme des caisses dans un magasin, serrées les unes contre les autres. Pour recueillir la cire et le miel, on vide les deux tiers de la ruche, sans jamais la déplacer.

Syracuse est la première ville sicilienne où le christianisme ait pris racine. S. Paul y resta trois jours[1]. Comme toutes les bourgades du pays, elle a des Saints particuliers qu'elle honore presque exclusivement et dont le culte s'étend à quelques lieues à la ronde. Les couvents sont proportionnellement plus nombreux à Syracuse qu'en aucun autre lieu du royaume. D'après l'abbé Leanti, il y en avait dans le siècle dernier cent trente-cinq d'hommes et soixante et un de femmes; le nombre en est beaucoup moindre, mais toujours reste-t-il hors de toute proportion avec la population du pays.

Les institutions d'une époque, quoique bonnes à leur origine, peuvent, par leur excès ou leur dégénération, devenir funestes aux époques qui les suivent. L'ignorance des moines les rend incapables de répandre des lumières parmi les populations qui les entourent, et trop pauvres eux-mêmes, ils ne peuvent

---

[1] Voyez Actes des apôtres, 28, 12.

même plus rétablir l'aisance autour d'eux. Actuellement les habitants de Syracuse sont enrôlés dans deux confréries, celles de S. Philippe et du Saint-Esprit, lesquelles, à l'occasion des grandes fêtes, cherchent mutuellement à se surpasser en frais de cierges et de papier doré; leurs membres poussent si loin cette émulation peu chrétienne, qu'ils se condamnent, à cet effet, à des privations de toute l'année.

J'ai vu souvent dans les rues de Syracuse, comme dans celles de la plupart des villes napolitaines, des galériens occupés à enlever les ordures; des soldats armés les surveillent. On met quelquefois au nombre des condamnés, les militaires, sous forme de correction. Cette punition est infamante; c'est donc avilir les troupes, que de les obliger à reprendre et à traiter en camarades, des hommes qui viennent de vivre ainsi avec le rebut de la société.

LETTRE XXVIII.

Catane.

Nous sortîmes de Syracuse de très-bonne heure, et prîmes la direction nord. La colline de l'Acradine se termine du côté de la mer en une plate-forme large et généralement aride [1]. Nous la traversâmes, ayant en face de nous l'Etna, et nous arrivâmes au golfe de Scala græca. On y voit de grandes cavernes, taillées dans le roc, et servant maintenant de retraite aux troupeaux et aux bergers. Une croyance populaire les fait aboutir aux excavations de l'Épipoli. A un mille au delà existait Mégare l'hybléenne, ville fondée cent ans avant Sélinonte par une colonie de Mégariens, conduits par Lemos; elle n'a laissé aucune trace : une plage inculte, chargée de sable jaune, où croissent de grands chardons et des buissons, indique son emplacement. Cette plage s'étend vers une rangée de collines nues; le roc y perce de

---

[1] On croit que le fort de Bidi, dont parlent Thucydide et Cicéron, s'élevait en ces lieux.

toutes parts un sol stérile ; le silence, le manque de mouvement dans l'air, et la chaleur qui à cette heure peu avancée faisait déjà ruisseler la sueur de nos fronts, ajoutaient à l'aspect de solitude et de désolation de ce lieu.[1]

Nous laissâmes à notre gauche et à côté du sentier un monument antique carré très-ruiné, bâti en grosses pierres de taille. Les gens du pays lui donnent le nom de Tour de Marcellus. Suivant une autre tradition, cet édifice aurait été construit par les habitants de Syracuse en mémoire de leur victoire sur l'armée de Nicias. L'on ignore donc maintenant s'il a été destiné à éterniser le souvenir de la gloire ou de l'infortune de la ville antique. Une langue de terre,

---

1 D'après Plutarque (Vie de Marcellus), Mégare était une des villes les plus anciennes de la Sicile; il assure qu'avant la venue des Mégariens, elle florissait déjà sous le nom d'Hybla, que lui avait donné son premier fondateur Iblon. Strabon confirme ce fait dans son livre VI. Outre cette ville d'Hybla il y en avait deux autres du même nom en Sicile. Les Mégariens hybliens étaient appelés également Galéotiens, du nom de Galéotès, fils d'Apollon, qu'ils avaient en vénération particulière. La surabondance de la population de Mégare l'obligea à détacher la colonie qui s'établit à Sélinonte sous la conduite de Pamilius. Gélon détruisit Mégare 245 ans après sa fondation; mais les Syracusains la relevèrent, et elle resta florissante jusqu'au moment où Marcellus la détruisit de fond en comble pour servir d'exemple à Syracuse. Voyez Thucydide, livre VI, Hérodote, livre VII, et Tite-Live, livre IV.

longue et très-étroite, sépare le golfe de Scala græca de celui d'Agosta, ville maritime de 7 à 8000 ames, placée sur un rocher, au pied d'une colline assez haute [1]. Elle ne tient plus à la terre ferme depuis le tremblement de terre de 1693. Trois îlots fortifiés défendent son port, où le commerce du sel et de la soude entretient quelque activité. On parle encore en Sicile du massacre de trois cent cinquante Français revenant d'Égypte en 1800, et jetés par la tempête sur la côte d'Agosta. Ce forfait, auquel toute la population prit part, resta impuni.

Les deux golfes sont bornés par une plaine aride; des collines, dont les sommités dessinent une longue ligne droite, la ferment à un mille de distance; elles sont semées de pierres noires et grises, débris de tremblements de terre et d'éruptions volcaniques. Les vagues de la mer venaient lourdement frapper la plage et couvrir de leur écume le sentier que nous suivions. L'Etna présente de ce côté une pyramide immense et régulière.

Nous atteignîmes enfin le fond du golfe d'Agosta.

---

[1] On a prétendu qu'Agosta avait été fondée par l'empereur Auguste. Fazelli affirme qu'elle doit son origine à Fréderic II. Ayant été détruite pendant les guerres civiles par les Catanais, elle fut rebâtie par Frédéric III d'Aragon, contre lequel elle s'était révoltée, pour se donner à Louis, roi de Naples. Aliénée par le roi Alphonse, et cédée à divers seigneurs, elle rentra dans le domaine royal en 1567.

La plaine, mieux cultivée et plus accidentée, se peuple d'arbres; la route, garnie de touffes de grenadiers et d'orangers, est passable. Nous traversâmes plusieurs ruisseaux limpides, dont les rivages, abrités par d'énormes masses de pierres, sont garnis de haies naturelles de lauriers-roses : sur l'un de ces ruisseaux est jeté un beau pont en bois[1]. Une vallée pittoresque nous éloigna de la mer, et notre chemin s'engagea dans des collines entrecoupées de ravins à roches calcaires, sauvages, larges, profonds, boisés, bien arrosés et d'un grand caractère. Les rochers s'y dessinent en couches horizontales et sont taillés perpendiculairement comme des murs de forteresse.

L'on passe au pied d'un monument grec, décoré d'une demi-colonne dorique cannelée, et qui a eu quatre faces, actuellement fort dégradées; puis le sentier pénètre dans diverses gorges, alternativement arides ou ombragées d'oliviers. La nature du sol change ici; il est volcanique, parsemé de débris de laves, de tuf et de scories; et dans la disposition du terrain l'on reconnaît, à diverses reprises, d'anciens cratères.[2]

---

[1] L'une de ces petites rivières est l'ancien fleuve Pantagia.

[2] Les rochers sont disposés en couches alternatives de lave et de calcaire coquillier en bancs horizontaux; ce qui prouve qu'en ces lieux la terre a été maniée plusieurs fois par la nature; qu'après avoir été travaillée par le feu, elle l'a été par les eaux; en un mot, que des volcans existaient ici

Nous laissâmes sur une hauteur le bourg de Carlentini, fondé en 1551 par don Juan de Vega, vice-roi de Charles V : alors commence une longue descente ; elle finit à Lentini, ville adossée à des hauteurs couvertes de masses de rochers percées de mille grottes, et de plantations d'oliviers et de nopals. Lentini domine un plateau verdoyant qui s'abaisse vers un lac assez vaste. Cette campagne, connue dans l'antiquité sous le nom de *Leontinus Ager*, était d'une fertilité extrême ; aux rapports de Cicéron, Diodore et Pline, les grains y rendaient cent pour un. Le lac est entouré de collines, premières gradations d'un immense amphithéâtre, qui s'élève peu à peu jusqu'aux principales montagnes de la Sicile.

Lentini est moderne, ayant été renversée, en 1693, lors du grand tremblement de terre, et rebâtie ensuite ; elle s'est élevée sur l'emplacement de Leontium, fondée, suivant Thucydide, cinq ans après Syracuse, par Téoclès et les Naxiens, dans le pays des féroces Lestrigons, qu'Homère qualifie de man-

---

avant la retraite de la mer. Il paraît qu'il n'y avait rien de commun entre ces volcans et l'Etna ; car dans la plaine de Catane on ne trouve que des bancs de pierre d'un calcaire compacte et blanc. Les courants de lave sont ici vers le sud, et leurs formes délabrées, interrompues par les lits des ruisseaux et mêlées à d'autres matières, indiquent que ces collines sont d'une formation antérieure à la partie visible du Gebel. Les montagnes voisines abondent en cratères éteints.

geurs d'hommes¹. La cité ancienne avait un port sur la mer à cinq milles de distance. Les vestiges d'antiquités se réduisent à une citerne et à des bases de murs et d'aqueducs.

On se rend en une heure de la ville au lac Béviéré. Le chemin traverse une plaine riante et cultivée; l'Etna la domine d'une part; la montagne de Castro-Giovanni de l'autre. Nous arrivâmes à l'angle sud-est du lac; de ce côté, ses eaux s'écoulent au-dessus d'une chaussée en pierre. Cette grande écluse sert en même temps à la pêche, surtout des anguilles; elles tombent sur un grillage, construit en joncs, et sont transportées aux marchés voisins.

Le Béviéré, qui, d'après la mythologie, était l'œuvre d'Hercule, est le plus grand lac de la Sicile;

---

1 Leontium fleurit longtemps comme république oligarchique, mais fut souvent en proie à des dissensions intestines. Phalaris, tyran d'Agrigente, s'en rendit maître. A sa mort la ville recouvra son indépendance, et resta démocratie jusqu'au temps de Gélon. Leontium était connu dans l'antiquité pour la bonne chère qu'on y faisait. Un proverbe disait : *Leontini semper ad pocula*. L'accroissement de sa population donna naissance à *Euboja* (Strabon, livre VI). Georgias, célèbre philosophe et orateur, disciple d'Empédocle, maître d'Isocrate et de Périclès, ami de Thucydide, naquit à Leontium. Ses concitoyens l'envoyèrent à Athènes pour demander des secours contre les Syracusains. Les Athéniens, charmés de son éloquence, l'engagèrent à rester chez eux pour donner des leçons de rhétorique et lui accordèrent sa demande.

il a douze à quinze milles de tour; cependant cette nappe d'eau n'égaye point le paysage, et l'œil n'aperçoit aucun accident pittoresque sur ses arides bords, semés de débris volcaniques. Près du rivage oriental on gravit un plateau de pâturages fort étendu, qu'entrecoupent des vallons étroits, tapissés de verdure, et dans les formes desquels on reconnaît l'action de violentes révolutions de la nature. La plaine de Catane, la plus fertile de la Sicile, à laquelle cependant le manque d'arbres donne un aspect monotone, sépare cette triste région de l'Etna. La hauteur sur laquelle nous marchions finit du côté du volcan, soit en pente douce, soit brusquement en rochers d'apparence spongieuse et tourmentée; ils marquent le terme de la région volcanique méridionale.

Nous descendîmes dans la plaine, dont un marais indique le commencement; elle est fort basse, presque au niveau de la mer, comme pour faire ressortir encore davantage l'immensité de l'Etna. L'œil mesure ses colossales proportions, depuis sa base jusqu'à sa cime fumante, sans être arrêté par aucun obstacle. Nous passâmes en bac le Giaretta, l'ancien Symèthe, fleuve le plus considérable de la Sicile. Durant son cours de trente lieues, il reçoit dans son sein un assez grand nombre de rivières, entre autres le petit Fiume Salso [1]. Non

---

[1] D'après les anciens poëtes, la nymphe Thalie, métamorphosée en source après ses amours avec Jupiter, donna naissance au Symèthe.

loin de son embouchure florissait Morgentia, ville ruinée de fond en comble par les Carthaginois, et dont l'existence est connue seulement par tradition. On recueille aux lieux où le Giaretta se décharge dans la mer, de l'ambre jaune, que les ouvriers de Catane travaillent. Les morceaux de cet ambre contiennent souvent divers insectes, très-bien conservés; il est plus électrique et plus odorant que celui de la Baltique.

La plaine est coupée d'espaces marécageux, dans lesquels paissent des troupeaux de moutons et de chèvres. Plus on avance, et plus l'Etna grandit. On commence à compter la multitude de cratères secondaires, ouverts sur ses flancs; d'abord ils se perdent dans l'éloignement; le regard suit plusieurs sombres traînées de lave, qui se montrent encore dans toute leur nudité; il contemple le vaste enchaînement de collines, successivement formées par les siècles et les éruptions à la base du volcan. Catane est située au pied de ces coteaux riants et cultivés, et baignée par la mer. De grandes coupoles la dominent; au-dessus d'elles s'élève majestueusement celle du couvent des bénédictins.

Des maisons isolées, blanches et bâties sur d'anciennes laves, annoncent la ville. Nous y entrâmes en traversant une petite ruelle escarpée et mal bâtie; mais bientôt nous vîmes les beaux quartiers. Catane est grande, bien percée, décorée de jolies maisons et de vastes édifices publics. La belle rue du Cours la traverse en entier et aboutit à la mer; des boutiques nombreuses et des magasins de soieries annoncent que cette ville est industrieuse, et qu'en dépit des terribles catastrophes dont elle a été la victime, elle est restée un des points les plus riches et les plus importants de la Sicile.

LETTRE XXIX.

Catane.

Suivant d'antiques légendes, les Cyclopes, premiers maîtres de la Sicile après le déluge, ont fondé Catane. Son nom primitif fut *Cat Etna*. Les Phéniciens et les Sicules l'ont habitée aussi; mais son histoire ne devient positive qu'après l'arrivée des colonies hellènes en Sicile. La Catane grecque doit son origine aux Chalcidiens, fondateurs de Naxos et de Leontium, sous la conduite de Théoclès. Prise par Hiéron, tyran de Syracuse [1], reprise par les Chalcidiens, puis par les Athéniens, cette ville passa enfin sous la domination de Denys l'Ancien, qui s'empara en même temps des autres cités, bâties le long de la côte, et en fit raser les murs.

Catane égalait presque Syracuse en magnificence; elle renfermait des temples, élevés à plusieurs dieux ou personnages héroïques; des théâtres, des cirques

---

[1] Strabon, livre VI; Diodore, livre IX. Hiéron nomma gouverneur de Catane *Cronicus*, homme doux et modeste, et refusa d'y exercer la royauté.

et des naumachies ; elle était riche et puissante, et vit naître Charondas, le plus sage des législateurs siciliens.

Catane fut une des premières conquêtes des Romains en Sicile. Pompée s'en rendit maître plus tard, et la traita durement, pour la punir d'avoir embrassé le parti de César. Auguste la repeupla d'une nouvelle colonie, et elle resta florissante jusqu'aux temps de Théodose. Puis les Goths, les Vandales, les Grecs du bas-empire, les Latins, les Sarrasins, les Normands et l'empereur Fréderic II, la dévastèrent successivement ; enfin, les éruptions de l'Etna et les tremblements de terre la détruisirent à diverses reprises de fond en comble et ensevelirent sous ses décombres plus de la moitié de sa population.[1]

---

[1] Les secousses de 1169 n'y laissèrent pas une maison sur pied, et firent périr 15,000 citoyens sous les décombres ; celles de 1563 furent accompagnées de résultats presque aussi funestes.

La terrible éruption de 1669 est la plus épouvantable de celles dont les fastes de la Sicile conservent la mémoire ; elle bouleversa les campagnes de Catane, ruina ses villages et laissa après elle des traces effroyables. Cette éruption partit du cratère des Monti-Rossi : de violents tremblements de terre, accompagnés d'horribles mugissements, en marquèrent le commencement. Le 11 mars il se fit dans la montagne une crevasse longue de douze milles ; un immense torrent de lave prit son écoulement quatre mois après qu'on eut commencé à sentir ces ébranlements, détruisit le plus beau pays de la

Le souvenir de ces désastres donne un intérêt particulier à Catane. Nulle part on ne trouve une plus frappante image de l'attachement des hommes à leur sol natal, malgré les malheurs qu'ils y ont éprouvés et qui peuvent se renouveler d'un jour à l'autre. Catane est constamment ressortie plus belle de toutes ces horreurs, et, en dépit des sévères leçons du passé et de la terreur qui, après chaque catastrophe, était restée gravée dans les cœurs, on voyait au bout de peu de mois ses habitants dispersés se réunir de nouveau et reconstruire leurs demeures avec les ruines mêmes des édifices sous lesquels leurs pères avaient été ensevelis. Un sage édit de Roger prescrivait d'élever les maisons seulement à un étage au-dessus du rez-de-chaussée; mais il ne fut pas longtemps observé. Les rues de Catane, larges, régulières et pavées de lave, sont bordées de maisons à deux ou trois étages, de palais et d'édifices publics; les nouvelles con-

---

Sicile et une quantité de villages; enfin ce déluge de feu arriva à Catane, et s'y divisa en deux bras, qui tous deux se jetèrent dans la mer et ruinèrent le port, après avoir englouti les deux tiers de la ville. Non moins terrible, le tremblement de terre de 1693 acheva presque de renverser ses tristes restes, et ensevelit en même temps 18,000 individus. Les effets de ce fléau se firent ressentir dans les cités des environs jusqu'à Syracuse. L'on estime à 60,000 le nombre de ses victimes.

On ressentit dans le dix-neuvième siècle plusieurs secousses de tremblements de terre à Catane; celle de 1818 coûta la vie à cent cinquante personnes.

structions s'allient aux anciennes, que l'on aperçoit encore à plus ou moins de hauteur.

L'on reproche avec raison aux architectes catanais d'avoir mal enchâssé de belles colonnes antiques dans la bâtisse de monuments modernes, et d'avoir surchargé divers édifices d'ornements de mauvais goût, d'après le style du siècle dernier; mais cela disparaît dans l'ensemble, et au total Catane l'emporte même sur Palerme, en dépit de l'étendue et de la population de cette capitale.

De grandes rues coupées en croix partagent Catane en quatre portions à peu près égales. Deux places rompent l'uniformité de la ville; l'une d'elles, celle du marché, est un rectangle entouré d'un élégant portique couvert, au-dessus duquel sont divers palais publics, entre autres celui de l'université; la seconde, sans être aussi régulière, est plus large et plus pittoresque. On y voit la cathédrale, élevée par les Normands, et qui jusqu'à présent a résisté aux tremblements de terre. Un obélisque, porté sur le dos d'un éléphant en lave, est placé devant sa façade.[1]

Catane compte 45,000 âmes, et sa population serait sans doute beaucoup plus considérable, si la multiplicité des établissements religieux ne mettait

---

[1] Cet obélisque est octogone et porte les mêmes hiéroglyphes sur les deux faces opposées. Il a quatorze palmes de haut sur deux de large. Je ne le crois pas égyptien; il est lourd et d'une mauvaise forme.

entrave à son accroissement. Les couvents y sont proportionnellement nombreux comme à Syracuse, et toutes les branches cadettes des familles nobles vont s'y éteindre. On est fort agréablement surpris, en parcourant les rues, d'y rencontrer peu de mendiants ; il règne de l'activité dans la ville, et les gens du bas peuple sont employés dans les fabriques, au lieu de se livrer à la paresse et à la misère, comme dans le reste de la Sicile.

Au plaisir de se promener dans une ville propre et bien percée, se joint celui de jouir constamment de la vue d'un paysage grandiose et magnifiquement développé. A l'extrémité des rues un tableau pittoresque se montre aux regards ; tantôt ils portent sur l'Etna, tantôt sur la mer.

Les éruptions ou les tremblements de terre avaient détruit ou enseveli les édifices de Catane antique. Les amis des arts et des sciences doivent honorer la mémoire du prince Biscari, homme d'une grande activité et d'un profond savoir, qui employa ses revenus à les découvrir. Si ses descendants avaient hérité de son zèle, les déblayements eussent été continués, et on ne verrait pas les derniers restes de la cité ancienne perdus sous un encombrement de mauvaises baraques modernes [1]. Il est pénible de visiter ces

---

[1] L'abbé Ferrara a continué en partie les travaux du prince Biscari ; cependant, bien des monuments, dont le souvenir

monuments ensevelis, dont on ne devine plus rien que la torche en main. L'esprit ne peut se faire une idée exacte d'un ensemble qui n'est aujourd'hui que confusion. Le prince Biscari a fait déblayer un sixième environ du théâtre de Catane[1]. Il était à trois étages; une galerie le couronnait. Les gradins, dont la pente naturelle du terrain avait facilité la construction, sont assez bien conservés. L'entrée de l'édifice se trouvait entre l'extrémité des siéges et la scène. Un aqueduc antique, destiné à alimenter les bains placés sous le dôme actuel, passait au-dessous du théâtre. Ses eaux, dont le niveau s'est considérablement élevé depuis la dernière grande éruption de l'Etna, couvrent le parterre. On a déterré ici un grand nombre de statues, de colonnes et de marbres, actuellement réunis en majeure partie dans le Musée du prince Biscari.

Un passage servait de communication entre le théâtre et l'Odéon, lieu destiné aux exercices des acteurs et à faire de la musique. Ses débris consistent en arcades, séparées entre elles au moyen de simples pilastres. Ces arcades ont été converties en boutiques et en échoppes. Il est à peu près impos-

---

s'est conservé, n'ont plus été retrouvés; tels que le cirque, le gymnase de Marcellus, etc.

[1] Il avait 320 pieds de diamètre d'une extrémité des gradins à l'autre.

sible de reconnaître les formes antiques au milieu de ces constructions.

Des maisons, des églises et des couvents sont établis sur les degrés de l'amphithéâtre [1], et pour arriver à la portion du troisième étage des galeries, que le prince Biscari a fait déblayer avec des peines infinies, l'on descend beaucoup, tant est considérable l'exhaussement du sol produit par les éruptions. Le niveau de la galerie inférieure indique celui de la ville antique. L'amphithéâtre date de la domination romaine; mais aux temps de Théodoric déjà, ses matériaux furent employés à la construction des murailles de la ville.

Il y a beaucoup de bains antiques à Catane. Les plus intéressants sont souterrains et dépendaient du grand temple de Bacchus. Un escalier, pratiqué à côté du portail de la cathédrale, y conduit. Quatre gros piliers soutiennent la première salle, et son plafond est orné de bas-reliefs en stuc très-effacés, représentant des amours. On ne peut voir les autres pièces de l'établissement; elles servent de catacombes aux chanoines du chapitre. La cathédrale, bâtie au-dessus des bains, est un lourd édifice, dont cependant la coupole ne manque pas de majesté. Six co-

---

[1] Voici les proportions que le prince Biscari lui assigne : grand diamètre extérieur 389 pieds; petit diamètre, 332 pieds; grand diamètre de l'arène, 233 pieds; petit diamètre, 176 pieds.

lonnes antiques, longtemps ensevelies et tirées du théâtre, décorent sa lourde façade, ornée d'un double ordre corinthien. L'intérieur du dôme n'a de remarquable que son pavé antique et une très-mauvaise fresque, représentant l'éruption de 1669. Cette église est placée sous l'invocation de Ste Agathe, patronne de Catane, comme Ste Rosalie l'est de Palerme.

Les bains froids communiquaient autrefois avec les salles des eaux thermales, maintenant obstruées sous un couvent.

Les autres ruines de Catane et de ses environs consistent en quelques arcades de la place du marché antique, en tombeaux et en plusieurs vestiges de bains publics et d'aqueducs.

Les débris du soi-disant temple de Proserpine sur la colline de Licatia, et ceux de l'édifice consacré à Cybèle, près de la fontaine de Césile, ne sont d'aucun intérêt.

Les restes du magnifique temple de Cérès, dont parle Cicéron, et où les femmes seules entraient, se bornent à des murailles informes auprès du boulevard dit *degli Infetti*. Le zèle exagéré des premiers chrétiens renversa cet édifice, et la légende raconte que Léon le Grand, évêque de Catane, le fit tomber par la seule vertu de sa prière.

Les monuments antiques de Catane sont généralement construits en laves taillées. Depuis combien de siècles l'Etna avait-il vomi ces pierres, lorsqu'on songea à les employer sur ces lieux mêmes qui ont été témoins de tant d'émotions terribles?

Nous avons fini la journée au théâtre. La salle est d'un bon style. Le spectacle auquel nous assistâmes, peut donner une idée du sans-gêne des mœurs siciliennes. On joua d'abord une traduction de la Somnambule; puis l'acteur qui avait rempli le rôle de Gustave Mauléon, reparut sur la scène, pour imiter les poses des statues antiques les plus célèbres. Son costume consistait simplement en un petit caleçon de tricot, descendant jusqu'au milieu des cuisses. Cependant, les dames et les demoiselles, habituées à voir des hommes ainsi vêtus dans les rues, restèrent à cette seconde représentation, et ne furent pas les dernières à applaudir.

LETTRE XXX.

Catane.

Catane renferme divers débris du moyen âge, outre les antiquités dont je viens de parler. Nous allâmes au château Orsini, castel flanqué de tours, et bâti par l'empereur Fréderic II, roi de Sicile. Lors de l'éruption de 1669, les laves entourèrent ce fort sans le couvrir; il est dans la portion de la ville la plus ravagée par le fléau destructeur. D'énormes monceaux de produits volcaniques s'élèvent au-dessus des murs et des édifices du voisinage. Ces masses, raboteuses, arides et noires, se perdent dans la mer et forment une traînée longue de douze à quinze milles; elles comblèrent en grande partie le port. Les auteurs siciliens font une effrayante description du conflit épouvantable qui eut lieu, lorsque les flammes du volcan se sont précipitées dans les ondes. Le bruit dont ce phénomène était accompagné surpassait, disent-ils, le fracas du tonnerre le plus violent; l'eau se retirait devant le feu et semblait se resserrer dans son lit; d'épaisses ténèbres obscurcirent alors le soleil, et couvrirent de leur sombre voile cette scène d'horreur; la mer elle-même perdit momentanément la transparence de ses eaux, et les poissons périrent dans son sein.

Les laves se sont amoncelées en certains endroits à plus de cent pieds de hauteur; on y a cependant tracé des chemins, élevé des terrasses et bâti des maisons; mais la nature y conserve un air sévère et désolé. Une partie de la lave avait coulé au-dessus des murs de la ville et a été enlevée; l'on aperçoit ces murs au-dessous de la voûte formée par le torrent pétrifié, et à leurs pieds, fort au-dessous du niveau de Catane actuelle, coule la fontaine de Gamazita.

Le port est petit, et les barques qui y entrent portent de faibles chargements. Une jetée le ferme d'un côté; de l'autre, une formidable traînée de lave oppose un invincible obstacle aux flots, et les vagues se brisent souvent avec impétuosité sur sa masse noire, en lançant dans les airs de longues gerbes d'écume.

Nous nous rendîmes du port au palais dans lequel le prince Biscari a réuni son Musée, composé en général d'objets trouvés dans le pays. Cette collection est au-dessous de sa réputation, cependant elle a le mérite d'être bien arrangée. Le Musée occupe plusieurs salles et galeries qui se succèdent les unes aux autres sur trois cours intérieures. Dans ces cours sont des colonnes antiques, des chapiteaux, des fragments d'architecture, de grandes jarres, et d'autres objets trop volumineux pour être placés dans les salles. Jadis l'académie des Etnéens, fondée par le prince, s'y réunissait, et lisait des sonnets et des poésies sur des objets d'antiquité et d'histoire naturelle.

Le Musée se divise en trois classes principales : les antiquités, les produits d'histoire naturelle, et les curiosités de diverses espèces.[1]

---

[1] Les antiquités qu'il renferme sont les suivantes :

1.° Marbres, statues, mosaïques tirées des thermes, bas-reliefs, bustes, frises, inscriptions funéraires, chapiteaux et fûts de colonnes.

Parmi les statues j'ai remarqué un très-beau torse colossal, qu'on suppose être celui de Jupiter Éleutère. Toutes les autres sont mauvaises. Les bustes ne sont guère meilleurs. On montre celui du génie protecteur de la ville de Catane, provenant du théâtre ; il est d'un travail détestable. Le buste d'Apollon est un des moins médiocres de la collection. Ceux d'empereurs, d'impératrices et d'hommes illustres, sont assez nombreux, mais généralement mauvais.

La salle qui renferme ces marbres est supportée par diverses belles colonnes, qui ont appartenu au théâtre, et soutiennent de riches débris d'architraves et de frises antiques.

2.° Idoles, pénates, lampes et petits ustensiles en terre cuite.

3.° Vases siciliens. Cette collection est la plus intéressante du Musée. Les formes des vases sont variées à l'infini et d'une élégance extrême. Leurs dessins représentent des sujets my-

Il ne serait pas permis à un voyageur de séjourner à Catane sans aller voir le couvent des bénédictins cassiniens de San-Nicolo dit d'Arena, l'un des monastères les plus riches et les plus vastes de la chrétienté.

Les moines devraient, d'après leur vœu, vivre aux confins des lieux habitables de l'Etna; mais, se dispensant de cette obligation trop sévère, ils ont élevé dans la ville même un cloître, qui, par ses dimensions et son architecture, semble plutôt un château royal qu'un lieu destiné à la pénitence. Au reste, à en juger d'après l'air de santé et l'embonpoint de ces pères, leur règle n'est point

---

thologiques ou historiques; ils paraissent dater du meilleur temps.

4.° Bronzes, ustensiles de ménage et de toilette, lampes et petites statues.

Le médailler du prince Biscari passe pour fort complet; l'entrée en est interdite au public depuis que plusieurs médailles et pierres gravées ont été dérobées.

5.° Les produits d'histoire naturelle de ce Musée m'ont paru peu remarquables, sauf la collection des laves de l'Etna, qui sont presque toutes rousses ou mouchetées de gris et bien moins variées que celles du Vésuve. L'Etna renferme du fer et du sel ammoniac, mais peu de soufre, de marbres et de matières vitrifiables. Le Vésuve, au contraire, contient ces objets en grande abondance; c'est à leur mélange qu'il faut attribuer les variétés si nombreuses et si belles de ses laves.

Les autres curiosités de la collection Biscari consistent en armes, armures, costumes, etc.

rigide; ils forment ici, comme dans la Sicile en général, une caste à part, dont l'extérieur florissant contraste avec l'apparence de misère du peuple.

Le bâtiment existait en grande partie avant l'éruption de 1669; la lave l'a entouré sans l'ensevelir. On y arrive en traversant la grande cour qui précède la façade principale : cette façade est ornée de pilastres et d'encadrements de fenêtres en style du siècle dernier. L'escalier se divise en deux bras, il est en marbre blanc et aboutit à de magnifiques corridors, sur lesquels s'ouvrent les cellules ou plutôt les appartements des bénédictins. Deux cours intérieures sont plantées en jardins; la seconde est entourée d'un péristyle couvert, dont les colonnes toscanes sont également en marbre blanc.

Au moment de notre entrée dans le monastère, l'un des moines s'était offert, selon l'usage, pour nous servir de guide : sa figure pâle, si différente de celle des autres religieux, me rappela d'anciens souvenirs; et de son côté, il m'examinait avec une curieuse attention: bientôt le son de sa voix, et plus encore sa démarche pénible, ne me laissèrent plus de doute, et je reconnus en lui Don Félix M..., jeune Sicilien, que j'avais vu assez souvent dans un des couvents de Rome, il y a quelques années, et dont l'esprit cultivé et la conversation aimable m'avaient vivement intéressé. La reconnaissance fut réciproque et cordiale; Don Félix parut me retrouver avec un vif plaisir, et tout en s'appuyant sur mon bras, pour nous faire parcourir les longues galeries du cloître, il me parlait de Rome et des moments que nous avions passés ensemble.

Il nous fit entrer dans la vaste et belle église des bénédictins, pour voir ses orgues et ses colonnes de vert antique. Nous passâmes ensuite de l'étage supérieur de l'édifice, par le moyen d'un pont jeté au-dessus d'un profond ravin de lave, dans un grand jardin, créé avec des peines et des dépenses infinies. Le fond, tout volcanique, y a été recouvert en entier de terre végétale rapportée; toutefois ce grand travail n'est d'aucune utilité réelle. Nous ne pûmes entrer dans la bibliothèque du couvent, le custode étant sorti, mais Don Félix nous conduisit au Musée du cloître; collection composée des mêmes objets que celle du prince Biscari, moins nombreuse et mal classée.

La coupole de l'église des bénédictins est la plus élevée de Catane. On y domine la ville entière, bornée d'un côté par la mer, adossée de l'autre au dernier degré de l'Etna. Les deux énormes fleuves de lave de l'éruption de 1669 ont envahi la moitié de la contrée; le bras gauche est d'une couleur noire, sur laquelle se détachent en vert clair les figuiers d'Inde dont il commence à se couvrir; ces nopals sont le point de départ de la culture des laves. Actuellement elles s'écoulent ordinairement du côté opposé de l'Etna, et si, lors de la dernière éruption, elles ne se fussent arrêtées subitement à quelques cents pas de Bronte, cette ville eût été engloutie en entier. Cependant de fréquentes secousses de tremblement de terre rappellent aux Catanais que leur existence n'en est pas moins précaire. Les rues ont été inondées, il y a deux ans : cet accident a été attribué à la crue d'un fleuve souterrain ; cependant la retraite des eaux s'opéra sans aucun résultat funeste pour Catane. Je pris congé de Don Félix, en lui promettant de venir le voir encore avant mon départ.

Une dame anglaise était sous la porte du couvent lorsque nous en sortîmes, et prétendait, avec toute la roideur du sang-froid insulaire, rompre la consigne du portier. Elle voulait rejoindre son mari, qui dessinait dans le second portique, et elle le voulait avec l'entêtement le plus comique. — « Madame, c'est contre les règles de l'ordre. » — Oh! je veux entrer, et elle avançait. — « Madame, c'est la plus grande inconvenance, jamais on n'a violé de la sorte la règle du couvent. » — Ça m'est égal. — « Mais Madame, vous serez excommuniée. » — Ça m'est égal. — « Jésus Marie ! » Heureusement le mari arriva, sans quoi je ne sais comment la scène se fût terminée.

Je me rendis du couvent à l'université. Elle était jadis la seule de la Sicile; le bénédictin de Primis la fonda en 1444, sous le règne du roi Alphonse; sa bibliothèque se compose de 80,000 volumes : de même que l'université de Palerme, celle-ci n'est d'aucune ressource aux classes peu aisées, et en dépit de ces deux établissements, la Sicile est restée le pays de l'Europe le plus dénué de moyens d'instruction. Le gouvernement, loin de l'encourager dans les villes du second ordre et les villages, paraît l'empêcher à dessein de s'y répandre; peut-être craint-il que la nation ne devienne moins souple au joug qu'il lui impose? Les bourgs du pays sont dépourvus de bonnes écoles primaires; une foule de gens doués des dons naturels les plus heureux, usent leur vie dans le désœuvrement et de futiles plaisirs; c'est dans les hautes classes seules qu'on rencontre parfois un savoir réel et varié.

Outre la bibliothèque de l'université, la ville possède celle des *studii*. Le collége de la noblesse de Catane a été érigé par Cultelli; on y reçoit, dit-on, une éducation soignée.

L'on nous conduisit au lieu où un préteur romain fit souffrir le martyre à S.ᵗᵉ Agathe, patronne de Catane, que j'ai déjà nommée. Son voile se conserve à la cathédrale, et si l'on en croit les bonnes gens, il a la vertu d'arrêter les ravages de l'Etna; en le présentant à la lave la plus enflammée et la plus rapide, elle reste froide et immobile; malheureusement, ajoute-t-on, on a toujours fait la cérémonie trop tard[1]. Les Catanais attribuent ce pouvoir sur-

---

[1] Fazelli ajoute une foi entière à ce miracle; il en parle souvent dans son ouvrage, décade I, livre II, chap. 4.

naturel non-seulement au voile de Ste Agathe, mais encore à de petits morceaux de toile et de coton bénits, et qui ont touché le saint tissu. Lorsque l'événement ne justifie pas leur croyance, ils ne perdent pas confiance, mais ils soutiennent que celui qui employait le voile n'avait pas assez de foi.

Le corps de la sainte, enlevé par Mainacès, fut rapporté à Catane en 1127, et ses reliques firent, dit-on, un grand nombre de miracles à leur arrivée; depuis lors la fête de Ste Agathe se célèbre régulièrement en février et en août, avec les solennités et les réjouissances usitées en Sicile en pareille occasion.[1]

---

[1] Catane est la dernière ville du val de Noto en remontant vers le nord, et chef-lieu d'une des sept intendances de Sicile.

LETTRE XXXI.

Catane.

LE MOINE.

Fidèle à ma promesse, je retournai dans l'après-dîner au monastère des bénédictins. Don Félix, après avoir passé une heure ou deux avec moi dans la bibliothèque, me proposa de me faire voir une partie de Catane que je ne connaissais pas encore. Je le suivis. Nous nous dirigeâmes vers le jardin d'un couvent situé sur une hauteur. La végétation sicilienne y développe tout son luxe : les cyprès, les platanes et les orangers y ont atteint une croissance prodigieuse. Leurs masses opaques se dessinaient en silhouettes sur un ciel pur qu'embrasaient les feux du soir. Nos regards se portaient sur la ligne magnifique que dessine l'Etna, borné au-dessus de Catane par une large ceinture de vignes, de mûriers et d'oliviers. La mer, sur laquelle le soleil couchant versait des flots d'or et de lumière, se confondait avec l'atmosphère, et la côte de Syracuse, éclairée par les derniers rayons du jour, se montrait dans le lointain. Ceux qui ont vu la fin d'une belle journée dans les climats méridionaux, connaissent le charme mélancolique de ces heures solennelles, pendant lesquelles l'âme semble particulièrement disposée à la communication intime et à l'épanchement. Don Félix, absorbé dans une profonde méditation, reprit bientôt la conversation; la vue que nous contemplions ramenait ses souvenirs à l'époque de son enfance, et insensiblement mes questions l'engagèrent à me raconter l'histoire de sa vie, dont, au reste, il ne faisait pas mystère; car à Rome déjà quelques détails qui s'y rapportent étaient parvenus à ma connaissance et avaient excité mon intérêt et ma curiosité.

Le récit de ce jeune moine devait me prouver encore d'une manière bien évidente combien est déplorable l'usage, adopté dans presque toute l'Italie, et principalement en Sicile, de faire entrer dans les couvents des hommes qui ne sont pas appelés à la vie du cloître par une vocation véritable, et qui par conséquent restent toujours loin de l'esprit de leur état. Les monastères sont regardés dans ces pays comme d'excellentes institutions, parce qu'ainsi que j'ai déjà eu occasion de le dire, les familles ont coutume d'y placer ceux de leurs enfants dont elles ne sauraient d'ailleurs que faire. Aussi la manière de vivre des religieux siciliens est-elle en général peu édifiante. Don Félix même, quoique supérieur en lumières à la plupart des moines du pays, et réconcilié avec une destinée vers laquelle ses goûts ne le portaient pas, n'a jamais joui en lui-même du bonheur qui doit être le partage du véritable cénobite et qui n'a rien à envier aux plaisirs du monde et des sens. Aujourd'hui encore, à en juger par ses paroles, il est résigné plutôt que consolé et heureux, et souvent, presque à son insu, son âme ardente jette un coup d'œil de regret sur les jouissances terrestres qui lui sont interdites.

« Mon père, me dit-il, est né dans le nord de l'Italie. Des raisons de famille le forcèrent à s'expatrier. Jeune encore il s'était distingué dans la carrière des armes. Le hasard l'amena en Sicile; il y fit connaissance de ma mère, fille noble et belle, mais peu riche, l'épousa et se fixa avec elle dans une petite ville située sur le revers opposé de l'Etna. J'étais l'aîné de deux fils. Notre maison, située à l'entrée de la ville, dominait une vallée fraîche et ombragée; elle formait un carré, dont une cour, tapissée de vignes et d'orangers, occupait l'intérieur. C'était là le théâtre ordinaire de nos jeux, et le soir un vieux religieux assistait habituellement à nos réunions, nous donnait des leçons et cherchait à cultiver nos jeunes intelligences. Mon caractère ardent et impétueux m'avait rendu le favori de mon père, qui se plaisait à prédire qu'un jour je ferais un bon soldat. — J'avais douze ans à peu près, lorsqu'une famille romaine, celle du comte de R...., vint s'établir pendant une année dans la ville que nous habitions. Ce climat avait été jugé favorable à la santé chancelante de la comtesse. Les deux fils R.... et leur petite sœur Lucia devinrent bientôt les compagnons de nos plaisirs. En ma qualité d'aîné de la troupe, je me déclarai protecteur de Lucia; elle s'attacha à moi de toute la force de son cœur. Nous passâmes ensemble nos moments de loisir, et lorsqu'arriva le jour du départ, nous nous quittâmes avec bien des larmes. Malgré ma grande jeunesse je fus long-temps à retrouver ma gaîté habituelle. Ces souvenirs d'enfance ont eu plus tard une terrible influence sur ma vie, comme vous en pourrez juger.

« Un accident renversa l'édifice de mon bonheur et les projets formés pour mon avenir. Je me fracassai la jambe gauche en descendant du sommet de l'Etna. L'on me traita mal, et après de longues et terribles souffrances, je retrouvai enfin la santé; mais je restai estropié. La vivacité d'un chagrin qui frappait l'avenir de toute ma vie, fut amortie par une autre peine, plus cuisante encore. La conduite de mon père à mon égard changea entièrement. Je n'étais plus ce fils favorisé, dont il se plaisait à exciter le courage et l'agilité. Ancien soldat, il ne connaissait d'autre gloire ni d'autre carrière que celle des armes; il me regarda presque avec dédain, disant que je n'étais plus bon qu'à devenir moine.

Sa tendresse se reporta en entier sur mon frère cadet. Je sentis profondément cette distinction; elle m'affecta mortellement. L'amour de ma mère redoubla au contraire; me voyant malheureux, elle imaginait mille moyens pour me consoler; elle et le vieux religieux, notre commensal, tentèrent de tourner mes pensées vers les choses sacrées et de me faire encore envisager mon entrée dans les ordres sous un point de vue d'honneur et de gloire pour ma famille et moi. Le père Joachim me traça un tableau séduisant de la vie monastique, de ses pieuses extases, de ses méditations laborieuses et de ses heures consacrées à des travaux utiles. Il captiva mon imagination; je trouvai du charme aux études entreprises sous sa direction. Calme et triste dans la maison paternelle, étranger aux passions, le cloître m'apparaissait comme une douce retraite, dans laquelle je coulerais des jours tranquilles. Le père Joachim, d'origine napolitaine, obtint pour moi l'entrée du couvent des bénédictins de la C.... Je fis mon noviciat aussitôt que mon âge me le permit. Le monastère, situé à quelques lieues de Naples, dans une retraite pittoresque et sauvage, me charma. C'est dans ces mêmes lieux que Salvador Rose a formé son goût âpre et fantastique. Le moment où je dus prononcer mes vœux arriva : je fus revêtu de l'habit de l'ordre; j'étais tranquille, presque gai; aucun trouble n'agita mon âme dans cet instant solennel.

Pendant quelque temps je restai dans une parfaite quiétude : mon sort était fixé à jamais; j'envisageais l'avenir sans crainte; je suivais exactement la règle du couvent; je profitais de sa belle bibliothèque pour continuer mes travaux.

« Peu à peu, cependant, de nouvelles idées germèrent dans mon esprit : je passai de la première jeunesse à l'âge viril. La maladie et les études avaient comprimé en moi la voix des sens; ils se réveillèrent avec d'autant plus de force : la lutte fut affreuse. Naples, que j'avais traversée en débarquant de la Sicile, se retraça à mon imagination sous une forme fantastique. Je me rappelai ses rues animées, son bruit, son mouvement; c'était un délire, un rêve qui me poursuivait et me présentait ses tableaux séduisants. Ces pensées, ces images, vagues d'abord, m'assiégèrent de plus en plus. Je les repoussais; un moment après je les revoyais encore, presque sans en avoir conscience, et, à ce qu'il me semblait, sans consentement de ma volonté. Je cherchai du repos au pied des autels; mais j'y portais un cœur troublé; j'essayai de jeter mon énergie passionnée dans la prière et l'étude; j'y réussis quelquefois: alors mon esprit, comme dégagé de ses liens, s'appliquait avec une incroyable facilité; mais bientôt, fatigué du change que je lui avais donné, il retombait dans la stupeur.

« Tel j'étais, lorsqu'un incident nouveau vint donner

à mes tourments une intensité plus violente encore.

« C'était un dimanche, je me trouvais à l'église du couvent, les habitants des villages voisins y accouraient pour assister au sacrifice de la sainte messe. La porte de la grande nef était ouverte. Je suivais des yeux l'entrée de la foule. Une femme d'une taille noble parut : le peuple se rangea respectueusement pour lui livrer passage. Je reconnus aussitôt la comtesse de R....; une jeune fille la suivait; ce devait être Lucia ! — Elle était calme et belle; ses traits réguliers avaient une expression douce, timide et virginale.

« Résigné aujourd'hui, comme il convient à un serviteur des autels, et habitué à un sort qui, actuellement, me semble beau, je puis vous avouer qu'en contemplant Lucia je crus voir une apparition céleste, autour de laquelle se groupaient des êtres mortels : son souvenir m'occupa toute la semaine. La jeune fille revint le dimanche d'après; elle revint plusieurs dimanches de suite; chacune de ses visites grava plus profondément son image dans mon cœur : étude, nature, prière, tout disparut; je ne voyais plus que Lucia; son nom se mêlait à toutes mes occupations; faible et indigne que j'étais de porter l'habit monastique, je ne vivais plus que pour attendre l'heure solennelle de la messe du huitième jour. J'éprouvais alors une sorte de jouissance amère, qui me faisait verser des larmes. J'avais un nouvel intérêt dans la vie; l'apparition de Lucia me causait un instant d'émotion déchirante et délicieuse. J'aimais l'existence; je l'aimais en songeant au jour de la messe solennelle, en calculant les heures et les minutes qui m'en séparaient. Une fois ses yeux rencontrèrent les miens, j'y lus un souvenir, une vague sympathie, et dans mon insensé délire, je remerciai le Tout-puissant; il me semblait qu'un rayon lumineux avait brillé sur ma route ténébreuse.

« Lucia ne vint point le dimanche suivant; je passai la semaine dans une agitation fiévreuse; elle ne vint plus : je me crus alors veuf du seul bien que j'eusse possédé sur la terre. Sans espoir, je continuais à m'appuyer contre ce même pilier où elle m'avait vu, et mes yeux, obscurcis de larmes, se tournaient encore vers la porte de la nef principale.

« Habitué au mouvement de la vie du monde, vous aurez peine à comprendre l'existence d'un sentiment qui repose presque uniquement sur des souvenirs d'enfance. Chez vous, la douleur meurt quand elle ne fait pas mourir. Vous connaissez sans doute aussi les grandes désolations et le désespoir; mais, au milieu du tourbillon social, la jeunesse reprend ses droits, l'activité générale vous entraîne; votre cœur se retrempe et se renouvelle pour ainsi dire. Dans la solitude, au contraire, la passion se nourrit; refoulée sur elle-même, elle s'enfonce d'autant plus profondément : le cœur, fatigué de luttes, croit ne pouvoir plus compter sur ses forces et se laisse aller au penchant qui l'entraîne. D'ailleurs, l'amer plaisir de la souffrance est la dernière joie d'un malheureux isolé : sa douleur l'élève, et le poétise en quelque sorte à ses propres yeux; il la chérit; il l'alimente; elle est pour lui le parfum qui survit à la fleur flétrie.

« Cependant je dérobais mes peines à tous les yeux. Un seul ami sévère connaissait mon mal, et cherchait à m'en guérir par ses paternelles exhortations. Jamais je ne proférais une plainte, et j'étais d'autant plus misérable que je craignais que les autres ne me crussent tel. Le remords rendait ma douleur plus poignante encore; je sentais qu'il fallait la cacher comme un vice, et que ces pensées qui m'absorbaient, qui sans cesse se dressaient devant moi comme des fantômes menaçants, devaient m'inspirer une sainte horreur et étaient indignes d'un être voué à l'existence monacale.

« Je vécus ainsi pendant deux ans; alors, conformément aux règles de notre ordre, il me fut enjoint d'aller dans un couvent à Rome. Oserai-je vous l'avouer ? une délirante espérance embrasa mon cœur. Je la reverrai peut-être une fois, m'écriai-je! Une seule fois, oh mon Dieu ! et que le reste de ma vie soit un sacrifice!

« Je partis; je traversai Naples et le superbe pays qui dépend de la couronne des Deux-Siciles. Mon cœur rebelle se permettait alors encore de murmurer. Tout est union dans la nature, me disais-je; moi seul je reste isolé; personne ne sympathise avec mon malheur; j'erre au caprice d'une cruelle destinée, et je finirai sans qu'une larme vienne arroser ma tombe!

« Mon voyage fut lent et triste : j'avais franchi les marais pontins. Arrivé entre Tor-di-tre-ponti et Velletri, j'entends au loin un bruit confus d'armes et de cris, et le conducteur de notre voiture hâte le pas de ses chevaux. Bientôt nous apercevons une troupe de dragons mettant en déroute des bandits qui venaient de dévaliser un équipage. Les voyageurs avaient mis pied à terre et étaient groupés autour d'une femme blessée, couchée sur le ravin au bord du chemin. Je m'approche, — ma folle prière devait être exaucée; je devais voir encore une fois Lucia : c'était elle, pâle et mourante, qui gisait sur la route; le sang coulait à grands flots de sa poitrine, où elle avait été atteinte d'un coup de feu. Sa famille l'entourait; machinalement je me jette à genoux à côté d'elle, faisant de vains efforts pour arrêter l'hémorrhagie. Alors la jeune fille entr'ouvre les yeux et les fixe sur moi. « Don Félix, me dit-elle d'une voix à peine intelligible, priez pour moi..... »

« Je réunis les mains de Lucia. Son père et sa mère étaient agenouillés aussi : je récite les prières des agonisants ; je donne l'absolution.... Lucia nous regarde encore une fois; et elle a une légère convulsion….. »

Don Félix se tut un moment; reprenant alors la parole d'un ton assez ferme, il me dit :

« Le comte de R.... devait se rendre à Naples avec sa famille; il revint à Rome avec moi, pour y porter le corps de sa fille. Depuis lors j'ai rarement quitté Rome. J'espère bien y retourner un jour; je n'ai plus de parents; j'ai survécu à tous les miens : je me suis réconcilié avec moi-même et avec une destinée qui n'est pas sans consolations, quoique la somme de mes douleurs l'ait emporté sur celle de mes joies. — La métropole du christianisme, établie sur les ruines de celle du monde, m'a rappelé que les choses humaines sont périssables, mais qu'il existe des espérances au delà. »

LETTRE XXXII.

Niccolosi.

L'Etna est, sans contredit, ce que la Sicile renferme de plus intéressant. Probablement une partie de cette merveilleuse montagne existait comme volcan avant la dernière retraite des eaux de la mer, car on y remarque des courants de lave sous des couches de calcaire coquillier de deux cents et même trois cents toises d'épaisseur, surtout du côté du nord.

Le nom d'Etna dérive, dit-on, d'un mot phénicien, signifiant *Mont de la fournaise;* actuellement le nom sarrasin de *Ghebel* est le seul employé en Sicile pour désigner le volcan.

Homère, le premier des auteurs qui fassent mention de la Sicile, ne parle pas spécialement de l'Etna; cependant Ulysse traverse le détroit de Messine. Sans doute aux temps du poëte la montagne ne vomissait point de flammes; Homère n'eût pas négligé un fait aussi fécond en riches développements.

Beaucoup d'auteurs anciens parlent de l'Etna, tels que Thucydide, Strabon, Lucrèce, Pindare, Virgile, Tite-Live, Lucain, etc. A en juger d'après les écrits de Pindare, il était fort élevé de son temps, car il le représente couvert d'une neige éternelle, et le qualifie de colonne du ciel, en racontant la fable des Titans ensevelis par Jupiter. Plusieurs des poëtes de l'antiquité font du volcan le lieu de retraite de Deucalion et Pyrrha, pendant le déluge universel.

Diodore de Sicile donne de nombreux détails sur les éruptions de l'Etna; il raconte qu'aux temps des Sicaniens elles furent d'une violence telle que les habitants de la partie orientale de l'île se retirèrent du côté de l'occident.

Les Grecs s'établirent plus tard sur ces rivages dépeuplés. Suivant Thucydide, il y eut trois grandes explosions depuis l'arrivée des colonies hellènes jusqu'à l'époque où il vivait; il y en eut deux autres durant le siècle des Denys. Les Catanais invitèrent Platon à quitter Syracuse, pour venir chez eux et observer de près le travail du volcan.

Un grand nombre d'éruptions ravagèrent le pays pendant la domination romaine; on cite surtout celle de 662 (*ab Urb. cond.*), qui ébranla le sol jusqu'à Messine, et brûla même des navires en mer.

Depuis lors chaque siècle a été marqué par des

éruptions; elles partirent presque toutes des flancs de la montagne.[1]

L'Etna a 50 à 60 lieues de circonférence à sa base. Sa hauteur a été mesurée; les calculs des savants ne s'accordent point parfaitement; cependant l'élévation qu'ils lui assignent, varie entre 10,000 et 10,600 pieds de Paris.

L'on compte 170,000 habitants sur la base du volcan, en y comprenant la population de Catane.

La montagne se divise en trois régions : la première, la *regione Piedimonta*, est celle de l'habitation et de la culture; la seconde, la *regione Nemorosa*, est couverte de forêts; la troisième, la *regione Scoperta* est celle des neiges et du feu. Le coloris varié de ces diverses zones en marque exactement les limites, même à des distances considérables, et le voyageur aperçoit à la fois tous les climats et toutes les saisons sur ce cône immense.

Depuis quatre jours nous avions annoncé notre intention de monter au sommet du Ghebel; les gens du pays avaient cherché à nous en détourner, et à nous persuader que dans la saison actuelle l'ascen-

---

[1] Un grand nombre d'auteurs modernes ont écrit sur l'Etna. Les ouvrages les plus remarquables sont ceux de Fazello, Filoteo et Bembo, qui écrivirent dans le dix-septième siècle, de Cluvier, Carelli, Bottone et Borelli, auteurs du dix-huitième siècle; enfin, les plus récents sont de Massa, Amico, Biscari, Recupero, Dolomieu, Spallanzani et Ferrara.

sion était chose impossible, vu la quantité de neiges, et que pareille entreprise serait une véritable témérité. Le temps aussi semblait se conjurer contre nous; tous les matins un épais manteau de nuages enveloppait entièrement le grand cratère; ces vapeurs se dissipaient fort avant dans la journée. Enfin le 30 mai, Salvador entra dès l'aurore dans notre chambre, pour nous annoncer un ciel parfaitement serein; nous nous levâmes à la hâte, et avant cinq heures nous étions en route, mon frère et moi; un jeune Anglais de nos amis, deux Allemands et un artiste sicilien s'étaient réunis à nous. Déjà Catane était animée, les ouvriers avaient commencé leur travail, les gens de la campagne arrivaient au marché, avec leurs ânes et leurs mulets chargés de provisions; les femmes quittaient leurs maisons, enveloppées de la tête aux pieds dans de longs voiles noirs. Nous traversâmes la rue Etnéenne, voyant en face de nous le cône gigantesque avec sa brillante couronne de neige, d'où s'élançait une épaisse masse de fumée, qui dessinait sur le ciel une longue ligne blanche presque horizontale.

La montée commence insensiblement après Catane; on gravit la pente inégale des collines volcaniques qui forment la base de l'Etna; elles sont plantées en blé, en vignes, en mûriers, oliviers et figuiers; la nature est revêtue de sa plus belle parure près des lieux où finit la végétation. Au milieu de ces champs fertiles on aperçoit de larges traînées de laves; elles se présentent en crêtes anguleuses. Le paysage est enchanteur et le serait davantage encore, sans ces masses de pierres noires, qui toujours obscurcissent le fond du tableau, et forment les contrastes les plus caractérisés avec leur entourage verdoyant : c'est la région inférieure du Vésuve sur une échelle immense; on y voit les unes à côté des autres, les beautés d'un pays cultivé et les horreurs d'un désert.

Cette première région de la montagne est la portion la plus riche et la plus productive du royaume de Sicile; les matières volcaniques et le feu souterrain y entretiennent l'activité de la végétation. Les siècles et le travail des hommes en ont fait un vrai paradis. Rien de plus intéressant, que de voir comment en ces lieux l'industrie humaine, aidée d'une nature réparatrice, fait disparaître peu à peu les traces des dévastations du feu, et reporte la richesse sur un sol condamné en apparence à une stérilité perpétuelle. D'abord les paysans égalisent le niveau des espaces envahis par les laves, en brisant des rochers, et en comblant des crevasses, puis ils y rassemblent les cendres et construisent, d'après la disposition des lieux, une infinité de terrasses à formes variées, qu'ils soutiennent au moyen de murs composés de débris de lave superposés les uns aux autres. Des nopals sont plantés là où nulle autre végétation ne pourrait prospérer; mais quand les terres successivement accumulées permettent aux arbres d'y prendre racine, ils s'y développent avec une force admirable, et couvrent de leur ombre protectrice la plus belle et la plus variée des cultures. Quatre-vingts villages disséminés sur la partie basse du volcan, attestent sa fertilité; l'existence précaire de la contrée lui donne un attrait de plus; en la parcourant, on ne saurait oublier que qu'une seule de ces furieuses éruptions suffira, peut-être, pour ensevelir ces campagnes, ces riants jardins et ces habitations pittoresques, et l'on éprouve un étonnement presque douloureux, de trouver une activité et une prospérité, inconnues dans les autres parties de la Sicile, en un lieu qui jamais n'a de lendemain assuré.

Les villages, bâtis en laves, sont assis sur des laves. Nous traversâmes d'abord celui de Plaghe : il est de bonne apparence; la montée continue, et l'aspect du pays reste le même : on voit plusieurs jolis bourgs, où vit une population active et industrieuse, bien vêtue et ayant un air d'aisance et de santé. Le voisinage du danger, l'habitude de l'affronter, et la lutte perpétuelle de ces hommes avec la nature, leur a donné d'une part, des mœurs meilleures que dans le reste du pays; de l'autre, des habitudes de travail et de persévérance, dont l'extrême fécondité d'un sol, en quelque sorte créé par eux[1], les récompense.

---

[1] Souvent bien des siècles s'écoulent avant qu'il soit possible de couvrir les laves d'assez de terre pour les rendre à la

Le chemin est assez difficile; nous passâmes auprès de plusieurs traînées de laves; les unes, serrées dans des gorges étroites, semblent encore se soulever en flots gigantesques, les autres se sont écoulées sur des pentes rapides en nappes presque unies. Le sol des lieux non occupés par ces matières volcaniques, est toujours de la plus grande fertilité. Je m'arrêtai un moment à Mascaluccia pour dessiner. Au-dessus de ce bourg est un plateau aride, sur lequel la végétation n'a eu encore aucune prise, et qui date de 1669; la lave a pu s'y répandre sans obstacle sur un espace uniforme; on dirait des vagues en fureur, au-dessus desquelles planeraient de grands cônes solides, anguleux, et brisés par leur entrechoquement. De ce point on découvre en son entier la partie supérieure de l'Etna, et l'on voit qu'il n'est point, à proprement parler, une seule montagne d'une hauteur et d'une étendue prodigieuses, mais qu'il présente un assemblage de monts volcaniques, de plaines et de vallées, dominés par le grand

---

culture. Il y a des traînées auxquelles des traditions authentiques reconnaissent une vétusté de deux mille ans environ, et elles se montrent encore à peu près dans toute leur nudité. La connaissance de ce fait peut servir à prouver la haute antiquité des éruptions de l'Etna; car il est des lieux où, en creusant, on a trouvé plusieurs couches de laves, séparées entre elles par autant de couches épaisses de terre végétale, pour la formation de chacune desquelles il a fallu peut-être une longue suite de siècles.

cratère. Plus de cent autres cratères, de forme conique et actuellement éteints, hérissent ses flancs, et ils seraient plus nombreux, s'ils ne s'étaient entre-détruits ou confondus : ils sont les produits d'éruptions successives ; le feu intérieur cherchant une issue, et ne pouvant s'élever à la hauteur du cratère principal, ébranle le volcan et la campagne environnante, et éclate enfin sur le côté : puis commence une pluie de feu, de cendres et de pierres enflammées, qui donne naissance à une colline plus ou moins considérable, à proportion de la durée de l'éruption ; et alors le torrent de lave jaillit et ravage ce qui s'oppose à sa marche. Quelques-uns de ces cratères gardent leur aspect désastreux, les autres sont devenus propres à la culture de la vigne et des fruits. Pendant que je dessinais, je fus entouré d'une foule de curieux ; ces gens me regardaient, sans dire une parole, avec des yeux étonnés, comme s'ils n'avaient jamais vu d'étrangers ; ce silence me parut d'autant plus singulier, que les Siciliens sont d'un naturel gai et communicatif.

Peu à peu la nature, toujours grandiose, prend une apparence désolée, et l'on arrive à la petite ville de Niccolosi, bâtie au pied des Monti-rossi, entourée encore de belles plantations, et au-dessus de laquelle s'élève un coteau de vignobles. Niccolosi est le dernier endroit habité de la région inférieure de l'Etna ; quoiqu'il soit déjà situé très-haut, on y voit des figuiers, des oliviers et des nopals accrochés aux lieux les plus arides. Des éruptions et des tremblements de terre ont fréquemment détruit ce bourg. Les Monti-rossi, ou monts rouges, dominent Niccolosi, et sont composés de deux cônes d'environ cent vingt toises de hauteur perpendiculaire. Leur nom vient de la couleur rouge des scories terreuses dont ils sont formés. Ils ont été produits par l'éruption de 1669, qui dura quatre mois consécutifs.[1]

Près de ce lieu sont plusieurs cavités profondes de création volcanique, sans être des cratères. La *fossa della Palomba* est la plus remarquable; elle a au moins deux cents pieds de profondeur, sur soixante-dix de diamètre.

Nous déjeûnâmes à Niccolosi. Des fenêtres de notre petite auberge on découvre le rivage sicilien jusqu'à Syracuse, la vallée du Symèthe et la région inférieure de l'Etna.

Nous prîmes dans ce bourg des mules nouvelles, un guide et des provisions pour aller à la cabane, située à neuf milles plus haut, connue sous le nom de *Casa del Bosco*, et où l'on se repose habituellement avant de commencer l'ascension nocturne du cratère.

Les environs de Niccolosi ont du côté du nord un aspect fort singulier : l'éruption de 1669 a re-

---

[1] On estime à 11 milliards 750 millions de pieds cubes la masse vomie par l'Etna durant cette mémorable éruption.

couvert cette contrée d'un sable noir et brillant, à la hauteur de huit ou dix pieds ; des figuiers, des genets arbustes, et trois ou quatre plantations de vignes, produisant un vin assez estimé, rompent sa monotonie ; l'on ne voit d'ailleurs ni mousse ni herbage d'aucune espèce sur ce sol mouvant. Des collines, anciens cratères éteints, s'élèvent à petite distance les unes des autres ; à l'extérieur leurs formes sont celles de pains de sucre ; intérieurement elles se creusent en entonnoirs plus ou moins profonds.

Au milieu de cette triste solitude, à 2500 pieds au-dessus du niveau de la mer, existe le couvent abandonné de San-Nicolo de l'Arena, édifice délabré, bâti, suivant quelques voyageurs, sur l'emplacement de l'antique Inesse, ville que d'autres auteurs placent sur le revers opposé de l'Etna, au lieu où existe aujourd'hui Paterno. Les bénédictins de Catane devraient vivre dans ce monastère[1], d'après les intentions de leur pieux fondateur. Le choix de ce site était favorable à la méditation ; la beauté et l'étendue du paysage, la pureté de l'air et l'émotion causée par la proximité des cratères, devaient concourir à remplir l'âme d'un sentiment de contrition et de terreur religieuse.

Le chemin suit un courant de lave, et après avoir

---

[1] Ce couvent a été construit par le comte Simon, petit-fils du comte Roger. Voyez Fazello, décade I, livre II, chap. 4.

passé à côté d'une petite chapelle dépendante du couvent, il s'élève sur un second plateau, couvert en entier de masses noires, alternativement amoncelées contre la montagne et déchirées en gouffres profonds; il semble que le génie du mal ait présidé à cet épouvantable bouleversement de la nature. Ce lieu encore est entouré d'un amphithéâtre de cratères éteints assez élevés.

Ici commence la seconde région de l'Etna, celle des forêts; elle a quinze à vingt lieues de circonférence à sa base, et environ trois lieues de largeur montante. Le sol, couvert de terreau et de mousse, est entièrement formé de laves, autant qu'on en peut juger d'après les ravins ouverts par les eaux. La forêt se compose de chênes, d'arbres verts, de hêtres et de buissons, au pied desquels croissent des herbages qui servent de nourriture à des troupeaux de chèvres. Les arbres sont clair-semés, ils sont gros, mais peu élevés, et leur feuillage est maigre; on ne voit point de belles tiges, pas un jeune rejet; on coupe au hasard pour faire du charbon, sans songer à l'avenir; les flancs de l'Etna se dépouilleront insensiblement de leur végétation, et les héritiers Paterno, propriétaires de ces bois, posséderont enfin une terre nue et stérile.

Cette région renferme beaucoup de grottes, les unes servent de demeures et de retraites aux bergers; on conserve dans les autres la neige qui se consomme en été dans les villes de la Sicile. Il en est dont l'air est froid au point d'en rendre l'entrée presque impossible.

Plus nous montions, plus la forêt prenait une apparence hivernale; enfin nous vîmes des arbres où les bourgeons commençaient à peine à se montrer, malgré la saison déjà assez avancée. Là, sur une terrasse naturelle, est la triste hutte à peu près ruinée, et nommée *Casa del Bosco;* son misérable toit, tout à jour, ne saurait garantir des intempéries de l'atmosphère. De cette cabane on découvre une vue d'une immense étendue. La haute mer et les divers plans de montagnes de la Sicile méridionale se perdent à l'horizon; viennent alors Catane et sa plaine, puis enfin la partie déjà parcourue de l'Etna. Derrière la *Casa del Bosco* paraît la troisième et dernière région de la montagne avec ses neiges éternelles.

Nous nous établîmes, tant bien que mal, pour reposer pendant deux ou trois heures avant de gravir le cratère : un de nos guides avait apporté une hache; nous coupâmes du bois dans la forêt, et bientôt le bûcher s'alluma. Le froid piquant de la soirée nous fit trouver un plaisir extrême à nous accroupir autour du feu.

Chacun prit place, et l'on distribua les vivres; puis nous nous couchâmes sur nos lits, nos manteaux servirent de matelas et de couvertures, des poutres vermoulues furent nos oreillers; peu à peu les conversations cessèrent, les mules se couchèrent à côté de nos guides, et le silence le plus profond régna dans la chaumière.

On nous réveilla vers minuit; nous avions à faire, pour arriver au sommet du volcan, une heure de marche à cheval et cinq à pied. Au mois de juillet ou d'août, lorsque les neiges sont fondues, on fait cinq lieues à cheval et une seulement à pied.

Dans la saison actuelle, la montée de l'Etna est la chose la plus fatigante et la plus difficile qui se puisse imaginer; la première heure est déjà pénible, malgré l'adresse extrême avec laquelle les mules choisissent leur chemin parmi les laves; on traverse des ravins très-profonds, et une quantité de torrents jadis embrasés, dont je ne saurais donner d'idée qu'en les comparant à des fleuves surpris d'immobilité au milieu d'une course impétueuse. Le sol, composé de débris de scories, est mouvant, et l'on n'y avance qu'avec des précautions infinies.

Les derniers arbres de la seconde région de l'Etna s'élèvent à quatre cents pas de la maison *del Bosco;* ils sont maintenant encore aussi dépouillés de verdure qu'ils pourraient l'être au mois de janvier en Sibérie.

La végétation se réduit à des violettes et à des herbes desséchées; bientôt elle cesse entièrement, et l'on entre dans les terrains arides, que la chaleur et les frimas se disputent sans cesse, et où la mousse est le seul végétal qu'on aperçoive encore dans les neiges.

Nous voici arrivés au moment où il fallut quitter nos montures, et où commencent ces terribles heures de marche sur des crêtes de lave, ou sur des surfaces vastes, très-ascendantes et rapides, couvertes d'une neige dans laquelle on enfonce souvent jusqu'à mi-jambe, mais qui en général est munie d'une croûte de glace tellement glissante, qu'on ne peut avancer sans reculer en même temps. Les quatre heures qui s'écoulent depuis le moment où on laisse les mules, jusqu'à celui de l'arrivée à la misérable hutte bâtie au pied du grand cratère, à présent complétement couverte de neige, et connue sous le nom de *Casa dei Inglesi;* ces quatre heures sont rendues mortelles par le froid, la fatigue, l'excessive difficulté de la marche, et les souffrances de toute espèce auxquelles le voyageur est exposé; on croit voir la Laponie ou le Groënland dans leur horreur, et en apercevant, au clair de lune, notre petite troupe qui grimpait avec tant de peines sur ces longues plaines de glace, d'où le grand cratère paraissait entièrement inaccessible, je doutais si dans la matinée j'avais réellement vu fleurir l'aloès et l'oranger en pleine terre, et je me rappelais les traîneaux attelés de rennes ou de chiens.

Pendant cette terrible ascension, je respirais avec peine; j'étais tourmenté par la soif et j'éprouvais de violents bourdonnements dans les oreilles. L'un de mes compagnons de voyage eut un crachement de sang.

A la maison des Anglais[1] commence une plaine de neige d'environ une lieue de diamètre, et connue sous le nom de *Pianura del frumento*; certes, cependant, ni froment ni graine d'aucune espèce n'y ont jamais germé. Au milieu de cette plaine s'élève le cône du grand cratère; elle s'abaisse d'un côté vers la vallée du *Trifoglietto*, où est la grande roche isolée de *Musara*. Sur cette même Pianura del frumento existe une petite ruine insignifiante, connue sous le nom de *Tour du philosophe*, et d'où l'opinion vulgaire a fait partir, 400 ans avant notre ère, Empédocle d'Agrigente, pour se précipiter dans le cratère dont il n'avait pu pénétrer les secrets. On a beaucoup discuté sur l'origine de cette construction : les uns y voient un sanctuaire consacré à Jupiter-Etnéen ou à Saturne; d'autres, un édifice bâti par l'empereur Adrien, afin d'y contempler le lever du soleil; les troisièmes, enfin, croient que c'est l'antique temple de Vulcain; mais ce temple était, au rapport des anciens auteurs, entouré d'un bois sacré, qui jamais n'a pu croître dans cette région, condamnée à un hiver éternel.

La Tour du philosophe consiste en quatre murs, construits en briques et en lave taillée, hauts

---

[1] Cette maison a été bâtie aux frais de quelques Anglais, pour faciliter l'ascension du cratère.

de trois pieds environ, et ceignant un espace carré de vingt pieds de côté[1]; elle domine la vallée dite du Bœuf, gorge profonde, remplie de blocs de lave, où l'on voit un cône fort remarquable, produit par l'éruption de 1819.

Je ne puis rendre l'impression que fit sur moi en ces lieux la beauté du firmament, dont la voûte immense se montrait à mes regards dans sa plus grande splendeur; jamais je ne l'avais vue aussi majestueuse dans les régions plus basses, où des vapeurs rendent confus les rayons de lumière; les étoiles me paraissaient plus nombreuses, plus éclatantes; la voie lactée dessinait un large sillon de flamme sur le ciel.

Ayant traversé la plaine del frumento, nous commençâmes à gravir le grand cône du cratère. C'est la partie la plus ardue du voyage ; il est taillé à peu près perpendiculairement; son sol est composé de scories, de cendres et de neige. Ce cône a deux lieues et demie à trois lieues de tour à sa base; son élévation est de 1300 pieds; mais son extrême escarpement et le sol mobile, fuyant pour ainsi dire sous les pieds, font paraître la distance infiniment plus considérable. Une partie des flancs de cette couronne

---

[1] L'existence de ces ruines, restées à découvert depuis tant de siècles si près du sommet de l'Etna, prouve qu'à cette hauteur les éruptions ont toujours été infiniment plus rares que plus bas.

de l'Etna, comme l'appelle Hamilton, est toujours fumante, et l'on y suit, en montant, une ligne non interrompue de petits cratères; les uns sont surmontés d'une auréole de feu, les autres lancent des gerbes de fumée et des pierres, avec un bruit intérieur semblable à celui de l'artillerie, ou bien aussi au son sec et tranchant d'une fusée qui fend rapidement les airs; leur fracas ajoute à la sauvage sublimité de la scène. En jetant un bloc de lave ancienne dans l'un des cratères, nous le vîmes ressortir aussitôt du gouffre, brisé en une infinité de petits morceaux.

L'atmosphère était infectée d'une forte odeur de soufre qui nous prenait à la gorge, et en même temps la grande élévation du lieu nous faisait sentir un malaise extrême; quant à moi, j'éprouvais une lassitude excessive, accompagnée de maux de cœur; il me semblait, en un mot, être hors de l'élément dans lequel l'homme est destiné à vivre, et je crois que si, en partant, nous ne nous étions réciproquement promis de monter jusqu'au sommet du cratère, chacun de nous isolément eût renoncé à l'entreprise. Le sol voisin de la ligne de cratères dont j'ai parlé, est brûlant; on y voit courir une foule de vapeurs, s'élevant dans les airs comme de petites colonnes blanches : c'était un délice pour nous que de nous coucher à terre, et de sentir la chaleur ranimer nos membres engourdis malgré la longueur et la difficulté de la marche; nous nous accroupissions sur ce terrain creux, auprès de ces fournaises ardentes, et par réflexion seulement nous nous étonnions de notre confiance envers une nature aussi effrayante. Par le plus singulier contraste, nous voyions réunis autour de nous deux éléments incompatibles : nous touchions à des monceaux de neige, qui ne peuvent éteindre un feu immense, et à des gouffres embrasés, qui ne sauraient faire fondre des neiges éternelles. Nous attendîmes le lever du soleil à moitié chemin du dernier cône.

Les premières lueurs de l'aurore forment un contraste magique avec les feux lugubres du volcan : c'est le ciel et l'enfer ; plus la clarté du jour augmente, plus les flammes de l'Etna pâlissent et s'éteignent, plus sa fumée diaphane et rougeâtre devient grise et opaque. La terre et la mer sont dans le chaos jusqu'à ce qu'enfin le soleil paraisse et opère leur séparation : il sort majestueusement d'un océan de nuages amoncelés sous nos pieds ; au-dessus de nos têtes, au contraire, l'air est parfaitement serein. Nous le voyons dissiper ces sombres vapeurs et paraître sur une côte éloignée qui dessine une ligne de pourpre à l'horizon, et que nous perdons de vue à mesure qu'il s'élève. Peu à peu les montagnes de la Calabre se dorent, les ombres disparaissent ; les objets sur lesquels la lumière frappe successivement, semblent sortir du néant pour la première fois ; l'entrée de l'Adriatique et celle de la mer Ionienne deviennent éclatantes; la scène s'étend de plus en plus, l'horizon se prolonge, partout le soleil répand la clarté et la vie. L'œil se porte sur la Sicile entière, sa seule côte septentrionale est voilée par l'Etna : au moment où le jour paraît, le volcan projette sur les vapeurs dont l'atmosphère est chargée vers l'occident, une ombre pyramidale et diaphane de l'effet le plus singulier, elle s'élève vers le ciel et y dessine la silhouette de la montagne; plusieurs voyageurs l'ont observée avant moi. Les mers se voient au loin, coupées par de longues bandes d'or, et l'on découvrirait le rocher de Malte, si de la côte l'air n'était obscurci de brouillards.

Nous étant remis en marche, nous arrivâmes, après une demi-heure, à la première des ouvertures du grand cratère, immense entonnoir de rochers taillés à pic à plus de mille pieds de profondeur, de deux ou trois milles de tour, et tapissé en entier de scories, jaunes, blanchâtres et rougeâtres, altérées par les acides, et par l'oxide et le muriate de fer. Rien n'égale la majestueuse tristesse de ce site; l'imagination ne saurait rêver un enfer plus épouvantable.

Parfois l'absence de la fumée nous permettait de jeter un regard au fond du gouffre; dans d'autres moments, au contraire, les vapeurs surgissaient en épaisses colonnes éblouissantes de blancheur. La partie supérieure du cône est d'une excessive chaleur, constamment entretenue par les gaz qui s'en dégagent en grande quantité; le terrain y est très-mouvant, on enfonce en marchant doucement. Mon frère et notre compagnon anglais, s'étant arrêtés au bord, je vis le sol se crevasser derrière eux, je n'eus que le temps de les entraîner, et l'endroit qu'ils venaient de quitter, roula immédiatement dans l'abîme! Au-dessus de cette bouche du grand cratère, il en est une seconde, qui occupe le sommet extrême de la montagne. L'entonnoir est infiniment plus vaste, mais moins profond, que le précédent; un effroyable chaos y règne; tout y porte l'empreinte d'une force irrésistible. Des collines au coloris cru, jaune, rouge et vert, des rochers et des torrents de lave, des monceaux de cendres et de scories, sont entassés dans un imposant désordre autour de plateaux de neige qui ceignent d'énormes gueules fumantes. Ces produits d'un feu souterrain changent constamment de forme et de position; le cratère entier tombe souvent dans les entrailles de la montagne, et les matières que vomit le volcan le relèvent graduellement [1]. Aussi mes observations ne s'accordent-elles point avec les descriptions faites par les voyageurs qui m'ont précédé à l'Etna, et peut-être les personnes qui feront après moi cette pénible ascension, ne les trouveront plus exactes.

---

1 Ce phénomène a eu lieu en 1157, 1329, 1444, 1536 et en 1669.

On détourne avec plaisir les yeux des horreurs du cratère, pour les porter dans la direction opposée; cependant la vue est étonnante plutôt que belle. La Sicile entière semble être la base de l'Etna, et l'extrême élévation fait voir les objets tels qu'ils paraissent dans un plan en relief. On aperçoit dans son plus grand développement le volcan, cône isolé et à peu près régulier, la côte de Messine à Palerme, Stromboli et les îles Éoliennes; et en se tournant vers le midi, on voit le reste de l'île, la Calabre, le golfe de Tarente, et la mer, faisant le cadre du tableau.

Je chercherais en vain à donner une idée de cette scène incommensurable; elle est sans bornes de tous les côtés et se perd dans l'immensité, car nos sens sont trop imparfaits pour embrasser le vaste champ de l'horizon autour du sommet de l'Etna; la mer se confond avec le ciel, on dirait que la Sicile nage dans les airs; son littoral se distingue avec ses ondulations, ses caps et ses échancrures. Je comptais les cités à cinquante et soixante milles à la ronde.

Catane gisait à nos pieds comme un modeste village; les autres lieux habités se rapprochaient en proportion; on s'imaginait pouvoir franchir en peu d'heures des distances de plusieurs jours de marche. Le Symèthe coule en demi-cercle à la base de l'Etna, puis il s'en détourne brusquement et se jette dans la mer, à trois ou quatre milles de Catane.

Plus loin est le lac de Lentini, au milieu des

champs léontins. Tournant les yeux vers le nord-est, on contemple un pays plus hérissé, des montagnes plus âpres, des rochers plus escarpés. Taormine, dominant la mer, se montre à l'extrémité d'une chaîne de hauteurs. Au-dessous de cette ville coule l'Alcantara, rivière dont on suit les détours dans de profondes vallées; après y avoir circulé, elle parcourt la base nord de l'Etna, puis s'en rapproche à l'orient avant d'arriver à son embouchure. Le Symèthe et l'Alcantara laissent entre eux peu d'intervalle dans le haut de leurs cours; ils forment, avec la mer, une presqu'île de l'Etna. Probablement la région inférieure du volcan et le cours des rivières n'ont pas toujours été déterminés de la même manière : les tremblements de terre et les éruptions ont dû modifier beaucoup la physionomie du pays.

Une grande quantité de ruisseaux s'échappent de l'Etna, dont la surface est caverneuse comme son intérieur. Les grottes dont elle est criblée, sont très-vastes; elles deviennent le réceptacle des eaux provenant de la fonte des neiges, soit par un cours sur terre, soit par des infiltrations à travers les matières volcaniques. De là ces sources nombreuses, et ces éruptions aqueuses, souvent bouillantes, dont les ravages ont été terribles; on pourrait les expliquer, en disant que les cavernes intérieures se chargent insensiblement d'une quantité d'eau qui, n'étant plus proportionnée à leur capacité, fait crever la montagne et s'écoule en torrents chargés de parties terreuses et de miasmes dangereux.[1]

Les phénomènes terribles de l'Etna ont donné naissance à des interprétations non moins terribles. Ces bruits sourds, ces bouleversements, ces secousses, ces vapeurs mortelles et ces fleuves de feu, devaient être attribués, par l'opinion populaire, à des êtres redoutables et cruels, à peine contenus par des êtres plus puissants qu'eux. Pendant les temps de la brillante mythologie[2], c'étaient les Titans écrasés sous la montagne; pour le peuple d'aujourdhui, ce sont les démons et les diables.

Du sommet de l'Etna l'œil suit les traces des éruptions qui ont successivement ravagé le pays. Il domine cette gigantesque scène de désolation et les contours de ces torrents de lave, dont plusieurs sont descendus à la mer et ont formé des promontoires,

---

[1] Il y a sur l'Etna plusieurs sources intermittentes qui coulent pendant le jour; elles proviennent de la fonte de neiges gelées durant la nuit.

[2] Les anciens croyaient que les éruptions de l'Etna étaient de triste augure pour les peuples vers lesquels le vent en portait les cendres, et qu'elles leur annonçaient la disette, la guerre et la mortalité. L'on avait coutume de jeter dans le gouffre des monnaies et des vases, et de faire des sacrifices. Si les objets étaient engloutis, on en tirait un pronostic favorable; lorsqu'au contraire le volcan les rejetait, c'était d'un fâcheux présage. Pausanias, livre V.

en faisant reculer les flots devant eux. Les divers cratères que nous avions vus pendant notre ascension, et qui nous paraissaient des collines de médiocre grandeur, s'abaissent de ce lieu élevé, et ne produisent d'autre effet que de rendre plus ou moins raboteuse la pente immense de la montagne principale. La plupart de ces cratères se trouvent au-dessus ou au milieu de la région cultivée; les lieux qui les entourent ont été successivement peuplés et déserts, fertiles et incultes, ravissants et affreux, et sans doute l'Etna est destiné à subir encore de grands changements.

Notre position au bord du cratère était difficile; souvent une bise violente soufflait avec une inconcevable furie, et nous lançait au visage des cendres et des pierres; puis tout à coup l'atmosphère s'embrasait, et une étouffante chaleur gênait notre respiration. Enfin nous nous décidâmes à quitter ces funèbres hauteurs. La descente se fait rapidement; nous nous assîmes sur la neige pour nous laisser glisser, en employant nos bâtons comme gouvernails. Ayant retrouvé nos mules à la Casa del Bosco, nous arrivâmes, épuisés de fatigue, à Niccolosi, où je me décidai à passer le reste de la journée.

J'ai rencontré en chemin des caravanes de mules chargées de glace, qu'elles transportaient à Catane. On en fait un commerce considérable, et la neige du sommet de l'Etna est précieuse à ses habitants, aussi bien que le vin qui croît sur ses flancs. Elle est regardée comme objet de première nécessité; chacun en use, le pauvre et le riche, et croit lui devoir la santé et la vie. [1]

---

[1] Voici quelques détails sur les principales productions de l'Etna et sur l'industrie qui s'exerce dans la région inférieure. Les habitants s'occupent beaucoup de l'éducation des vers à soie; mais comme ils ignorent l'art de bien dévider, leur soie n'est ni de très-bonne qualité, ni chère, et les étoffes qu'on en tisse, sont dures et se coupent facilement. Les femmes filent au fuseau la bourre de soie, le lin et le coton; leur quenouille est très-courte et n'exige aucune place fixe.

Le territoire habité de l'Etna produit de l'huile, du vin, du blé, des légumes, de la réglisse, de la soude, des pistaches, du palma christi et des fruits; on en exporte également des cornes de bœufs et des peaux de lièvres et de lapins. L'Etna abonde en plantes aromatiques. Plutarque affirme que leurs exhalaisons rendaient la chasse impossible dans divers cantons de la montagne.

LETTRE XXXIII.

Giardini.

Nous nous rendîmes de Niccolosi à Taormine, sans retourner à Catane, afin de parcourir une partie rarement visitée de la région inférieure de l'Etna. Nous regrettâmes cependant de renoncer en même temps à voir la grotte de Galathée, les écueils de basalte nommés encore rochers de Polyphème, et le vieux châtaignier connu sous le nom d'*Arbore dei cento cavalli*, parce qu'on prétend que son ombre pourrait couvrir une centaine de cavaliers.

Quittant Niccolosi, nous prîmes la direction Est, et cheminâmes pendant assez longtemps sans descendre. L'air était vif et transparent, et la température froide pour la saison. Au milieu des laves, fleuves infernaux, dont les noirs sillons couvrent la montagne, on voit de magnifiques plantations de vignes et des arbres fruitiers d'une beauté remarquable.

Nous traversâmes de riants villages : les jardins y sont fermés par des murs bâtis en lave. Beaucoup de maisons sont extérieurement peintes à fresque très-grossièrement et de mauvais goût; on y voit de grotesques figures ou des sujets tirés de l'Écriture sainte; j'en remarquai même plusieurs dont les murs sont décorés sur la rue de candélabres en bois doré. Je cite ces maisons, parce qu'elles sont parfaitement dans le goût sicilien; celles peintes avec le plus de soin, étaient dépourvues de vitres et de meubles, et on pourrait affirmer que maints propriétaires qui ornent les murailles extérieures de leurs habitations de candélabres, ne possèdent ni lampes ni chandeliers. Luxe et misère, telle est la devise du pays, applicable à presque toutes les classes. Je dois ajouter cependant que les villages bâtis dans cette région de l'Etna, au milieu de cette nature à la fois riante et bouleversée, sont, comme ceux voisins de Catane, infiniment plus propres que dans le reste de la Sicile. Les paysans ont également un air affable et honnête; ils descendent rarement dans les villes, et écoulent leurs denrées par la voie des muletiers; ils se marient et vivent entre eux : c'est un monde à part où règne un air patriarcal.

Je reviens à notre route. Le paysage est à lignes capricieuses et tourmentées, mais charmant dans son ensemble. Les arbres fruitiers, plantés d'étages en étages sur de petites terrasses, présentent dans leurs

LETTRE XXXIII.

masses des aspects de forêts, et dans la variété de leurs feuillages mille contrastes harmonieux. L'imagination la plus fantasque, la plus déréglée, n'oserait entasser les accidents pittoresques comme le fait la nature; à chaque pas on est tenté de s'arrêter pour dessiner quelque magique tableau; jamais spectacle de montagnes ne m'a fait éprouver des émotions plus vives; on comprend ici comment on peut connaître le bonheur et demeurer avec confiance même, sur un sol miné par le feu.

Nous commençâmes à descendre insensiblement. A nos pieds nous vîmes la base de l'Etna, le bras de mer qui sépare la Sicile de l'Italie, les côtes azurées de la Calabre et le rivage N.-E. de l'île, auquel la rencontre des torrents de lave avec les flots et leur prompte consolidation, ont donné ses formes hardies et singulières. On remarque encore une foule de ces anciens cratères éteints, plantés actuellement en vignobles. Les maisons isolées se retrouvent à chaque pas, en dépit de deux grands fleuves de lave refroidie, qui traversent cette délicieuse contrée, comme pour lui rappeler les dangers auxquels elle est exposée, et malgré la fumée opaque qui s'échappe incessamment de l'Etna, et qui, épaisse et blanchâtre, rase lourdement le sommet de la montagne, au lieu de s'élever en colonne, comme celle du Vésuve.

Nous nous dirigeâmes vers le N.-E. et débouchâmes à une grande route non achevée, destinée à aller de Catane à Taormine ; elle sera plus courte que l'ancienne.

Les montagnes dentelées de Taormine, dont les contours irréguliers et brisés, taillés à pic ou mollement arrondis, s'abaissent et se relèvent à plusieurs reprises, dessinant tour à tour de larges plateaux et des pics énormes, font de ce point un effet délicieux. Les collines qui les précèdent, marquent le terme des ravages du volcan.

Les laves de l'Etna ont changé le cours des rivières, fait des caps et tracé des golfes; elles ont bouleversé les rivages; mais la nature a imposé une borne à leurs fureurs, en leur opposant une chaîne de montagnes dont l'extrémité, semblable à la tête du taureau prêt à se mettre en défense, domine les campagnes d'alentour. Les vagues viennent en mugissant se briser contre cette digue inébranlable. Taormine est perchée sur ce cap avancé, et est dominée encore par Mola, ville suspendue à une crête colossale, et dont la position a de l'analogie avec celle de Milo dans l'Archipel grec.

Plus près de lui, le voyageur voit le profil Est de l'Etna. Sa chute présente une ligne régulière, calme, immense, qui court en pente douce jusqu'à sa base. Nulle part sa division en trois régions ne frappe davantage le regard.

Arrivés au pied du volcan, nous rejoignîmes la grande route de Catane à Messine. Après y avoir fait un mille, nous traversâmes le village de *Giarre*. La grande route continue à la base de l'Etna à deux ou trois cents pas de la mer. Une quantité considérable de fermes et de hameaux sont répandus dans la campagne. Les enclos des maisons, composés de figuiers d'Inde, sont couverts de fruits épineux. La culture de la vigne et du mûrier est la principale occupation des habitants de ce district. Nous aperçûmes à diverses reprises encore des traces d'anciennes éruptions; mais les espaces envahis par la lave commencent à se revêtir d'un peu de végétation. Les traînées du Vésuve pourraient difficilement être rendues à la culture; l'espace étant resserré, les dernières éruptions couvrent souvent les précédentes. Les laves de l'Etna ont au contraire un champ d'écoulement très-vaste; une longue suite de siècles se passe avant qu'un même lieu soit ravagé à deux reprises.

La campagne se pare et s'embellit de plus en plus. Des montagnes se coupent et se croisent en sens divers; leurs contours majestueux n'ont rien de heurté; des champs couverts de vignes, de blé et d'arbres fruitiers, des villages et des jardins, s'étendent du pied des collines jusqu'au rivage de la mer. L'Etna domine la contrée, et sa base dorée est déjà prête à la moisson, tandis que sa cime reste toujours blanche et enveloppée de frimas. Le lieu où la grande route de Palerme rejoint celle de Catane, est marqué par un pont élégant, jeté sur un torrent, dont le lit de laves est encaissé entre de grands murs de rochers à tons jaunes et bruns; ils portent à leurs sommets des figuiers et des amandiers; à leur pied sont d'épaisses touffes de lauriers-roses. Ce torrent est le *fleuve froid* des anciens [1], appelé aujourd'hui *Acido;* ses eaux proviennent de la fonte des neiges et contiennent beaucoup de fer sulfaté et d'acide carbonique; elles sont fort malsaines, et tout en contractant un degré de froid supérieur à celui de la glace, elles ne gèlent jamais. Près de là est un second torrent, maintenant à sec.

Bientôt nous arrivâmes au bord de l'Alcantara. Un large pont en pierre est jeté sur cette rivière, l'*Acésine* ou *Onabala* des Anciens. Les neiges de l'Etna, la Rocella, la Moja et d'autres ruisseaux la grossissent. Ses débordements sont dangereux; elle sort d'une vallée où l'on compte sept plans de montagnes, dont le plus lointain était frappé des rayons du soleil au moment de notre passage; les autres s'en détachaient en bleu foncé; du côté opposé nous apercevions la mer et

---

[1] On le nommait aussi dans l'antiquité fleuve Aci, en mémoire d'Acis, amant de Galathée, qui fut tué par Polyphème et changé en fontaine par Neptune. Plusieurs villages du voisinage prennent également leur nom du berger Acis.

le rivage calabrais, dont on pouvait compter les rochers et les maisons.

Près de l'embouchure de l'Onabala existait Naxos, la plus ancienne des villes grecques de Sicile [1]. Il n'en reste aucun vestige; on n'est pas même d'accord sur son emplacement. Les terrains volcaniques s'étendent jusqu'à un quart de lieue de la rivière. Tournant brusquement vers la gauche, nous nous trouvâmes sur le rivage, qui dessine une baie hérissée d'écueils et serrée entre les bases des montagnes. Cette anse est bornée au nord par le cap de Taormine, au pied duquel est bâti le village de Giardini, où nous devions passer la nuit.

Beaucoup de fours à briques sont établis le long de la mer.

---

[1] Elle fut fondée par les Chalcidiens, sous la conduite de Théoclès. L'autel d'Apollon Archagétès, à qui Naxos était consacrée, subsistait encore après la destruction de la ville. Octave y campa 36 ans avant notre ère, lorsqu'il vint en Sicile afin d'en expulser Sextus, fils du grand Pompée. Voyez Thucydide, livre VI; Strabon, livre VI; Pausanias, l. VI, Appien, livre V.

LETTRE XXXIV.

Giardini.

Taormine est à deux milles de Giardini. Avant d'arriver au pied de la montagne sur laquelle s'élève la ville, nous franchîmes un vallon sauvage, où coule un torrent qu'ombragent des groupes de noyers et de peupliers. La montée est très-roide; le chemin, entièrement dépourvu d'arbres, est remarquablement tortueux. On ne peut concevoir qu'une ville d'un abord aussi difficile, ait été célèbre jadis et soit encore habitée [1]. Le mont Taurus, fameux par ses

---

[1] D'après l'opinion la plus généralement reçue, Taormine fut fondée sous le nom de Tauromenium, l'an 366 avant J. Ch., par une colonie de Naxiens, qui, vaincus par Denys le Jeune, se retirèrent et se fortifièrent sur le mont Taurus, sous la conduite du sage Andromaque, père de l'historien Timée.

Taormine se soumit à Agathocle, et plus tard, lors de l'arrivée des Romains en Sicile, elle conclut une alliance avec eux. Cependant César en expulsa les habitants, auxquels

carrières de marbre, a dû être toujours inaccessible aux chars. Cependant le village de Mola et un ancien fort Sarrasin, dominent encore Taormine vers le nord. Plusieurs des rochers d'alentour sont de marbres variés, et la montagne est garnie de filons ou de masses de cette matière. L'heure était peu avancée, nous vîmes le soleil jeter ses premiers flots de lumière sur le sommet argenté de l'Etna, sur sa ceinture de forêts, sur ses ravines profondes, où l'ombre repose plus longtemps, et enfin sur les vertes campagnes du rivage.

Taormine, dont on ne connaît point l'histoire, sauf quelques vagues données, à été riche et puissante, à en juger par ce qui en reste.

La ville moderne est bâtie sur la crête d'un promontoire, qui forme la pointe la plus avancée d'une haute chaîne de montagnes ; elle est adossée à d'immenses masses de rochers, dont les contours variés présentent les contrastes les plus caractérisés. Ici, elles se dressent en pics isolés ; là, elles dessinent des pyramides colossales ou des plateaux taillés presque horizontalement. Le promontoire se divise en

---

succédèrent des colons Romains. Depuis lors Taormine, exposée souvent aux chances de la guerre et ravagée par les Sarrasins en 893 et en 968, ne s'est plus relevée. Les tremblements de terre, notamment celui de 1693, ont contribué à sa décadence.

rameaux au pied de cet entassement bizarre, et plonge enfin perpendiculairement dans les flots du canal de Messine.

Taormine a un aspect moresque : ses vieilles murailles sont composées de laves noires, de pierres jaunâtres et de briques rouges; des créneaux délabrés les surmontent; la porte est en ogive; les rues sont étroites, tortueuses et mal alignées; les maisons modernes n'ont de remarquable que les fragments antiques, tels que colonnes, chapiteaux, frises, etc., qui y ont été enchâssés. La ville compte 4000 habitants, en y comprenant les moines de divers ordres, qui y sont proportionnellement nombreux. L'ancienne cité était fort vaste. Notre cicerone, avant de nous montrer les ruines, nous fit voir plusieurs constructions d'un goût mi-gothique et mi-byzantin. Je remarquai une maison entourée au premier étage d'une inscription en lettres gothiques, faisant corniche, et prouvant qu'elle avait servi de retraite à **Jean d'Aragon**, après la défaite de son armée par les **Français**. Non loin de là sont les débris d'un ancien couvent de femmes; il en reste une tour carrée, percée de trois fenêtres, chef-d'œuvre de gothique, et ornées de mosaïques blanches et noires. Un mur de rochers domine l'édifice, à côté duquel croissent des orangers, des grenadiers et deux palmiers. Cet ensemble forme un charmant petit tableau africain.

La naumachie est la première des antiquités de Taormine que nous visitâmes; quatre réservoirs fort vastes, placés plus haut, l'alimentaient.

Cette naumachie avait soixante toises de long sur vingt-quatre de large. Trois de ses faces sont obstruées d'édifices modernes; mais du côté de la montagne, où étaient les réservoirs, s'étendent dix-sept arcades, séparées entre elles par autant de niches. Sous chaque arche on remarque des tuyaux de descente pour les eaux. L'édifice antique était bâti en briques fort grandes et de très-belle fabrication. Au-dessus de son enceinte on voit un berceau de vignes et des arbres fruitiers; il ne reste pas de vestiges de gradins en amphithéâtre pour les spectateurs. Le sol même de la naumachie est converti en potager; mais c'est un de ces jardins rustiques embellis d'orangers et de citronniers, où l'on trouve toujours avec délices les richesses du midi.[1]

Un peu au-dessus de la naumachie j'admirai, dans un verger, les débris des piscines de Taormine, les plus belles de l'Italie. Il en existait cinq, dont la plus petite seulement est restée intacte. Un rang de huit piliers, terminés en arcades, soutient sa

---

[1] On n'est pas d'accord sur l'origine de cet édifice : les uns le croient grec; d'autres, romain. Quelques voyageurs supposent que cette naumachie était plutôt un gymnase. L'inspection des lieux prouve, ce me semble, que leur opinion est erronée.

voûte; quatre ouvertures, placées à la naissance du cintre, au sud, l'éclairent. Cette citerne est revêtue de son stuc; les siècles y ont passé sans occasionner aucune détérioration. On montre l'escalier par où l'on descendait pour la nettoyer, le couloir à travers lequel s'échappaient les eaux surabondantes, le conduit de l'aqueduc qui les y amenait d'une distance de quatorze milles. [1]

Les autres réservoirs étaient infiniment plus vastes que celui-ci, et sont très-ruinés; l'un d'eux sert actuellement de base à une maison de paysan.

Ces diverses piscines communiquaient à des aqueducs taillés dans le roc; il paraîtrait, d'après leurs positions respectives, qu'en outre il existait des communications entre elles.

Nous nous dirigeâmes vers le nord de la ville, où est le quartier de Rabatto [2]. Là s'étend un plateau assez considérable, d'où je découvrais à la fois les côtes dentelées de la Sicile et de la Calabre. Cette plate-forme porte les restes de bains antiques, jadis revêtus de marbre, et dont à présent les murs, semi-circulaires, s'élèvent à hauteur d'appui seulement, et servent de bancs aux Taorminésiens. A côté de ces débris est un couvent de capucins; plus

---

[1] Elle a 102 pieds 6 pouces de long sur 30 pieds 8 pouces de large, et la forme d'un parallélogramme.

[2] Mot sarrasin qui signifie faubourg.

loin on a bâti, sur les fondations d'un temple, la petite église de Saint-Pancrace, patron de la ville. Un péristyle découvert, isolé, grossièrement construit et blanchi à la chaux, précède la façade de cette église.

L'on remarque auprès du monastère les aqueducs anciens, sur lesquels on a construit les arceaux des aqueducs modernes qui viennent du Mont Calfa. Je m'assis au pied d'un vieux tombeau, à l'ombre d'un rocher tapissé de lierre, et là je dominais le couvent, enchâssé pour ainsi dire dans un cadre de verdure. La mer, fermée par les pics de la Calabre et vue de ce lieu au-dessus des têtes des cyprès et des orangers, me faisait l'effet d'un vaste lac intérieur, dont les belles eaux reflétaient toute la profondeur du ciel d'Italie.

Le théâtre de Taormine est le plus célèbre des monuments de cette ville. Avant la découverte de ceux de Pompéii et d'Herculanum, il était le mieux conservé que nous ait légué l'antiquité.

L'emplacement avait été choisi on ne peut plus heureusement pour la construction d'un édifice de cette nature. Sur une hauteur voisine de la cité existait une roche, traçant un demi-cercle ouvert d'un côté, et s'abaissant insensiblement vers son intérieur en forme d'entonnoir : on en profita; les gradins y furent taillés. Cette disposition du sol dispensait de construire plusieurs étages d'arcades et des vomitoires; il avait suffi de faire deux rampes aboutissant aux gradins supérieurs, auxquels on arrivait du côté de la scène. Le dernier rang des gradins était entouré d'un portique à arches, construit en briques.

Le podium, destiné aux spectateurs les plus illustres, et l'orchestre, sont encore reconnaissables. La scène a peu souffert; trois grandes portes cintrées, dont la plus large occupe le milieu, étaient décorées de niches et de colonnes corinthiennes. Aux côtés de la scène sont deux édifices carrés, dont l'un renferme des salles destinées probablement aux répétitions des acteurs.

Le théâtre a dû être très-orné; il était revêtu de marbre, contenait vingt-cinq mille personnes et avait été construit avec la plus rare perfection; on y entend le moindre son, quoique l'édifice soit ruiné et à ciel ouvert. Le monument serait mieux conservé, si pendant longtemps les habitants des environs n'en avaient tiré des matériaux de construction.[1]

La vue que l'on découvre du théâtre de Taormine est plus belle et plus romantique qu'en aucun autre lieu de la Sicile : il donne une idée de l'énergie,

---

[1] *Détails architecturaux.* — La grande largeur extérieure du théâtre de Taormine est de 55 toises 4 pieds 6 pouces; celle de l'orchestre, prise de l'avant-scène, est de 19 toises 4 pieds; la profondeur est de 16 toises; la hauteur totale des gradins est de 39 pieds.

de la haute civilisation et de la poésie des anciens ; il rappelle, comme celui de Ségeste, que toujours les peuples grecs cherchaient à allier les plus sublimes spectacles de la nature aux jouissances les plus douces de l'intelligence. Du haut des gradins, l'on aperçoit vers le nord et le nord-est les montagnes de la Sicile ; elles s'abaissent en trois chaînes successives dans le canal de Messine, et forment des baies séparées par des promontoires escarpés. Là, où le dernier de ces promontoires plonge dans la mer, la côte de la Calabre continue cette chaîne imposante et se développe jusqu'à l'extrémité de l'Italie. Immédiatement au-dessous du spectateur quelques îlots nagent tranquillement sur la nappe verdâtre du détroit. De ce côté, enfin, la pyramide de rochers qui porte sur son sommet le castel de Mola, domine le théâtre.

Vers le S.-O. apparaissent, à travers les ruines du proscenium et enveloppées d'une vapeur diaphane, les jardins et les clochers de Taormine, le village de Giardini avec ses masses de verdure, et les blocs de lave qu'on regarde comme couvrant l'ancien emplacement de Naxos ; puis des hauteurs au-dessus desquelles plane l'Etna, dont la cime, éblouissante de blancheur, s'élance vers les régions éthérées du ciel. La mer, dessinant le long du rivage cinq ou six golfes jusqu'à celui d'Agosta, termine le tableau de ce côté.

La mer Ionienne unit les deux divisions du panorama de Taormine. Cette vue est étourdissante de beauté. Je n'en ai point trouvé de comparable en Italie.

Il y a dans la noblesse et la pureté des formes quelque chose qui parle à l'âme par l'intermédiaire des sens, et qui lui inspire une sorte de jouissance interne et religieuse. La pensée s'élève avec un sentiment de gratitude vers l'auteur tout-puissant de cette merveilleuse création.

Nous quittâmes avec peine ces ravissantes hauteurs pour descendre à pic vers la mer, au milieu d'herbes desséchées et glissantes, et arriver à la voie sépulcrale, terme où vont s'engloutir l'orgueil et les grandeurs humaines.

Les tombeaux y diffèrent de ceux que j'ai vus en Sicile : des petits murs sont bâtis à environ deux pieds de distance les uns des autres, et adossés aux rochers de la montagne. Les entre-deux de ces murs se divisent chacun en trois ou quatre compartiments, placés horizontalement les uns sur les autres, et destinés à recevoir autant de cadavres. Beaucoup de ces tombeaux sont enchâssés dans les murs d'un couvent voisin.

Descendant davantage encore, nous rejoignîmes la grande route de Messine auprès du cap Saint-André, masse de rochers jetée au milieu des flots, attachée à la terre au moyen d'une langue étroite et qui sépare deux baies charmantes. D'ici on découvre la côte jusqu'à Syracuse. A chaque instant le rivage se creuse en petits golfes obscurs, fermés par des rochers et de vieux arbres dont les longues branches retombent en berceaux sur la mer. Des chaumières rustiques sont bâties au milieu de ces touffes de verdure : une ligne d'écume marque à l'œil les sinuosités de la côte de Sicile.

Nous retournâmes à Giardini en suivant un sentier serpentant au milieu de bocages touffus. [1]

---

[1] Fazello rapporte qu'autrefois cette contrée était très-favorable à la culture de la canne à sucre.

LETTRE XXXV.

Messine.

La route de Giardini à Messine est bonne et bien entretenue. A la vérité, les passants en font les frais; car sur un espace de onze lieues ils payent neuf baïoques à quatre reprises. Le chemin suit constamment le rivage, et on a même été obligé de lui ouvrir passage dans des rocs vifs qui plongent à pic dans le détroit, entre autres aux caps d'Ali, de Scaletta et de San-Alessio, l'Argennum des anciens. De temps en temps aussi les montagnes s'écartent de la côte; alors une petite plaine verte et fertile s'étend entre leurs bases et la mer. Souvent les chaînes de hauteurs s'interrompent et laissent pénétrer les vagues dans des anses étroites, parsemées d'écueils, débris des rochers du voisinage. Tantôt nous étions exposés à l'ardeur du soleil; tantôt nous marchions à l'ombre de belles plantations de caroubiers et d'oliviers.

La nature a dans ce district un air coquet et gracieux : les grenadiers et les lauriers-roses sont semés sur le rivage, dans les vallées et sur les rochers, avec une admirable profusion ; ils tracent des guirlandes purpurines le long des torrents et des ruisseaux, depuis leur embouchure jusqu'aux rétrécissements des vallées.[1]

La plupart des torrents, à sec maintenant, sont assez considérables dans la mauvaise saison pour être à peine contenus dans la vaste étendue de terrain qui leur est abandonnée. La chaîne du Pélore occupe les derrières de cette partie de la Sicile jusque par delà Messine ; elle se couronne de neiges en hiver : lors de leur fonte ou après les grandes pluies, les ruisseaux inonderaient les campagnes, si la nature et l'art ne leur opposaient des obstacles.

Après avoir doublé divers caps, remarquables par leurs vieux châteaux forts, nous arrivâmes au *Fiume di Nisi*, le Nisso ou Chrysotoas des Grecs. Cette rivière naît au mont Sendecio ou de Neptune. Près de ses sources était le castel de Nisa, dont les Athéniens tentèrent inutilement de se rendre maî-

---

[1] Les montagnes qui garnissent la côte sont riches en marbres variés et en mines diverses, parmi lesquelles celles d'Alum sont seules encore exploitées. Lampétie et Phaëtuse, filles d'Apollon, gardaient en ces lieux les troupeaux que les compagnons d'Ulysse voulurent enlever.

tres[1]. Les anciens exploitaient dans ses environs des mines d'argent et de cuivre, actuellement abandonnées. La rivière elle-même charriait de l'or.

Le rivage s'élargit et la campagne se couvre d'une forêt d'arbres fruitiers. Le bas des coteaux est garni de mûriers; leurs sommets, d'oliviers ou de vignes; des orangers et des citronniers croissent dans les lieux abrités; les dattiers sont assez nombreux, mais ne portent point de fruit; et l'habitude où l'on est de les dépouiller de leurs feuilles, afin d'en tresser des cordes ou des couffes, nuit à l'effet que ces arbres élégants produiraient dans le paysage. Le détroit de Messine se rétrécit insensiblement, et la côte montueuse de la Calabre fait la rive opposée d'un fleuve majestueux, sillonné de bateaux et de navires, qui se croisent en tous sens. La route est très-fréquentée; le pays est peuplé et vivant; les villages se touchent le long de la côte; de vieilles tours, bâties dans le moyen âge, les dominent, et une belle culture les environne.

Reggio se montre sur le rivage calabrais, au pied de coteaux couverts de maisons. Les montagnes qui s'élèvent au-dessus de cette ville, sont pelées, mais grandioses, et contribuent à la variété et à l'intérêt du voyage.

Nous rencontrions des femmes coiffées, soit d'un

---

[1] Thucydide, livre III.

lourd voile en laine blanche, tombant par derrière en pointe à la ceinture, soit de réseaux blancs à l'espagnole. Cette dernière mise est assez gracieuse.

Une suite de hauteurs coniques et rocailleuses, s'abaissant à mesure qu'on avance et uniformément éloignées du rivage, annoncent les approches de Messine : ses forts maritimes se montrent de loin. Derrière la première rangée de montagnes on en voit trois ou quatre plans plus hauts.

Des jardins et des villages composent, pour ainsi dire, le faubourg de la ville : les maisons sont assez jolies; les plantations charmantes : on voit des équipages et des promeneurs. Nous fûmes un peu tourmentés par la garde et les douaniers; ils cherchèrent, suivant leur usage, à nous extorquer quelque argent. Tandis qu'ils nous arrêtaient, je m'amusais à observer une jeune et jolie fille, couchée à terre à côté d'une grosse coche, sur laquelle elle s'appuyait, et agaçant avec une rose des petits cochons de lait qui tournaient autour d'elle en grognonant. Dans la patrie de Théocrite on s'attendrait à un tableau plus idyllique, et on se croirait en droit de voir des chèvres ou des agneaux à la place des animaux immondes.

L'on remarque dès l'entrée de Messine que les familles de commerçants étrangers qui s'y sont établies, y ont fait prévaloir des habitudes d'ordre, rares dans le reste de la Sicile. L'air d'aisance et de propreté de la ville étonne quand on vient de faire le tour du royaume; elle est d'ailleurs entièrement nouvelle, ayant été rebâtie depuis le tremblement de terre de 1783, qui en avait fait un monceau de décombres. Il suffit aussi de traverser ses rues pour voir que, suivant l'usage du pays, il y a ici presque autant d'églises et de couvents que de maisons, et que le nombre des prêtres, moines et religieuses, est en complète disproportion avec la population.[1]

Messine a l'apparence d'une ville italienne moderne. L'on n'y trouve plus aucune trace de son antique origine : trop de révolutions ont passé sur elle pour qu'il soit possible d'y découvrir le moindre vestige des monuments dont Cicéron et Polybe vantent la magnificence. Les emplacements même du temple d'Hercule, et du palais de Caius Heius, d'où Verrès enleva la fameuse statue de Cupidon, ouvrage de Praxitèle, sont ignorés, et c'est tout au plus si, d'après quelques obscures traditions, on désigne encore les lieux où existaient les édifices consacrés à Neptune, à Jupiter Mammertin et à Pollux.

Messine remonte à la plus haute antiquité. Les auteurs anciens ne sont pas même d'accord sur

---

[1] Messine compte 40 à 45,000 âmes, dont 10,000 moines et autres ecclésiastiques. Jadis sa population était bien plus considérable. La peste y fit périr 65,000 personnes en 1575, et 70,000 en 1743.

l'époque de sa fondation, sous le nom de Zancle [1], ni sur ses premiers habitants.

Toutefois il paraît certain [2] que Zancle doit son origine aux corsaires de Cumes en Campanie, qui, conduits par Péricre, chassèrent dans l'intérieur des terres les Sicules, premiers habitants de ce rivage. Aux Cuméens succèdent les Chalcidiens, sous la conduite de Cratamène; puis arrivent les Samiens. Ces derniers ne restent pas longtemps en possession de Zancle; ils en sont expulsés par les Messéniens du Péloponnèse, échappés à la fureur des Lacédémoniens. Les Messéniens rasent la ville et en bâtissent une nouvelle, à laquelle ils donnent leur nom. Ils dominent à Messine pendant deux cents ans, gouvernés par des tyrans ou constitués en république; mais aux temps d'Agathocle, les Mammertins se rendent maîtres de la cité par trahison. Messine voit ensuite s'écouler plusieurs siècles, passant alternativement de la gloire à l'opprobre, et de la liberté à la servitude.

Himilcon, général carthaginois, la détruit de fond en comble, 399 avant J. C.; elle est rebâtie et subit enfin le joug des Romains, dont cependant elle avait été pendant longtemps la fidèle amie et alliée. Une

---

[1] Son nom de Zancle lui a été donné, suivant les uns, par le géant Zanclos, ou par Saturne; suivant les autres, il provient de la courbure du sol sur lequel elle est bâtie.

[2] Thucydide, livre VI.

révolte sert de prétexte à la guerre que Rome fait à Messine, sous la conduite de Valérius Corvinus. Divers empereurs, notamment Arcadius, accordent néanmoins plus tard des honneurs à cette ville, qui leur avait rendu des services signalés. Les Sarrasins la soumettent dès l'an 831. Roger, fils de Tancrède, et frère de Robert Guiscard, premier duc de Calabre, commence la conquête de la Sicile par la prise de Messine en 1060, et assisté par ses habitants, il devient maître de toute l'île.

Messine et Taormine seules ne prirent point part d'abord aux vêpres siciliennes; mais de nouveaux excès des Français ayant soulevé également les Messinois, ils massacrèrent ce qui restait d'étrangers dans le royaume, sauf les gouverneurs de Noto et de Calatafini.

Dans le dix-septième siècle, les Messinois, qui alors partageaient avec Palerme la primatie du royaume, fatigués du changement de maîtres, des hauteurs des gouverneurs espagnols et des injustices dont ils étaient victimes, adressèrent leurs plaintes à la cour de Madrid : pour toute réponse, celle-ci leur envoya le tyran le plus sanguinaire qui eût encore désolé Messine.

Plusieurs souverains se mêlèrent à la querelle : il en résulta une guerre européenne. Le 28 septembre 1674 le roi de France fut proclamé à Messine; mais, malgré la victoire navale de Duquesne sur Ruyter, dont les Espagnols avaient acheté le secours, les Français se retirèrent en 1678, et les troupes du roi catholique, rentrées dans la ville, en usèrent en conquérants. Les Messinois, décimés, flétris et appauvris, perdirent leurs privilèges. La peste, la translation des grands tribunaux à Palerme, les tremblements de terre, la retraite du vice-roi enfin, achevèrent de détruire la concurrence de Messine avec la capitale actuelle de l'île.

Ma première course a été au port : il est d'une merveilleuse beauté, et l'un des plus vastes de la Méditerranée. Son entrée, resserrée entre la ville et un fort, est vers le nord; les eaux y sont toujours calmes et unies. Une grande digue naturelle, longue de huit cents pas, large de quatre-vingts, et appelée le bras de Saint-Rainier [1], protége le bassin. Du côté de Messine, il est bordé par un quai très-large, que décorent le palais public et une suite de bâtiments réguliers, fort beaux, dont les rez-de-chaussée servent de magasins au commerce. Ces édifices sont d'architecture ionique et non achevés; ils ont fait donner au quai le nom de *Pallazata*. L'arsenal est également au bord de la mer; le palais des vice-rois qu'on y voyait a été complétement détruit en 1783.

---

[1] Les Grecs imaginèrent que la faux de Saturne était tombée en cet endroit et lui avait donné cette forme.

Une citadelle[1] et trois forts défendent le port. Un grand lazaret occupe une presqu'île avancée.

Je pris une chaloupe pour traverser le bassin de l'ouest à l'est. Je m'arrêtai au bras de Saint-Rainier et montai au phare.

Vers l'ouest j'apercevais alors Messine, qui s'élève graduellement sur le demi-cintre de montagnes dont elle est entourée. Ces montagnes appartiennent à la chaîne du Pélore, et se divisent en vastes degrés, dont les derniers portent vers les nues leurs cônes de rochers. Les plus rapprochés sont couverts de vignobles et de forêts d'oliviers et d'orangers; au milieu de leur verdure se montrent des maisons de campagne, et les forts de Castellaccio, Matagriffone et Gonzaga, qui dominent et protégent la ville.[2]

Cet amphithéâtre s'abaisse graduellement vers ses extrémités, où deux caps le terminent. Messine est située à moitié sur des collines, à moitié sur la plage.

Vers le sud je voyais une longue ligne de mer tracée à l'horizon.

A l'est se déployait la côte de Calabre, dessinant, comme celle de Sicile, un rideau grandiose, dont

---

[1] Elle a été bâtie en 1679 sous le gouvernement espagnol, et réparée dans les dernières guerres.

[2] Charles-Quint, ayant pris Tunis en 1535, fit fortifier Messine, qu'il regardait comme la clef de la Sicile.

les premières collines sont cultivées et peuplées de villages. J'en comptais un grand nombre, d'assez considérables. Outre la ville de Reggio, le bourg de Sylla paraissait sur une éminence au N.-E. La mer est houleuse dans le détroit, et les courants sont en sens opposés.

Du côté nord, enfin, je contemplais l'entrée du phare, le cap Pélore, dernière langue du rivage sicilien, et dans le lointain une partie montueuse du littoral napolitain, enveloppée d'une vapeur bleuâtre.

Le cap Pélore[1] est éloigné de quatre lieues de Messine, et porte un castel.

Les géographes anciens font partir du cap une langue de terre qui, dans l'antiquité la plus reculée, réunissait la Sicile à l'Italie, et dont ils attribuent la rupture à un tremblement de terre.[2]

Le cap forme la pointe extrême de la chaîne de montagnes du même nom, qui est la principale de

---

[1] Son nom est, suivant quelques auteurs, d'origine grecque; d'après une autre version, il lui aurait été donné par Annibal, qui, fuyant l'Italie, y avait tué son pilote Pélore, qu'il croyait traître. Le général carthaginois, ayant reconnu son erreur, ajoute la même tradition, fit élever une statue à sa victime, au lieu où le meurtre avait été commis.

[2] D'après le prince Biscari, les Zancliens, fondateurs de Messine, firent leur premier établissement au pied du cap Pélore.

la Sicile et la seule de formation première ou granitique.[1]

Le port de Messine est considéré comme port franc; mais ses franchises sont très-limitées. Il est un des lieux les plus actifs du royaume : ses relations sont cependant infiniment moins étendues qu'elles ne l'étaient autrefois. La triste position agricole du pays exerce une fâcheuse réaction sur son commerce. Pourvue d'anses et de rades sans nombre, située entre l'Afrique, l'Europe et le Levant, la Sicile était devenue dans l'antiquité un immense entrepôt, où l'on allait chercher les productions des contrées alors connues. Aujourd'hui son commerce est très-borné, et son influence ne s'étend pas même sur toutes les provinces de l'île. Le manque de rivières navigables, de canaux et de routes, le réduit aux villes maritimes; encore Palerme et Messine sont-elles les seules places réellement marchandes du royaume. Nous avons vu les ports de Catane, Syracuse et Girgenti, à peu près déserts. Messine entretient des relations assez actives avec le Levant, et il y vient par an vingt à trente petits navires français. Les principaux objets d'exportation, outre

---

[1] Les principales montagnes de la chaîne du Pélore sont les Scuderi, le mont de Neptune et le Dinamare, à deux lieues et demie de Messine. Près de cette ville la base granitique des Pélores est couverte de calcaire coquillier.

le blé, sont la soie et l'huile [1]. La soie sort principalement d'ici et de Palerme ; on en estime la valeur à un million de francs par an. L'huile la plus recherchée est celle de Sciacca, Lentini Agosta et Milazzo ; mais comme elle est mal préparée, elle sert uniquement à la fabrication du savon, malgré l'excellente qualité des olives.

Les produits manufacturés qui sortent de Messine, consistent en soieries de médiocre qualité, bas et draps grossiers, et en toiles de lin et de coton. Les fabriques de la Sicile ne sont d'aucune importance et se ressentent du peu de confiance qu'inspire le gouvernement. Elles n'ont jamais été protégées ; l'île a toujours été considérée comme une colonie qu'on

---

[1] L'on exporte également, en quantités assez considérables, le sel, le salpêtre, l'alun, le soufre et la soude, les fèves, les oranges, citrons, noisettes, raisins, pistaches, amandes et figues, les fleurs d'oranger, l'écorce de sumac, la réglisse, la manne, la rhubarbe, les cantharides ; divers vins, surtout ceux de Marsalla et de Syracuse, de l'eau-de-vie, du riz, du fromage, des peaux de lapins et d'agneaux, des cornes de bœuf, du liége, du tartre, des toiles, des draps grossiers et des poissons salés, tels que thons, espadons, sardines et anchois. Je voulais joindre à cette liste quelques chiffres statistiques, mais il m'a été impossible de me procurer à cet égard des renseignements précis, et tous les rapports parvenus à ma connaissance sont contradictoires à tel point, que je n'ai su y démêler le vrai.

voulait obliger à recourir à la métropole pour ses besoins.[1]

On cite un fait qui honore les négociants de Messine. Malgré les pertes immenses que leur occasionna le tremblement de terre de 1783, ils se soutinrent mutuellement et ne déclarèrent pas une seule faillite.

Souvent des bâtiments sortent du port avec un vent favorable, et reviennent peu après sans que le temps ait changé. Les courants du détroit sont assez forts pour vaincre la brise. Le port est d'ailleurs un de ceux où il devient le plus difficile de juger l'état de la mer. Il est entouré de hautes montagnes et couvert en face par la côte de Calabre : une longue expérience est nécessaire pour savoir ce qui se passe au dehors.

A sept cents pas du quai de la Palazzata, près du tournant de la pointe que l'on double en sortant du port, est le choc de courants appelé de nos jours Garoffalo, et plus célèbre sous son nom antique de Charybde. Les anciens en avaient fait un monstre de mer, vorace, rugissant sans cesse après sa proie, et

---

[1] On a cependant établi, il y a quelques années, à Palerme, un institut royal d'encouragement des manufactures, arts et métiers, duquel dépendent des sociétés économiques, établies dans les six vals. Pour donner de l'importance aux travaux de cet institut, il faudrait, avant tout, que le gouvernement se décidât à opérer les grands changements administratifs nécessaires pour tirer le pays de sa dégradation.

on l'a dépeint sous les plus terribles couleurs. Aujourd'hui encore il est regardé comme dangereux, et une loi défend aux navires étrangers, d'entrer ou de sortir sans avoir pour guide un pilote Messinois.

Cependant Charybde n'est plus aussi redoutable qu'autrefois, et sans doute l'inexpérience des anciens était cause des nombreux désastres qui y arrivaient. Peut-être aussi les localités ont-elles été modifiées; les siècles peuvent avoir rempli peu à peu de rochers et de sable les cavernes sous-marines où tourbillonnaient les eaux de ce gouffre.

L'écueil de Scylla est sur la côte calabraise, à cinq lieues de Charybde. Ce roc immense s'avance dans la mer en forme de cap, sa hauteur est d'environ cinq cents pieds, sa base est hérissée de petits écueils. L'approche de ce rocher est surtout périlleuse lorsque les coups de vent augmentent l'impétuosité des courants qui y portent directement. Les vagues s'y précipitent alors avec fureur, et résonnent dans les cavités et les crevasses du rivage. La fable s'était emparée de ces parages; elle les peuplait de Syrènes et de monstres hideux; elle faisait traverser le détroit à Hercule attaché à la corne d'un bœuf.[1]

---

[1] Le corail est assez abondant dans le détroit : il y en a de rouge et de blanc. Les bateliers le détachent des rochers au moyen de petits filets qu'ils dirigent avec des poulies. L'on remarque sur le rivage, près de Messine, la formation journalière d'une pierre qui devient assez compacte pour pouvoir

LETTRE XXXV.

Le peuple de Messine s'occupe beaucoup de la pêche; celle de l'espadon se fait avec des harpons, en mai et en juin, et est très-lucrative. Les plongeurs sont fort hardis, et l'on cite encore Colas il Pesce, qui eut la témérité de plonger trois fois dans le gouffre de Charybde, pour en retirer la coupe d'or du roi Fréderic. Son courage et sa fin malheureuse ont inspiré à Schiller une de ses plus charmantes ballades.

Plusieurs voyageurs et naturalistes ont observé auprès du port de Messine le phénomène connu sous le nom de Fée Morgane [1] : je n'ai pas eu le bonheur de le voir.

---

servir de meules de moulin. Cette singulière poudingue, composée de débris de roches feldspathiques, de quartz et de mica, agglomérées par un ciment argilo-calcarifère, acquiert en moins de trente ans une dureté extrême. Son existence est due aux divers courants par lesquels les matières sont charriées sur le même point.

[1] Espèce de mirage.

LETTRE XXXVI.

Messine.

Les tremblements de terre n'ont pas plus respecté, à Messine, les restes du moyen âge que ceux de l'antiquité. La cathédrale, bâtie par les Normands, avait seule conservé, après les désastres de la ville, une portion de sa façade zébrée en marbres de diverses couleurs, et capricieusement ornée de mosaïques, de sculptures et d'un riche portail, dont les grêles colonnettes reposent sur des lions, dans lesquels on trouve la roideur du temps de la renaissance. Mais, au lieu de réparer et d'achever ce charmant monument d'après le style du moyen âge, le mauvais goût des siècles postérieurs y a imprimé son cachet, et en a fait une lourde caricature.

L'intérieur de l'église a été tout aussi pitoyablement métamorphosé; vingt colonnes antiques, mais mutilées, rongées par le temps et mal assorties, soutiennent la charpente du toit qui sert de plafond. De vieilles mosaïques à fond doré ornent le chœur; l'autel principal est dédié à la sagra littera[1], prétendue lettre écrite par la Vierge aux Messinois, pour leur recommander d'être fidèles et leur promettre sa protection; on n'en possède que la copie.

C'est aujourd'hui 5 juin qu'a été célébrée la fête

---

[1] Voici le texte de cette lettre traduite en latin :

Maria Virgo, Joachim filia, humilis ancilla Dei, Christi Jesu crucifici mater, ex tribu Juda, stirpe David, Messanientibus omnibus salutem et Dei patris omnipotentis benedictionem.

Vos omnes fide magna legatos ac nuntios per publicum documentum ad nos misisse constat, filium nostrum Dei genitum Deum et hominem esse fatemini et in cœlum post suam resurrectionem ascendisse, Pauli apostoli, electi prædicatione mediante, viam veritatis agnoscentes, ob quod vos et ipsam civitatem benedicimus, cujus perpetuam protectricem nos esse volumus.

Ex Hyerosolimis, anno filii nostri 42, Ind. 1, nonas Junii, lunæ 27, feria 5.

Rezzonico dit à ce sujet, dans son Voyage en Sicile (t. 4, page 88), que la fable de la lettre de la Vierge avait été inventée par Constantin Lascaris, qui prétendait avoir trouvé dans les archives de Messine la traduction grecque de l'original hébreu, faite par l'apôtre S. Paul.

Le peuple seul croit à la lettre en Sicile. La plupart des auteurs siciliens n'y ont point ajouté foi, en dépit du jésuite Inchofer, qui a écrit un volume in-folio pour prouver son authenticité. S. Paul n'a été élu apôtre que quarante-cinq ans après la mort du Christ, et l'Église a adopté l'ère vulgaire dans le huitième siècle.

annuelle, établie en l'honneur de cette lettre. La nef était tendue, à cet effet, en vieilles étoffes de soie et surchargée de cierges, de candélabres, de lustres, de miroirs et d'images.

Messine présentait de bonne heure déjà le spectacle le plus bizarre ; on avait pavoisé les bateaux du port, les cloches étaient en branle, une foule endimanchée encombrait les rues.

Je sortis pour voir la procession qui devait quitter la cathédrale et y revenir après avoir parcouru la ville. Des fleurs étaient semées dans les lieux où elle devait passer; le peuple s'y portait en masse. Le cortége parut, bannières déployées : à sa suite étaient les autorités civiles et militaires en grand costume, tenant en main des cierges allumés. Les mendiants de Messine, plus déguenillés encore que les lazzaronis de Naples, se ruaient sur leur passage, armés de petits instruments tranchants, au moyen desquels ils grattaient les gouttes de cire qui s'écoulaient sur le pavé, pour les revendre ensuite. Ils continuèrent ce manége dans l'église, même après que la procession y fut rentrée, au grand amusement des assistants, et au désespoir des gens de police chargés de maintenir l'ordre. On voyait dix individus en haillons, se précipiter en un même endroit pour recueillir quelques parcelles de cire fondue; la nef se transformait en arène; les coups de bâton pleuvaient à droite et à gauche, et au bout de peu d'instants une scène de même nature troublait l'ordre momentanément rétabli.

Cette première procession ne dura pas longtemps; je retournai au dôme dans la soirée, afin d'assister à la cérémonie de l'exhibition de la lettre.

La vaste cathédrale était encombrée de monde; une innombrable quantité de lustres l'éclairait. L'archevêque arriva dans une grande voiture, datant de trois siècles au moins; puis vint un second carrosse doré, à glaces, plus massif encore que le premier, espèce de maison mobile, contenant le sénat, et que traînaient quatre mules noires. Ce sénat se compose de six personnages; quatre nobles, un militaire et un bourgeois, lesquels, sous la présidence du gouverneur, régissent les affaires municipales. La lourde voiture était accompagnée d'une longue file de laquais en grande livrée rouge. Messieurs les sénateurs mirent pied à terre; d'énormes perruques à la Louis XIV couvraient leurs épaules; ils portaient d'ailleurs des costumes espagnols d'une coupe excessivement grotesque. Une bruyante fanfare annonça leur venue.

L'archevêque alors monta à l'autel, et présenta la lettre miraculeuse au peuple qui se ruait vers le chœur. En un clin d'œil les bancs furent renversés, les tapis entraînés; le bruit de mille voix se joignit au vacarme des grosses caisses et des clairons, et sans l'assistance de quelques vigoureux *monsignori*, l'archevêque courait grand danger d'être étouffé. Les cris de *viva Jesu! viva Maria!* semblaient des cris de rage, tant ils étaient frénétiques, et la foule continuait encore ses hurlements en se précipitant hors de l'église.

Je sortis de l'édifice sacré, croyant avoir assisté à une pompe du paganisme. C'est sur le clergé, qui donne de semblables leçons au peuple, qu'en doit retomber le blâme. Le peuple lui-même n'est qu'à plaindre : sa persuasion est pour lui la vérité; on ne peut lui demander plus qu'il ne sait.

Messine fut illuminée le soir; on tirait des pétards dans les rues, car les feux d'artifice et les illuminations font une partie intégrante du culte en Sicile, et, en général, les fêtes sacrées y prennent des formes tellement outrées et ridicules qu'on dirait presque une sorte de carnaval religieux, copié sur les antiques saturnales, et auquel préside la plus folle gaîté. Les couvents, plus ornés que les autres édifices, attiraient principalement la foule; devant leurs portes étaient placés de petits canons en fer, avec des fusées de communication que l'on allumait, et qui faisaient alors un feu roulant continu à tel point, que l'oreille n'en pouvait distinguer les explosions. L'écho des montagnes prolongeait ces sons assourdissants. Les marchands de comestibles profitaient de la circonstance pour vendre aux passants les macaronis et les fritures brûlantes qu'ils tiraient de leurs poêles. De joyeux convives s'asseyaient autour des cuisines publiques établies au milieu des places; de jeunes filles, presque toutes jolies, et des jeunes gens en habits de fête, dansaient des tarantelles et des saltarelles, dont les airs sont vifs et gracieux; en un mot, c'était un mouvement et un vacarme sans relâche.

Fatigué de ce tapage, je m'éloignai de la foule pour monter à l'un des forts bâtis sur la hauteur. La nuit était splendide, le ciel se montrait éclatant d'étoiles, la sérénité la plus parfaite régnait dans ses profondeurs, et une douce clarté me permettait de jouir du délicieux tableau que présentaient la côte de Calabre, le port et la ville de Messine, les collines plantées d'oliviers et d'orangers étendues à mes pieds, enfin le détroit majestueux et fier, qui roulait tranquillement ses eaux entre les deux rivages, s'élargissant peu à peu jusqu'au lieu où il se confond avec la haute mer. Je m'arrêtai auprès d'un petit carrefour, formé d'une vingtaine d'aloès fleuris, dont les tiges élevées se balançaient au-dessus de ma tête.

Les bruits de Messine que me portait la brise du soir et qui se mêlaient d'une manière confuse avec celui des vagues, me rappelaient que je venais de quitter une scène de joie et de confusion. Il n'est pas de sentiment plus doux et plus profond, que celui dont l'âme est pénétrée à l'heure avancée du soir, lorsque le bourdonnement lointain d'une ville se mêle aux voix mystérieuses du crépuscule; c'est alors un calme ineffable qui descend sur vous, c'est le bonheur de se sentir séparé d'un tumulte qu'on entend bruire au loin et de se fondre dans la paix qui vous enveloppe.

Deux heures plus tard la même rumeur régnait encore dans les rues; on continuait à tirer des coups de fusil en l'honneur de la vierge, et les enfants, pour prendre part à la joie publique, lançaient de grosses pierres contre les portes des maisons : le peuple nommait et exaltait tour à tour tous les saints; il y avait même des gens dont le zèle allait jusqu'à faire une canonisation d'un genre nouveau, et à crier *Santo-Diavolo!*

Outre la fête de la sagra littera, on célèbre à Messine celle de la *Vara*, le 15 août, jour de l'assomption et anniversaire de la prise de la ville, par Roger, sur le prince Griffon. Le peuple traîne dans les rues un char, haut de soixante pieds et divisé en quatre étages. Sur ce char, des enfants représentent la Vierge, les apôtres, les anges et archanges, même le Père éternel et le Christ. Ils sont vêtus de robes resplendissantes, et de grandes ailes en plumes peintes sont attachées aux épaules des anges; des chérubins et des séraphins chantent des alléluia en l'honneur de la madone à mesure que cette formidable voiture avance. Les habitants de Messine n'épargnent aucune dépense pour rendre la cérémonie plus pompeuse;

la ville est décorée de tapisseries, d'obélisques, et d'arcs de triomphe; le soir tout est illuminé, et une galère, couverte de lampions de couleur, se promène dans le port. Cette fête extraordinaire est, dit-on, d'un effet très-pittoresque.

LETTRE XXXVII.

Messine.

Messine est la seule ville sicilienne où les arts aient été cultivés avec succès dans les temps modernes. Les Grecs avaient introduit le goût du beau dans ce pays, qui est devenu sous leur domination une terre classique, riche en souvenirs et en modèles admirables. Chez eux, les arts étaient une chose d'instinct, pour ainsi dire. Vivant au milieu de chefs-d'œuvre, tout ce qu'ils voyaient autour d'eux devait leur inspirer des idées élevées; ils savaient fixer à jamais l'expression la plus noble, la plus auguste; ils savaient revêtir les allégories de l'antique mythologie d'images faites pour parler à celui qui les contemple. Rien dans leurs statues ne rappelle le travail de l'artiste; elles semblent avoir été créées aussi vite que conçues; être nées dans toute la plénitude de leur beauté. Leur vue élève l'âme, leur noblesse parfaite fait battre le cœur d'une émotion presque religieuse; on y admire un **caractère** calme et héroïque, qui n'est plus de nos jours, ni de notre genre de civilisation; elles peignent la tranquillité morale. Les habitants actuels du royaume n'ont point hérité des dispositions de leurs devanciers. La conquête romaine commença à dépouiller le pays de ses plus riches ornements. L'introduction du christianisme, auquel les peintres de Florence, de Pérouse, de Rome et de Bologne, durent plus tard leurs belles et pieuses inspirations, acheva de détruire, dans cette île éloignée, l'amour des arts que le paganisme y avait fait fleurir. Ce fut longtemps après la renaissance du goût en Italie, qu'un faible rayon de sa douce lumière parvint enfin en Sicile. En attendant, les monuments antiques les plus précieux, que la nation aurait dû regarder comme son patrimoine, avaient été abattus ou s'étaient écroulés, et leurs matériaux servaient à la construction de médiocres édifices modernes.

Gagini, de Palerme, est le seul sculpteur de mérite que la Sicile ait produit dans les derniers siècles. Elle a vu naître des peintres distingués outre le Montrealese; tels que Trevisi, Tancredi et Vitto d'Anna, grand coloriste, mais dont le dessin est parfois incorrect. Ces maîtres ont formé des élèves, peintres du second ordre. La famille *degli Antonii* a laissé beaucoup d'ouvrages, et fondé à Messine une école assez fréquentée. Cette école fut remplacée plus tard par celle de Barbalunga, l'un des meilleurs élèves du Dominiquin. Maintenant la Sicile ne peut citer un artiste vivant doué d'un talent véritable. La gravure, excepté celle sur coquilles, y est également dans l'enfance. On se sert pour cette dernière espèce de gravure, ou plutôt de sculpture, du *murex tritonius*, composé de trois couches de nuances différentes.

Parcourant aujourd'hui les magasins de librairie de la ville, j'ai feuilleté les ouvrages de plusieurs auteurs siciliens qui ont écrit dans la langue du pays. Cette langue est un dialecte plus éloigné de l'italien pur que le napolitain même : elle est composée d'expressions tirées des idiomes des divers peuples qui ont successivement dominé dans l'île; elle a ses principes fixes, reconnus et établis par l'académie palermitaine de la ***Volgar Favella***, et par les écrivains du dix-huitième siècle, qui se sont occupés avec zèle de l'amélioration du langage.

J'ai encore de la difficulté à comprendre le sicilien : il est beaucoup moins doux que l'italien; cela provient sans doute de la réunion fréquente des consonnes et de la répétition plus fréquente encore de la voyelle *u*. Des expressions originales et spirituelles, et des tournures de phrases gracieuses, distinguent d'ailleurs cette langue. Les gens du peuple l'accentuent durement et cherchent ainsi à donner de l'énergie à leurs discours; elle est infiniment plus douce dans la bouche des gens de la bonne compagnie.

La littérature a été très-florissante en Sicile dans l'antiquité, et plusieurs de ses auteurs du moyen âge ont de la réputation.[1]

A partir de cette époque, le pays resta plongé dans l'ignorance jusqu'au règne de Fréderic II. Ce prince fit renaître le goût des lettres et des langues mortes, et s'entoura des savants du royaume. Divers antiquaires et historiens de mérite, tels que Fazelli, Cluvier, Blasi, etc., ont brillé dans les siècles suivants. Malheureusement leurs ouvrages sont remplis d'idées superstitieuses, qui rendent fort difficile la tâche d'y démêler la vérité.

Le prince Torremuzza, le prince Biscari, le signor Airoldi, et l'archevêque de Catane Ventimiglia, réussirent à ranimer le goût des lettres et des arts dans le siècle dernier. La littérature sicilienne a été plus féconde en poésies qu'en ouvrages sérieux et scientifiques. Ces poésies ont un caractère propre, qui tient sans doute aux anciennes relations de l'île avec l'Orient; on y retrouve souvent les métaphores des Arabes et leurs images brillantes.[2]

---

[1] On cite les ouvrages historiques de Flavius Vopricus, né à Syracuse à la fin du quatrième siècle. Les écrits de son contemporain, Maternus, sur les erreurs des religions profanes, et les œuvres du mahométan Zefer, qui vivait aux temps de Guillaume II.

[2] Giovanni Ventimiglia, de Messine, a donné le catalogue des poëtes siciliens, dans son livre sur les poésies siciliennes

Les vers sont chantés dans les rues parfois sur des airs gracieux, quoiqu'en général le chant des hommes de la basse classe consiste en cris rauques et monotones, comme ceux des Grecs et des Napolitains.

---

bucoliques, imprimé à Naples en 1663. Depuis cette époque la poésie du pays s'est enrichie de plusieurs recueils; tels que ceux de *Giuseppe Leonardi*, membre de l'académie des Etnéens, publié en 1789; de Giuseppe Marafini, l'Etnéen, dont les œuvres ont paru en 1813; de Jean Meli, l'Anacréon de la Sicile, et du prince de Campofranco.

LETTRE XXXVIII.

Bronte.

Nous retournâmes à Giardini en voiture, et y trouvant nos mules reposées, nous nous décidâmes à cheminer encore avant le coucher du soleil.

Ayant passé l'Alcantara, nous fîmes quelques milles sur la grande route de Catane; puis nous changeâmes de direction auprès du fleuve froid, dont j'ai parlé dans une de mes précédentes lettres.

Le chemin tourne alors brusquement vers l'ouest et s'engage dans de vertes collines, couvertes de plantations de mûriers, d'oliviers et d'orangers : ce sont les premiers degrés de l'Etna. A côté de terrains d'une grande fertilité se montrent de temps à autre des rocs escarpés; des ravines de lave sillonnent les flancs des coteaux, dont les lignes tortueuses s'enlacent, se séparent, et se réunissent de nouveau, formant ainsi un immense nœud gordien.

La montée est roide : la vue porte sur le riche bassin situé au pied du volcan. Le sommet de l'Etna était enveloppé de nuages opaques au moment de notre passage; nous fûmes privés ainsi de contempler le tableau dans toute sa beauté; mais nous nous en dédommagions en tenant nos regards fixés sur la plaine et en voyant cette terre si pompeusement parée se dérouler à nos pieds à mesure que nous montions.

Bientôt nous atteignîmes la région des châtaigniers, l'arbre alpestre des climats chauds, et après une étape de neuf milles, nous fîmes halte à *Piemonte*, beau et grand village, placé au centre de la région inférieure de l'Etna. Les escaliers, les chambranles des portes et fenêtres, les angles des maisons de Piemonte, construits en lave noire, ont une apparence lugubre; lors même que l'édifice est neuf, il a l'air d'avoir été ravagé par un incendie.[1]

Je fus réveillé de très-bonne heure : des tambours circulaient dans les rues à l'occasion de la Fête-Dieu. On frappait à tue-tête; je crus qu'on voulait rassembler une procession; je me trompais. Le but de cette musique était de faire le plus de tapage possible pour la plus grande gloire de Dieu.

Dès la sortie du village, la route continue à

---

[1] Ce bourg doit son aisance à la culture de l'orge et de l'huile, du vin et du lin; on en exporte en assez grande quantité.

monter sur un plateau créé par l'écoulement successif des laves et des cendres. Une chaîne de montagnes pelées, qui fait partie des Monts neptuniens, et contre laquelle les matières volcaniques se sont arrêtées, le borne en face de l'Etna. Ce plateau, quoique fertile et planté partiellement de beaux vignobles, ne présente pas les riches tableaux du revers opposé du volcan.

De distance en distance on traverse de ces traînées de lave auxquelles peu d'heures ont suffi pour détruire une fécondité de plusieurs siècles; alors aussi reparaissent ces pénibles commencements de culture, ces petits enclos où l'on a réuni des terres et des cendres pour y planter un peu de blé ou des vignes. Après avoir passé le village de Lingua grossa, le chemin monte insensiblement vers la région des forêts : de hautes montagnes s'élèvent immédiatement au pied du volcan, comme pour servir de barrière à ses ravages. Le pays, de plus en plus sauvage, prend le caractère des Alpes sur leur revers italien; les vignes et les cerisiers sont mêlés aux arbres de la forêt; des villages, des maisons isolées et des églises, sont disséminés sur les hauteurs.

Cependant la nature ne conserve pas cet aspect agreste, et bientôt nous rentrâmes dans les laves. Des bouquets de bois sont jetés comme des îles au milieu de leurs traînées noires et raboteuses;

elles viennent presque toutes du haut de la montagne, dont la pente est très-roide : on ne voit point dans cette région les cratères secondaires, si nombreux sur le versant opposé. Enfin les vignes reparaissent, mêlées à des bouquets de châtaigniers, de chênes et d'oliviers; vient alors une belle forêt, qui s'étend jusqu'à Randazzo, ville de cinq à six mille âmes, et l'un des premiers séjours des Lombards en Sicile[1]. Ses murs crénelés tombent en ruines, et ses églises de lave sont de construction normande.

Une procession, qui avait l'air d'un travestissement ou d'une parade de carnaval, arrêta notre marche dans les rues. Rien n'est plus éloigné de mes idées que de chercher un sujet de rire dans les objets de vénération ou de dévotion des autres, je respecte toujours au moins leurs motifs; mais l'apparence extravagante des gens qui accompagnaient cette procession, avait un côté si burlesque, que nous eûmes de la peine à garder notre sérieux. Les officiants, revêtus de longues robes de soie, rapiécées en diverses couleurs, avaient sur la tête des perruques faites en étoupe, ou plutôt des masses de chanvre réunies tant bien que mal,

---

[1] Cluvier la regarde comme l'ancienne Tissa; suivant d'autres auteurs, elle s'est élevée sur l'emplacement de Triracio : Fazelli la croit moderne.

descendant à mi-jambe par derrière; tandis que sur le devant elles laissaient à découvert le front bazané et la chevelure noire des Siciliens. Les paysans portaient des bannières, des images saintes, attachées au bout de bâtons, ou des fusils qu'ils tiraient au milieu des rues. Les uns criaient : vive notre patron! en jetant leurs bonnets en l'air; les autres chantaient ou couraient; en un mot, c'était la parodie des scènes tumultueuses auxquelles j'avais assisté deux jours auparavant à Messine.

Après Randazzo, l'on rentre dans un pays nu et désolé, et l'Etna se montre au voyageur dans toute sa tristesse, avec ses affreux déserts, ses immenses fleuves de laves, prolongés sans interruption depuis sa cime jusqu'à sa base. Ici les parois du grand cratère primitif sont plus conservées que partout ailleurs; leur pente rapide est d'une immense hauteur au-dessus de la région des bois. La lave, ne pouvant parvenir à leur partie supérieure, a cherché une issue à leur base, et a créé une foule de cratères serrés les uns contre les autres. De ce côté aussi le pied de la montagne est très-élevé; les matières volcaniques, dont les Monts neptuniens empêchaient l'écoulement, s'y sont successivement amoncelées. Cette chaîne est divisée en une quantité de plans, dont les lignes anguleuses sont variées à l'infini; elle est accidentée de fentes étroites et profondes; on voit sur ses larges profils les bois de Caronia les plus étendus de la Sicile.

LETTRE XXXVIII.

Avant d'arriver à Bronte [1], nous laissâmes à gauche du sentier la traînée de lave récente qui a menacé la ville d'une entière destruction; elle est encore enveloppée d'une fumée bleuâtre. [2]

Le roi Ferdinand avait concédé Bronte comme fief, avec titre de duc, à l'amiral Nelson. [3]

La ville, bâtie au fond d'un triste entonnoir, ne renferme rien qui mérite de fixer l'attention. Nous nous vîmes obligés, à notre grand regret, d'y passer la soirée et la nuit. Nos mules étaient trop fatiguées pour pouvoir aller à Aderno, ville située à douze milles plus loin.

---

[1] Bronte, que Fazelli regarde comme une ville moderne, se vante d'une origine fort ancienne, et fait dériver son nom de celui de l'un des Cyclopes.

[2] Il faut souvent plusieurs années à une traînée de lave pour se refroidir entièrement; quand même la couche extérieure est froide et solide, la chaleur se conserve à l'intérieur, enfermée pour ainsi dire dans une boîte qui empêche l'action de l'air extérieur.

[3] Elle compte de 9 à 10,000 âmes et fait quelque commerce en grains, amandes et pistaches. On y recueille une terre argileuse, qu'on dit excellente pour la fabrication de la porcelaine.

LETTRE XXXIX.

Alimena.

La route descend ; on commence à se rapprocher de la partie méridionale du volcan ; mais avant d'y arriver, nous traversâmes encore un chaos de laves, le plus effroyable de ceux que nous eussions vus. Ces laves, arrêtées à la chaîne de montagnes opposée, se sont enfin écoulées au-dessus de celle-ci en divers endroits, pour se répandre dans le fond d'une large vallée, arrosée par le Symèthe et le Trachino, dont elles ont, à diverses reprises, changé le cours et comblé le lit.

Le paysage rappelle, dans diverses directions, les points de vue des environs de Castro-Giovanni ; le sol est hérissé de montagnes anguleuses, dont l'aspect aride attriste le cœur : quand on vient de l'Etna, elles paraissent monotones et insignifiantes ; l'œil a pris l'habitude des proportions gigantesques et des grands traits d'une nature menaçante.

LETTRE XXXIX.

Nous nous arrêtâmes un moment à Aderno[1], ville de six à sept mille âmes, située dans la troisième région de l'Etna, au milieu d'une campagne riante. Ses murs sont flanqués de tours carrées. Près de cette cité commençait une suite d'aqueducs qui se prolongeaient jusqu'à Catane, et y conduisaient les eaux dans des canaux tantôt souterrains, tantôt portés par une suite d'arcades; on en voit les nombreuses ruines.

Au-dessous d'Aderno et sur le cours du Symèthe existe l'aqueduc construit en 1765 par le prince Biscari, pour arroser sa terre d'Arragona. C'est un ouvrage digne des Romains, mais il n'est plus d'aucune utilité et commence à se dégrader. La vallée où coulent le Symèthe et le Trachino est fertile en blé; de beaux ponts sont jetés sur les deux rivières : la première est rapide ; ses bords escarpés et boisés sont pittoresques : à ce passage près, la contrée est nue et triste. En prenant congé des terrains volcaniques et des traînées de lave, on quitte également les plantations d'arbres et l'on chemine au milieu de coteaux cultivés en céréales.

---

[1] Cette ville a succédé à Hadranum, fondée par Denys, suivant Diodore, et où l'on adorait le dieu Adrane, génie tutélaire des sources et des eaux de la Sicile. Le temple était antérieur à l'arrivée des Siculiens et en telle vénération, que Denys donna son nom à la ville qu'il y éleva. Diodore, l. XIII; Élien, livre II, chap. 33, v. 156.

Nous gagnâmes la chaîne de montagnes située à l'est de l'Etna : la route est bien entretenue; son établissement a nécessité l'enlèvement de masses de rochers considérables, et la construction d'une quantité de petits ponts en pierre jetés sur des ravins plus ou moins larges.

Comme dans toute la Sicile centrale, les arbres annoncent l'approche des lieux habités ; Real Buto en est entourée. Cette ville sarrasine est construite sur une hauteur, au milieu de jardins, dans une position très-pittoresque. Ses églises, ses clochers et ses monastères se détachent sur diverses chaînes de hautes montagnes, que repoussent des masses de cyprès intermédiaires. Real Buto, jadis fief de la mense archiépiscopale de Messine, à laquelle le comte Roger l'avait concédée, s'accrut de la population de la ville voisine de Centorbi, l'antique Centuripi[1]. L'empereur Fréderic II la détruisit de fond en comble pour la punir de s'être révoltée : elle a été rebâtie depuis.

La colline qui porte la route au delà de Real Buto, se noue, en s'éloignant, à d'autres éminences plus considérables; celles-ci ferment la vallée du Trachino et sont tantôt arides, tantôt vêtues d'oliviers et de vignes.

---

[1] Centuripi était, au dire de Cicéron, l'un des lieux les plus fertiles en blé de la Sicile. On y voit les débris de ses anciens édifices. Les vases et les pierres taillées de cette ville étaient très-recherchés.

LETTRE XXXIX.

En se retournant, le voyageur aperçoit la ville à moitié enveloppée d'une colonnade de cyprès; le cône de l'Etna jette son rideau sombre sur cette partie de la scène; du côté opposé on voit Castro-Giovanni et une perspective de montagnes et de vallées, ordonnée avec une inimitable harmonie de lignes et de coloris, et dans laquelle l'ombre et la lumière se jouent de la manière la plus gracieuse : à petite distance de ce même côté se montre la pyramide de rochers sur laquelle est bâti San-Filippo; son sommet est garni d'un castel normand; il rompt la symétrie du paysage et se détache hardiment sur le bleu du ciel.

San-Filippo, l'antique Argyre[1], a eu la gloire de

---

[1] On ignore quels ont été ses fondateurs. Timoléon lui rendit la liberté après la tyrannie d'Apolonniade et y envoya une colonie de 10,000 Grecs, à l'aide de laquelle cette ville prospéra.

Son nom actuel lui vient, d'après une légende apocryphe, de S. Philippe, disciple de S. Pierre, qui prêcha l'Évangile en Sicile, et convertit une grande partie de l'île à la foi du Christ. D'après la tradition, S. Philippe mourut à Argyre. L'on y célèbre une fête en son honneur, le 12 mai, anniversaire de sa mort.

Le nom d'Argyre avait été donné à ce lieu d'après les mines d'argent du voisinage. Hercule et son neveu Jolaus y étaient en grande vénération. Hercule, pour en récompenser la ville, y creusa un lac, auquel on donna son nom.

La ville moderne compte 6000 habitants.

voir naître Diodore de Sicile. On y visite les derniers débris d'un théâtre dont parle Cicéron.

Après cette ville la route reste sur la crête des montagnes, en se rapprochant de plus en plus de la chaîne principale de l'île; elle plonge de droite et de gauche sur de belles vallées, et quelquefois elle serpente sur des sommités du haut desquelles on aperçoit momentanément une vaste portion de la Sicile avec autant de netteté que de la plate-forme du fort de Castro-Giovanni. En d'autres mains, et avec un meilleur gouvernement, cette contrée, dont les deux tiers sont déserts, deviendrait une des plus florissantes du monde, comme elle en est une des plus fertiles, on la verrait peuplée d'une multitude de villages et de fermes. Mais on ne saurait oublier ici, que les dons de la Providence n'enrichissent que les nations laborieuses. Le travail est la condition de la vie et de la prospérité : plus la nature donne, et plus elle veut le concours de l'homme.

Nous traversâmes Leonforte, à neuf milles de San-Filippo; un faubourg précède la ville[1]. Elle est assez bien bâtie; du côté ouest elle s'étend sur le revers d'une colline vers une vallée profonde et ombreuse, dominée par de hautes montagnes, qui le sont à leur tour par des pics de rochers, dont les

---

[1] Cette ville compte 11,000 habitants : son sol renferme des mines d'asphalte et de fort belles carrières.

aiguilles ressemblent à une vaste forteresse ruinée du moyen âge. La vallée abonde en orangers magnifiques, en ruisseaux et en fontaines.

Nous quittâmes la grande route; bientôt le sentier, devenu plus escarpé, s'engage dans des collines séparées entre elles par des gorges profondes. A peu d'exceptions près, le pays que nous parcourûmes durant plusieurs heures, est semé en blé d'une superbe venue. Plus tard, le chemin pénètre dans un stérile vallon de pâturages; nous eûmes de la peine à y trouver un buisson épineux, à l'ombre duquel nous fîmes la méridienne.

La vallée s'élargit, elle est très-austère; des roches disposées en couches horizontales couvrent les parois des montagnes; au fond de la gorge coule un torrent, sur les bords duquel des tamarisques rabougris remplacent les aloès et les lauriers-roses, qui garnissent habituellement les ruisseaux siciliens.

Ayant traversé un pauvre village, où il était impossible de songer à passer la nuit, nous continuâmes notre voyage malgré la fatigue et l'heure avancée. Le sentier est frayé dans un labyrinthe de montagnes calcaires pelées et sillonnées par les eaux. Souvent le défilé dans lequel nous marchions alors, était encaissé entre des murs de rochers, hauts de plusieurs cents pieds; de grands blocs détachés de leurs flancs hérissaient le sol, et soutenus les uns sur les autres, ils présentaient le spectacle d'immenses avalanches de pierres.

Je vis sur les hauteurs deux petits étangs naturels et une riche mine de sel gemme. Le sel est exploité à coups de ciseau. Il est fort blanc, ou bien aussi un peu violet, couleur due à l'oxide de fer qui y est mêlé.

Les eaux pluviales enlèvent beaucoup de ce sel; elles le portent à la rivière de Salso, l'ancien Hymère. Les terres par lesquelles passe l'écoulement restent frappées de stérilité.

La soirée avançait; nos mules épuisées marchaient avec précaution sur des pierres glissantes. Nous souffrions nous-mêmes de l'impatience nerveuse que cause une lassitude extrême; nous cheminions lentement, guidant nos montures au milieu des roches, et promenant nos regards sur les pics désolés qui nous entouraient.

Après plusieurs heures, nous retrouvâmes un paysage méridional, des aloès, de la culture, des arbres, et nous vîmes à quelques cents pas devant nous, sur une plate-forme entourée de jolis coteaux, Aliména, bourg de trois à quatre mille âmes, qui se compose presque exclusivement de misérables maisonnettes basses, bâties en pierres sèches, sans autre ouverture que la porte, où une seule pièce enfin sert à tous les usages possibles.

Nous nous arrêtâmes forcément devant le fondaco.

LETTRE XXXIX.

Salvador, presque aussi fatigué que nous, sauta à bas de son cheval, en prononçant son *gracia a Dio* habituel, et nos mules se rangèrent les unes à côté des autres dans l'étroite cour de la maison, en attendant patiemment qu'on vînt les décharger. Je montai un petit escalier construit en pierres mal jointes, et au bout de cinq minutes je fus installé dans mon réduit obligé.

Pendant que j'écris, des gens du pays font la conversation auprès de moi; les cris sauvages et gutturaux de ces hommes ne ressemblent guère à une simple causerie; on dirait plutôt une douzaine d'animaux furieux hurlant à la fois.

Une femme est venue me demander l'aumône; elle nourrit deux enfants, dont l'un de trois ans au moins; son air cadavéreux indique à quel point cet allaitement prolongé la fatigue. Lui ayant demandé pourquoi l'aîné tétait encore. « Oh! cela vaut mieux que s'il mangeait, » répondit-elle, « cela ne coûte rien. »

LETTRE XL.

En mer.

Dès le lever de l'aurore, Salvador nous donna le signal du départ. Les bordonnaros, arrêtés comme nous à Aliména, chargeaient déjà leurs mules, et leur passaient au cou les colliers à clochettes. A cinq heures nous étions en route. Notre matinée a été excessivement fatigante et dénuée d'intérêt. Les monts Madoniens, qui paraissaient à peu de distance sur notre gauche avec leurs noires masses de rochers, rompaient seuls de temps en temps la monotonie du voyage. Enfin nous arrivâmes à une plate-forme, en face de laquelle se montre le cône colossal de Termini; elle est le point culminant de la chaîne que nous avions à traverser. La scène changea au moment où le versant septentrional s'ouvrit devant nous : au lieu d'un pays entrecoupé de vallons tristes et à contours tortueux, au lieu de montagnes arides et toujours semblables l'une à l'autre, nous vîmes se développer à nos pieds un paysage à la fois majestueux et sauvage, et nous plongeâmes sur de profondes vallées, s'ouvrant du côté de la mer. Les montagnes qui les encadrent, taillées à pic, finissent brusquement en énormes murs de rochers, et sur leurs crètes nous apercevions les débris de diverses constructions du moyen âge.

Nous nous arrêtâmes, à midi, à Calata-Vuturo, bourg d'origine arabe. Son auberge est la pire de la Sicile. L'hôte nous fit monter à un galetas ruiné, lézardé, peuplé de vermine, et où nous arrivâmes en traversant un fumier, une échelle et un grenier à foin.

Les insectes qui pullulaient dans ce réduit, nous en expulsèrent au bout de cinq minutes. Nous descendîmes à l'écurie; les mules étaient mieux traitées que les hommes; le local dans lequel nous entrâmes me rappela les ventas espagnoles : c'est un vaste hangar, faiblement éclairé par des lucarnes étroites, taillées au-dessous du toit, que soutiennent deux rangées de gros piliers en pierre. Les mules sont attachées le long des murs de l'édifice; leurs conducteurs occupent l'espace central compris entre les piliers; là également ils déposent leurs selles et leurs marchandises. Près de la porte d'entrée est un petit foyer, sur lequel chacun, à son tour, fait cuire ses aliments, et dont la fumée s'échappe à travers les ouvertures du toit. Une quantité de muletiers s'agitaient dans l'écurie; ils étaient occupés à panser leurs bêtes, et en même temps ils causaient entre eux; on les entendait plutôt qu'on ne les voyait; car, grâce à la petitesse des lucarnes, une obscurité profonde régnait en ce lieu. Peu à peu l'agitation se calma; un silence général indiqua que chacun était occupé de son repas, à peine entrecoupé par quelques éclats de rire ou par des refrains de chanson. Enfin on s'arrangea pour faire la sieste : l'un s'enveloppa de son manteau; l'autre appuya sa tête sur le bât de sa mule. Nous trouvâmes, mon frère et moi, un botte de paille, qui nous fit un lit excellent, et nous dormîmes jusqu'au moment où Salvador nous réveilla pour le départ.

Tournant autour de la masse de rochers perpendiculaires, au pied de laquelle Calata-Vuturo est bâtie, nous passâmes un grand bassin cultivé en blé et dans lequel s'étendent, à partir des montagnes du sud et de l'ouest, des plantations d'oliviers. Des hauteurs considérables, terminées en grandes murailles naturelles, entourent cette vallée.

Après avoir cheminé dans plusieurs gorges, fertiles en blé et arrosées de petits ruisseaux, dont les bords sont couverts d'une profusion de lauriers-roses et de tamarisques, nous descendîmes à pic dans un bassin nouveau, que domine la montagne de Termini.

Je m'arrêtai pour passer la nuit à Fondaco-Nuovo, joli village, où est une petite auberge assez proprement tenue.

Nous quittâmes notre gîte à quatre heures du matin, et prîmes la direction nord, longeant une haute montagne, au pied de laquelle coule un ruisseau. Le sentier débouche sur le rivage au milieu de ravissantes hauteurs, cultivées en vignes et en oliviers, et qui s'abaissent vers une grève également fertile. Nous apercevions au-dessus des cimes des arbres la ville de Termini, bâtie sur un cap; les vagues baignent le dernier rang de ses maisons. Un fort, placé sur un rocher taillé à pic, commande la cité. Le golfe, subdivisé en une infinité d'anses, se développait à nos regards. Le cap Céfalu le ferme à l'est; celui de Zaffarano, du côté de l'ouest. De hautes montagnes, aux formes fantastiques, dessinent un vaste amphithéâtre derrière cette baie, et sont précédées par des collines alternativement taillées en murailles perpendiculaires ou inclinées doucement vers les flots. Ces premiers degrés de la terre sicilienne sont tapissés de tout ce que la végétation de ce climat produit de plus beau; des villages paraissent parmi les arbres; des tours et des vieux castels sont jetés sur les écueils qui s'avancent dans les vagues; d'admirables vallées s'ouvrent entre les montagnes.

On ne voit d'autres débris antiques à Termini,

l'antique Thermea ou Imera [1], que des fragments d'inscriptions d'architecture et de sculpture, un petit nombre de tombeaux et des traces d'aqueducs ; c'est en vain qu'on y chercherait les ruines du théâtre dont parle Fazello ; elles ont été employées à la construction du château-fort moderne.

Les bains chauds de Termini, appelés actuellement de San-Calogero, comme ceux de Sciacca, sont construits sur les lieux où, suivant la mythologie, les nymphes préparèrent le bain d'Hercule, et ils sont encore assez fréquentés. La chaleur des eaux y est de 45° Réaumur. La ville, placée sur un sol très-escarpé et entourée de murs, renferme de jolies maisons et de beaux monastères ; sa cathédrale occupe, à ce qu'on assure, l'emplacement du palais de Sthénius. [2]

---

[1] Imera fut fondée par les Zancliens, sous la conduite de Sime, Euclide et Zacon, 649 ans avant J. C.; elle eut ses tyrans, entre autres Cidippe (voyez Hérodote, livre VII; Thucydide, livres VI et VII; Pindare, ode 12 ; Diodore, liv. VI), et vit naître Éléanatte, le législateur, et le poëte Stésichore, contemporain de Phalaris.

La moderne Termini a succédé à *Thermea*, bâtie par les Carthaginois, après que le second Annibal eut détruit de fond en comble la ville d'*Imera* pour venger Amilcar, que Gélon y avait vaincu. Thermea devint colonie romaine, et Scipion l'Africain l'embellit beaucoup.

[2] Termini compte 12,000 habitants. Son sol calcaire est très-fertile ; elle exporte des grains, des légumes, du sumac, de la manne et des poissons salés.

Une route excellente, longue de vingt-quatre milles, commence à Termini et aboutit à Palerme; elle est tracée entre une longue allée d'aloès, maintenant en fleurs et d'un effet délicieux dans le paysage. On coupe les lits de divers ruisseaux, qui arrosent et fertilisent la contrée.

Je revis avec un plaisir extrême la campagne qui s'étend de la Bagherie à Palerme. Nous nous arrêtâmes un instant à la colline de Catalfano, pour visiter les ruines de Solentum, ville très-ancienne, d'origine phénicienne, et dont l'histoire est peu connue. Des débris de colonnes, de murs et de tombes creusées dans le roc, qu'il faut chercher parmi les ronces et les buissons, attestent seuls encore qu'une cité a existé en ces lieux.

Nous arrivâmes à Palerme deux mois environ après l'avoir quittée. Dès le jour suivant nous sortîmes de la baie pour retourner à Naples, et nous saluâmes encore Ste Rosalie, qui, du haut de la montagne, donne, dit-on, sa bénédiction aux navigateurs.

LETTRE LXI.

Castellamare.

Ma précédente lettre devait être la dernière de mon voyage, mais la triste et bizarre aventure qui vient de nous arriver m'engage à vous écrire encore une fois. Nous nous sommes établis à Castellamare, il y a trois jours, immédiatement après avoir quitté le bateau à vapeur sur lequel nous avons fait notre traversée. Hier matin, l'un des garçons de notre auberge entra dans ma chambre, d'assez bonne heure, et m'annonça, sans autre préambule, que Francesco, notre domestique romain, venait de mourir subitement, dans une gorge située au delà de Castellamare, à petite distance de l'église de Pozzano. Je quittai en toute hâte mon lit, j'ordonnai au garçon de chercher un chirugien, et, m'étant habillé, je courus au lieu désigné. Une foule de gens du peuple me suivait. Arrivé au pied de la colline de Pozzano, je vis s'ouvrir à ma gauche un ravin étroit et boisé, sur lequel est jetée l'arche d'un pont en pierre. Une femme m'indiqua de la main, que j'y trouverai mon malheureux domestique. Je glissai le long des rochers pour descendre dans ce vallon sauvage, et après avoir fait deux ou trois cents pas au milieu des pierres et des ronces, j'aperçus Francesco. On l'avait laissé couché tel qu'il était tombé; sa tête pendait plus bas que ses jambes, il respirait encore et luttait avec la mort; personne n'avait songé à changer sa position, à lui donner de l'air, à dénouer la cravate, qui l'étouffait : son visage bleu et livide, ses veines gonflées, sa bouche entr'ouverte, tout indiquait une apoplexie. Une troupe imbécille s'était rangée en cercle à trois ou quatre pas autour de lui; ceux qui m'avaient suivi se placèrent à côté des autres; aucun d'eux ne fit un mouvement pour prêter assistance au moribond. J'avais relevé la tête de Francesco, il poussa un faible soupir, sa main fit un mouvement convulsif. « Allez voir si le chirurgien arrive, m'écriai-je, aidez-moi à le porter à la ville. » Ils me regardèrent d'un air stupide, un murmure sourd fut leur première réponse; enfin ils s'écrièrent tous à la fois : « il est marié, il l'a dit lui-même hier; il est venu ici avec une femme qui n'est pas la sienne, le jugement l'a frappé en état de péché; Dieu veut qu'il meure, ne le touchez pas. » Le besoin d'assistance était pressant, je renouvelai inutilement mes instances; indigné, je m'élançai au milieu des spectateurs, menaçant les uns, promettant de l'argent aux autres; ils se sauvèrent, et me laissèrent seul avec Francesco, dont les traits se décomposaient de plus en plus. Je sentis cependant que son cœur battait encore; je le chargeai sur mes épaules, et me mis en marche, en suivant le lit d'un ruisseau à sec en ce moment. Des lianes et des branches m'arrêtaient à chaque pas. J'arrivai, déjà fatigué, au pied du rocher qu'il fallait gravir pour remonter au chemin; je liai le mourant sur mon dos à l'aide de mon mouchoir, et je commençai à grimper. Accablé par mon fardeau, mon pied glissa, je retombai, et la tête du malheureux heurta contre la pierre. Après une seconde tentative je parvins enfin à la route, et m'arrêtai épuisé à la porte d'une maison isolée, située à un petit quart de lieue de la ville. Ayant frappé à coups redoublés, une femme ouvrit une fenêtre au premier étage; en m'apercevant elle jeta un cri de terreur; je la suppliai de m'ouvrir : «Éloignez-vous,» me répondit-elle, d'une voix où la colère et la peur dominaient tour à tour; «éloignez-vous, je vous en conjure, quel mal vous ai-je fait, voulez-vous notre ruine; de quel droit vous arrêtez-vous à ma porte avec un damné; vous y ferez entrer le démon et la justice. Si vous tardez, j'appelle mes fils et mon mari.... puis elle ferme volets, portes et serrures, et ne répond plus ni à mes prières ni à mes menaces. J'étais assis sur le chemin, dans la poussière; le soleil, déjà ardent, dardait sur la figure livide de Francesco, qui donnait de temps en temps de faibles signes de vie. J'essayai de le porter plus loin, mes jambes s'y refusèrent; il fallait prendre une décision. Je couchai le pauvre mourant sur le gazon au bord de la route, je pris sa montre, ses bagues, et la ceinture de cuir renfermant son argent, et je me mis à courir de toutes mes forces vers Castellamare. Mon frère, rentrant d'une course matinale, avait appris l'événement; il arrivait à ma rencontre avec un chirurgien qu'enfin il avait décidé à le suivre. Nous retournâmes ensemble au lieu où j'avais déposé Francesco, mais il était trop tard, il avait cessé de vivre. « Portons-le au lieu où se font les sections, dit tranquillement le chirurgien, il est étranger, la justice l'exige, afin de prouver qu'il est décédé de mort naturelle. »

Francesco laissait à Rome une femme et quatre enfants en bas âge; nous cherchâmes à arranger ses affaires de façon à sauver les frais de justice à ses héritiers.

Nous dressâmes, devant témoins, un inventaire exact de ses effets, et allâmes aussitôt chez un des magistrats de la ville, pour y faire notre déclaration dans les formes requises.

La maison où nous devions nous rendre se trouve dans l'une des rues les plus étroites de Castellamare.

J'y montai, et ayant traversé une antichambre encombrée de plaideurs, j'entrai dans le salon.

Le clerc nous dit que *son excellence* était à faire sa sieste, cependant il sortit pour l'avertir, et bientôt le dignitaire parut, enveloppé d'une ample robe de chambre de nankin. C'était un petit homme à face rubiconde et réjouie; il entra à pas précipités, se jeta dans un immense fauteuil, et avant de nous laisser parler, il nous débita avec volubilité un long discours sur les nombreux devoirs de sa place, et sur le désagrément d'être dérangé pendant la sieste *questo*, disait-il, *e l'apice della miseria umana.*

Nous donnâmes à ce torrent d'éloquence le temps de s'écouler, puis j'exposai l'affaire qui m'amenait. Il me fallut décliner d'abord mes noms, prénoms et qualités. « *Siete titolato ?* » me demanda le juge d'un air nonchalant. *Si signor;* « *o servitore suo,* » s'écria-t-il alors, en me faisant le salut du monde le plus gracieux. Je lui racontai l'histoire du pauvre Francesco, lui exprimant l'indignation que m'avait causée la conduite barbare des habitants de Castellamare. « Ne les jugez pas trop sévèrement, » me dit le magistrat, laissant cette fois ses périphrases et ses mouvements brusques, « ce sont d'excellentes gens; si vous restez ici plus longtemps, vous en conviendrez vous-même; mais d'une part, l'idée que votre domestique est un homme frappé par la main de Dieu, d'un autre côté la crainte de paraître en justice dans une affaire que la nonciature pourrait évoquer à Naples, tout cela donne à leur conduite l'apparence de la cruauté; certes, ayant parcouru déjà la majeure partie du royaume des Deux-Siciles, vous n'ignorez pas que le Napolitain est naturellement bon et hospitalier. »

J'aurais pu répondre au magistrat, que les qualités mêmes du peuple rendaient plus déplorables encore les abus par lesquels on parvenait à fausser son jugement, et à le faire agir contrairement aux lois d'une saine morale; mais voulant éviter une discussion inutile, je me bornai à lui demander un nouveau rendez-vous.

Il me fut assigné pour le lendemain matin; je revins à l'heure convenue, et je remis au juge l'inventaire des effets de Francesco, que je gardais pour les rendre à sa famille. Il me délivra le procès-verbal détaillé de sa mort, et me déclara que le corps serait enseveli après le coucher du soleil, sans cérémonies et en terre non consacrée, parce que le malheureux était mort en état de péché et sans avoir reçu les sacrements : toutes mes représentations à ce sujet furent inutiles. « Voyez, » me dit-il, « en une journée cette affaire difficile a été débrouillée et terminée. *Il nodo e svilupato, e tutto e conosciuto;* » et moi, avait-il l'air d'ajouter intérieurement, moi, je suis l'être extraordinaire qui ai achevé cette besogne en aussi peu de temps. « Vous avez perdu un bon domestique,» s'écria-il enfin, «vous devez le regretter, et je suis moi-même peiné de ce qu'on ne puisse l'enterrer au cimetière, car cet excellent homme portait *deux* amulettes sur le cœur.»

TABLE

DES MATIÈRES.

	Pages.
Lettre I. Sommaire historique............	1
Lettre II. Arrivée à Palerme. — Aspect général de la ville. — Mendiants. — Rues. — Quai de la marine. — Villa Publica. — Flora...........	19
Lettre III. Fondation de Palerme. — Palais royal. — Chapelle et observatoire du château. — La cathédrale. — Églises de Palerme. — Église de Saint-Simon. — Religion des Siciliens. — Sermon. — Culte des saints. — Encore les mendiants.......	30
Lettre IV. Manière d'ensevelir les morts. — Catacombes du couvent des capucins. — Distribution de vivres. — Maisons de campagne. — Palais Zisa et Cuba. — Rue du Cours...............	46
Lettre V. Visite d'une madone. — Bagheria. — Palais des nobles palermitains. — Intérieur du village. — Mœurs des paysans. — Société de Palerme...	55

Pages.

Lettre VI. Université de Palerme. — Musée Salnitriano. — Librairie. — Bibliothèques. — Académie du bon goût 66

Lettre VII. Mont Pellegrino. — Légende et fêtes de Ste Rosalie. — *La Scala.* — Grotte convertie en église — Vue 69

Lettre VIII. Gouvernement de la Sicile. — Parlement ancien. — Vice-rois. — Constitution de 1812. — Nouvel ordre de choses établi en 1816. — Révolution de 1820. — État actuel. — Administration. — Impôts 76

Lettre IX. Administration de la justice. — Législation, tribunaux, procès 96

Lettre X. Manière de voyager en Sicile. — Couvent de Saint-Martin. — Montréal, auberge, dôme et couvent. — Vallée. — Golfe de Castellamare. — Partenico. — Alcamo 100

Lettre XI. Campagne de Ségeste. — Le temple. — Le théâtre. — Autres ruines. — Vue. — Chasseurs nomades. — Campiers. — Vallée de Calatafini. . . 117

Lettre XII. Aspect du pays. — Salemi. — Scène de famine. — Plaine de Salemi. — Lieu de repos. — Castel Veterano. — Catacombes des capucins . . 128

Lettre XIII. Carrières de Rocca di Cusa. — Les fileuses et le roi d'or. — Sélinonte. — Ruines de l'intérieur de la ville antique. — Les trois temples extérieurs. — Aspect de la plage. — Établissement dans une tour ruinée. — Souper dans une ancienne chapelle. 136

Lettre XIV. Route. — Salvador et Francesco. — Sciacca. — Caso di Sciacca. — Ville actuelle. — Eaux minérales de San-Calogero. — *Aquæ Labrodes*. . . 150

DES MATIÈRES.

Pages.

Lettre XV. Aspect du pays. — Le chevrier. — Le Platani. — Héraclée. — Monte Allegro. — Déserts. — Siculiana. — Golfe de Girgenti. — *Emporio dei frumenti di Sicilia.* — Commerce des grains. . . . 160

Lettre XVI. Fondation d'Agrigente. — Division de la ville antique. — Ville moderne. — Ses habitants. — Cathédrale. — Sarcophage antique. — Séminaire. 171

Lettre XVII. Chapelle de S. Blaise. — Sentier des ruines. — Temple de Junon Lucine. — Murs anciens. — Temples de la Concorde, d'Hercule, de Jupiter olympien ou des Géants. — Voie sépulcrale. — Tombeau de Théron. — Temple d'Esculape. — Oratoire de Phalaris. — Course à la Macaluba. . 178

Lettre XVIII. Favara. — Saleté. — La Sicile et l'Orient. — Une plaine sicilienne. — Castro Filippo. — Un vieux mendiant. — Naro. — Cannicati. — Hospitalité dans une masserie. — Les sauterelles. La culture. — L'Etna. — Route de Caltanisette. — Aspect de cette ville. — Un épisode de la révolution de 1820 193

Lettre XIX. Mine de soufre. — Le paysage. — Castro-Giovanni. — La montée. — Les paysans. — La foire. — Aspect de la ville. — Le tisserand. — Grottes de Castro-Giovanni. — Le vieux château. — Panorama. — Un prisonnier. 208

Lettre XX. Observations générales sur le caractère sicilien. 218

Lettre XXI. Lac Perguse. — Pays désert. — Hospitalité dans une masserie. — La vieille et le muletier. — Vallée et ville de Piazza. — Le couvent des dominicains. — Calatagirone. — Le lac des Palices. — Sirocco 224

Lettre XXII. Gran Michele. — Demeures des gens du peuple. — Vizzini. — Pays volcanique. — Buccheri. Auberge sicilienne. — Route. — Vallée de l'Attellaro. — Pallazuolo. — Musée du baron de Judica. — Ville antique. — Ruines. — Catacombes . . . 235

Lettre XXIII. Route de Pallazuolo à Floridia. — Plaine de Syracuse. — Arrivée à Syracuse. — Considérations sur l'histoire de cette ville. 246

Lettre XXIV. Ortygia. — Les ports de Syracuse. — Temples de Diane et de Minerve. — Vengeance sicilienne. — Fontaine Aréthuse. — Bains souterrains d'Ortygia. — Musée. — Statue de Vénus 254

Lettre XXV. L'Acradine. — Latomies de Syracuse. — Latomie des capucins. — Catacombes de S. Jean. — Bain de Vénus. — Enceinte des tombeaux. — Sépulcre d'Archimède. — Maison des soixante lits. Un petit mendiant 266

Lettre XXVI. Neapoli. — Amphithéâtre. — Théâtre. — Latomie des cordiers. — Oreille de Denys. — Piscine et médailles antiques. — Voie sépulcrale. — Quartier de Tyca. 276

Lettre XXVII. Fleuve Anape. — Temple de Jupiter olympien. — Ruisseau et source de Cyane. — Papyrus. — Les vipères et la superstition. — Colline de l'Épipoli. — L'Euriale. — Le Labdale. — Les voies souterraines de l'Épipoli. — Murailles de Denys. — Latomies de l'Épipoli. — Ville moderne de Syracuse. — Commerce et productions. — Couvents. — Galériens 287

DES MATIÈRES. 439

Pages.

Lettre XXVIII. Golfe de Scala græca. — Mégare l'hybléenne. — Tour de Marcellus. — Agosta. — Aspect du pays. — Contrée volcanique. — Carlentini. — Lentini. — Lac Beviéré. — Plaine de Catane. — L'Etna. — Le Giaretta ou Symèthe. — Arrivée à Catane. 300

Lettre XXIX. Fondation de Catane. — Catane moderne. — Ruines de la ville antique. — Théâtre. — Odéon. — Amphithéâtre. — Bains. — Cathédrale. — Théâtre moderne 309

Lettre XXX. Château Orsini. — Port. — Musée Biscari. — Couvent des bénédictins. — Université. — S.te Agathe 318

Lettre XXXI. Le moine. 327

Lettre XXXII. Ascension au cratère de l'Etna. . . . 338

Lettre XXXIII. Passage de la région inférieure de l'Etna. — Montagnes de Taormine. — Traînées de lave. Aspect de la campagne. — Fleuve froid. — Fleuve Alcantara. — Emplacement de Naxos. — Giardini. 363

Lettre XXXIV. Montée de Taormine. — Aspect et position de la ville. — Ruines du moyen âge. — Débris antiques. — Naumachie. — Piscines. — Bains. — Aqueducs. — Théâtre. — Panorama. — Voie des tombeaux 370

Lettre XXXV. Route de Giardini à Messine. — Aspect de cette ville. — Sommaire historique. — Port. — La lanterne. — Panorama. — Cap Pélore. — Franchises et commerce du port de Messine. — Charybde et Scylla. — Plongeurs. 380

Lettre XXXVI. Cathédrale de Messine. — Fêtes de la Sagra Lettera et de la Vara 395

Pages.

Lettre XXXVII. Beaux-arts. — Dialecte sicilien. — Poésie 403

Lettre XXXVIII. Retour à Giardini. — Région inférieure de l'Etna. — Piemonte. — Randazzo. — Procession. — Déserts volcaniques. — Bronte . . 408

Lettre XXXIX. Aderno. — Vallée du Symèthe. — Real Buto. — San-Filippo. — Leonforte. — Aspect du pays. — Aliména. — Une nourrice 414

Lettre XL. Voyage d'Aliména à Calata Vuturo. — Auberge. — Fondaco-Nuovo. — Termini. — Ruines de Solentum. — Retour à Palerme. 422

Lettre XLI. Arrivée à Castellamare. — Mort de Francesco. 428

FIN.

www.ingramcontent.com/pod-product-compliance
Lightning Source LLC
Chambersburg PA
CBHW080328170426
43194CB00014B/2497